AI는 어떻게 아파트·오피스·상가를 계획하고, 짓고, 분양하는가?

원제무

publishing and culture
피앤씨미디어

머리말

도시는 언제나 인간의 욕망과 기술의 산물이었다. 돌과 벽돌로 지어진 고대의 성채, 유리와 철골로 뻗어 오른 근대의 마천루, 그리고 오늘날의 스마트 시티까지—도시부동산 개발의 역사는 곧 사회가 축적해온 지식과 기술, 자본의 궤적을 비추는 거울이라 할 수 있다.

우리가 살아가는 도시의 풍경이 변하고 있다. 아침마다 지나치는 아파트 단지의 건설 현장에서는 더 이상 인간의 직감과 경험만으로 설계도가 그려지지 않는다. 대신 수천 개의 데이터 포인트가 실시간으로 분석되며, 인공지능이 최적의 공간 배치를 제안하고, 디지털 트윈이 미래의 모습을 미리 보여준다. 이제 우리는 새로운 전환점에 서 있다. 바로 AI가 도시부동산 개발의 전 과정을 재구성하는 시점이다 이것은 단순한 기술의 진보가 아니라, 도시를 만드는 방식 자체의 근본적 전환이다.

과거의 도시부동산 개발은 직관과 경험, 그리고 단편적 데이터에 의존해왔다. 개발구상은 시장의 기류를 읽어내는 '감각'에 달려 있었고, 타당성 분석은 제한된 수치와 보고서에 갇혀 있었다. 설계와 시공, 분양과 관리 또한 부분적 연결 속에서 흩어져 있었다.

그러나 AI는 이 모든 단절을 잇는다. 데이터는 단순한 참고자료가 아니라, 예측하고, 시뮬레이션 하며, 최적화하는 지능으로 재탄생한다.

이제는 '데이터 기반 예측'의 시대가 열린 것이다. AI는 '데이터 사일로(Data Silo)'를 해체하고 '통합 디지털 트윈' 환경을 구축하여 전체 프로세스를 하나의 유기적 시스템으로 연결한다. 설계 과정에서도 '제한적 대안 검토'를 넘어 '생성형 최적화'를 통해 인간이 상상하지 못한 무수한 가능성을 탐색한다.

인간은 분석가를 넘어 창의적 전략가로 거듭나며, 도시부동산은 단기 수익을 넘어 지속가능한 생애주기 가치 창출의 장이 된다.

과거 개발자들이 각각의 단계에서 분절된 정보로 의사결정을 내렸다면, 오늘날 이러한 변화는 단순히 기술적 효율성의 증대에 그치지 않는다. 전문가의 역할이 '분석가'에서 '창의적 전략가'로 재정의되고, 가치 창출의 패러다임이 '단기 수익' 중심에서 '지속가능한 생애주기 가치' 추구로 진화하고 있다. 이는 도시부동산 개발이 더 이상 단순한 건물 건설이 아니라, 미래 도시민의 삶의 질을 좌우하는 종합적 생태계 설계임을 의미한다.

이 책은 이러한 변화의 현장을 생생하게 담아낸다. AI가 어떻게 도시부동산 프로젝트의 전 과정—구상, 타당성, 계획, 예비설계, 기본설계, 인허가, 시공, 분양, 입주, 관리—을 통합하는지를 보여준다. 각 단계에서 AI 플랫폼이 데이터를 수집하고 통합하며, 주요 의사결정 지점을 도출하고, 프로세스 간 연계성을 강화하는 과정을 구체적으로 제시한다.

특히 주목할 것은 AI 기반 예측-시뮬레이션-최적화 통합 시스템의 구조와 인간-기계 협업 구조를 기반으로 한 실행 전략이다. 이는 기술이 인간을 대체하는 것이 아니라, 인간의 창의성과 판단력을 증폭시키는 방향으로 발전하고 있음을 보여준다.

개발구상 단계에서는 거시 경제사회 트렌드와 플랫폼 기반 라이프스타일 분석을 통해 새로운 기회를 발굴한다. 소셜 데이터 마이닝으로 잠재된 사회적 수요를 포착하고, 기회 영역 지도(Opportunity Mapping)를 생성하며, 생성형 AI를 활용한 최적의 개발 프로그램 조합을 탐색한다.

타당성 분석 단계에서는 이종 빅데이터 통합을 통한 미래 시장 수요 예측, GIS 기반 입지 잠재력 분석, 확률론적 재무 모델링을 통한 리스크 정량화, 그리고 법규 및 규제 환경의 자동 분석이 이루어진다. 이는 불확실성이 높은 부동산 개발에서 보다 정확하고 객관적인 의사결정을 가능하게 한다.

예비설계 단계에서는 생성형 AI 디자인을 통한 다수의 초기 매스(Mass) 모델 탐색, AI 공간 프로그램의 자동 배치 및 동선 효율성 검증, 실시간 공사비 및 사업성 예측, 그리고 법규적 한계 분석을 통한 설계 제약 조건의 시각화가 진행된다.

기본설계 단계에서는 BIM 데이터와 AI의 결합을 통한 설계 정확도 향상, 전생애주기비용(LCC) 분석을 통한 최적화, 공법·자재·비용의 자동 비교 선택, 그리고 사용자 맞춤형 공간 레이아웃 제안이 이루어진다.

인허가 전략 수립에서는 프로세스 시뮬레이션 및 최적 경로 탐색, 필수 제출 도서의 자동 생성과 정합성 검증, 유사 판례 분석을 통한 규제 회색지대 대응, 그리고 자동 검토 시스템 구축이 진행된다.

시공계획 단계에서는 4D/5D 시뮬레이션 기반 최적 공정 계획, 자재 조달 및 현장 물류 네트워크 최적화, 예측적 리스크 분석, 모듈러 및 사전제작 공법의 적용 타당성 분석, 그리고 자재 수급 예측 및 비용 변동 시뮬레이션이 수행된다.

분양전략 수립에서는 잠재 고객 페르소나 구축 및 초개인화 타겟팅, 동적 가격 책정(Dynamic Pricing) 모델을 통한 분양가 최적화, 마케팅 채널 성과 분석, 고객 여정(Customer Journey) 분석, 그리고 계약률 및 분양 속도 전망이 이루어진다.

입주 단계에서는 AI 챗봇 기반 입주 절차 자동화, 이미지 인식 기반 하자 자동 접수 및 처리, 초기 입주민 데이터 분석을 통한 스마트 홈 환경 개인화, 그리고 초기 운영 데이터 분석을 통한 건물 관리 시스템 최적화가 구현된다.

마지막으로 운영 및 관리 단계에서는 설비 센서 데이터 분석을 통한 예측 보전, 공간 활용도 데이터 분석을 통한 공간 재구성 및 가치 증대, 건물 에너지 소비 패턴 분석 및 최적화, 그리고 장기 자산 가치 시뮬레이션을 통한 지속가능한 운영 전략 수립이 진행된다.

이 책의 각 장에는 풍부한 가상사례가 포함되어 있어, 추상적인 개념을 구체적이고 생생한 현실로 이해할 수 있도록 구성하였다.

이는 도시계획, 도시건축설계, 부동산 분야를 전공하는 학생들에게는 미래 전문가로서 갖춰야 할 역량을 제시하고, 일반 독자들에게는 우리 삶을 둘러싼 공간이 어떻게 만들어지는지에 대한 통찰을 제공한다.

AI 기술의 발전은 멈추지 않는다. 하지만 기술 그 자체보다 중요한 것은 그 기술을 어떻게 인간의 삶을 위해 활용하는가 이다. 이 책을 통해 독자들이 AI와 인간이 협력하여 만들어가는 새로운 도시의 모습을 상상하고, 그러한 미래를 실현하는 데 능동적으로 참여할 수 있는 지식과 통찰을 얻기를 바란다.

대학생 독자들에게 이 책은 도시부동산 개발이라는 복잡한 프로세스를 'AI라는 새로운 언어'로 읽어내는 방법을 제시할 것이다. 일반 독자들에게는 AI가 만들어낼 미래 도시부동산 개발 프로세스의 가능성을 탐험하는 지적 모험이 될 것이다. 학문적 깊이와 실무적 통찰, 그리고 환상적 상상력이 어우러진 이 여정을 통해, 독자는 단순히 도시부동산 개발프로세스를 배우는 것이 아니라, AI가 이끌어 가는 도시부동산 개발프로세스 대한 비전과 방향성을 얻게 될 것이다.

차 례

주제 1
기존 도시부동산 개발 프로세스와 AI 기반 도시부동산 개발 프로세스의 차별성

주제 2
AI는 어떻게 도시부동산 프로젝트의 전 과정을 통합하는가?

주제 5
AI 도시부동산 개발의 3번째 단계: "예비설계"에서 AI는 어떻게 단지 및 건물을 제안하는가?

주제 6
AI 도시부동산 개발의 4번째 단계: "기본설계와 BIM"에서 AI가 읽는 디지털 설계 데이터

주제 7
AI 도시부동산 개발의 5번째 단계: "인허가 전략"에서 AI를 도입하는 방법

주제 8
AI 도시부동산 개발의 6번째 단계: "시공계획"에서 AI의 역할

주제 9
AI 도시부동산 개발의 7번째 단계: "분양전략 수립"을 위한 AI 마케팅

주제 10
AI 도시부동산 개발의 8번째 단계: "입주 단계"에서 AI의 고객 맞춤 서비스

주제 11
AI 도시부동산 개발의 9번째 단계: "운영 및 관리"에서 AI를 접목하기

주제
1

기존 도시부동산 개발 프로세스와 AI 기반 도시부동산 개발 프로세스의 차별성

1. "도시부동산 개발 프로세스 전 과정의 각 단계별 주요 의사결정 지점을 AI 분석으로 도출한다."와 가상사례

1.1. AI는 프로젝트의 전 과정의 무수한 데이터를 분석하여 인간이 미처 파악하지 못하는 패턴과 인과관계를 찾아낸다

과거 도시부동산 개발의 성패는 소위 '감'이라 불리는 개발자의 직관과 경험에 크게 의존했다. 수많은 변수가 얽힌 복잡한 과정 속에서, 핵심적인 의사결정은 소수의 전문가가 내리는 고독한 결단에 가까웠다. 그러나 이제 AI는 이 결정의 과정을 근본적으로 바꾸는 '전략적 파트너'로 부상한다.

아모레퍼시픽그룹 본사 [https://www.ohseoul.org/post]

AI는 프로젝트의 전 과정에 걸쳐 흩어져 있는 무수한 데이터를 분석하여 인간이 미처 파악하지 못하는 패턴과 인과관계를 찾아낸다. 이를 통해 각 단계별로 마주하는 수많은 선택지 앞에서, 어떤 결정이 가장 높은 수익률, 가장 낮은 리스크, 가장 큰 사회적 가치를 창출할 수 있는지 데이터에 기반한 최적의 경로를 제시한다. AI 시대의 개발은 더 이상 어림짐작에 의존하지 않는다. 모든 결정은 정교한 분석과 예측 위에 세워지는 과학의 영역이 된다.

1.2. AI, 최적의 선택지를 제시하는 전략가: 10단계, 10개의 핵심 질문에 답하는 AI

도시부동산 프로젝트는 구상부터 관리까지 10개의 단계를 거치며, 각 단계는 다음 단계의 성패를 좌우하는 중요한 의사결정 지점을 포함한다. AI는 각 지점에서 다음과 같은 핵심 질문에 명쾌한 해답을 제공한다.

1) AI 기반 구상(Conception): "무엇을, 어디에 지어야 하는가?"

- AI는 거시경제 지표, 인구구조 변화, 기술 트렌드, 정부 정책 방향 등 방대한 데이터를 분석하여 미래 유망한 부동산 유형(예: 시니어 리빙, 데이터 센터, 도심형 물류시설)과 최적의 입지를 추천한다. 과거의 성공 사례가 아닌, 미래의 수요 예측에 기반한 사업 기회를 발굴한다.

2) AI 기반 타당성(Feasibility): "이 프로젝트는 정말 돈이 되는가?"

- AI는 수천, 수만 번의 몬테카를로 시뮬레이션을 통해 시장 변동성, 금리 변화, 공사 기간 지연 등 다양한 리스크 시나리오에 따른 예상 투자수익률(ROI)과 순현재가치(NPV)를 확률적으로 분석한다. 이를 통해 '잘 될 것이다'라는 막연한 기대를 '성공 확률

85%, 예상 수익률 12~15%'와 같은 구체적인 수치로 제시한다.

3) AI 기반 계획(Planning): "어떻게 공간을 구성해야 가치가 극대화되는가?"

- AI는 관련 법규, 용적률, 건폐율 등 규제 조건 안에서 일조권, 조망권, 보행자 동선을 최적화하는 토지이용계획 및 단지 배치안을 다각도로 생성하고 평가한다. 상업시설의 경우, 유동인구 데이터와 소비 패턴을 분석하여 가장 높은 매출을 유발하는 매장 배치(MD) 전략을 수립한다.

4) AI 기반 예비설계(Preliminary Design): "어떤 모습의 건물이 가장 효율적인가?"

- 생성형 AI(Generative AI)는 건축가의 기본 아이디어를 바탕으로, 에너지 효율, 구조적 안정성, 시공 비용을 동시에 고려한 수백 가지 형태의 건물 매스(Mass)와 입면 디자인을 즉시 제안한다. 인간 건축가는 AI가 제안한 최적의 대안들 중에서 창의적 영감을 얻어 디자인을 발전시킨다.

5) AI 기반 기본설계(Basic Design): "보이지 않는 부분까지 최적화되었는가?"

- AI는 복잡한 건축, 구조, 기계, 전기 설비(MEP) 도면을 통합 분석하여 설계상의 충돌이나 간섭 지점을 사전에 발견한다. 또한, 건물의 전 생애주기 비용(LCC) 관점에서 가장 효율적인 설비 시스템과 자재의 조합을 추천하여 초기 투자비와 장기 운영비 사이의 균형을 맞춘다.

6) AI 기반 인허가(Permitting): "신속하고 정확하게 허가를 받을 수 있는가?"

- AI는 수시로 바뀌는 수백, 수천 페이지 분량의 건축법, 소방 법, 주차장법 등 관련 법규를 실시간으로 학습한다. 설계 도면이 업로드되면, AI가 자동으로 법규 위반 사항이나 미비점을 스캔하여

보고함으로써, 인허가 과정에서 발생할 수 있는 반려나 보완 요청을 최소화하여 사업 기간을 단축시킨다.

7) AI 기반 시공(Construction): "계획대로, 안전하게 짓고 있는가?"

- AI는 최적의 공정 계획을 수립하고, 드론과 IoT 센서를 통해 수집된 현장 데이터를 BIM 모델과 비교 분석하여 공정 지연이나 시공 오류를 실시간으로 감지한다. 또한, 작업자의 동선과 중장비의 움직임을 분석하여 잠재적인 안전사고 위험을 사전에 경고하는 '예측적 안전관리'를 수행한다.

8) AI 기반 분양(Sales/Leasing): "누구에게, 얼마에, 어떻게 팔아야 하는가?"

- AI는 시장 거래 데이터, 잠재 고객의 소셜미디어 활동, 검색 기록 등을 분석하여 프로젝트에 가장 높은 관심을 보일 타겟 고객층을 특정하고, 이들에게 가장 효과적인 마케팅 메시지와 채널을 추천한다. 또한, 실시간 수요-공급 데이터를 기반으로 분양가를 동적으로 최적화하는 가격 전략을 제시한다.

9) AI 기반 입주(Move-in): "고객의 첫 경험을 완벽하게 만들 수 있는가?"

- AI 챗봇은 24시간 입주 예정자들의 질문에 응대하고, 입주 절차를 안내한다. 입주 초기 발생하는 하자(Defect) 접수를 앱으로 받아, AI가 내용의 시급성과 유형을 분석하여 자동으로 수리팀에 작업을 할당하고 처리 과정을 추적함으로써 고객 만족도를 극대화한다.

10) AI 기반 관리(Management): "어떻게 건물의 가치를 계속 높일 것인가?"

- AI는 건물 내 수많은 센서 데이터를 분석하여 엘리베이터, 공조 시스템 등의 고장을 사전에 예측하고 유지보수 일정을 짜는 '예측보전'을 실행한다. 또한, 에너지 사용 패턴을 최적화하여 관리

비를 절감하고, 입주민의 생활 패턴 분석을 통해 새로운 편의 서비스나 커뮤니티 프로그램을 제안하며 건물의 자산 가치를 지속적으로 향상시킨다.

https://kr.pinterest.com/hwangeuichan/alejandro-aravena

1.3. AI 기반 도시부동산 프로젝트 단계별 목표, 분석방법 및 기술, 역할, 장단점, AI분석도구, 도시부동산 활용예시

도시부동산 프로젝트는 아이디어 구상부터 최종 관리까지 복잡하고 유기적인 단계들로 구성된다. 각 단계는 명확한 목표를 가지며, 그 목표를 달성하기 위해 특화된 분석 방법, 기술, 그리고 참여 주체의 역할이 요구된다. 최근에는 인공지능(AI) 기술이 각 단계의 효율성과 정확성을 높이는 핵심 도구로 부상하고 있다. 아래 표는 도시부동산 프로젝트의 전체 생애주기를 10단계로 나누어 각 단계별 핵심 요소를 상세히 기술한 것이다.

단계	1. 구상
목표	잠재적 개발 기회 발굴 및 기본 아이디어 정립
분석방법 및 기술	- 거시경제 및 정책 동향 분석(PEST) - 입지 후보지 물색(Site Scouting) - 트렌드 분석, 브레인스토밍

주요 역할	- 시행사(Developer) - 부동산 컨설턴트
장점/단점	장점: 창의성 극대화, 낮은 초기 비용 단점: 높은 불확실성, 아이디어의 추상성
AI 분석도구	- 시장 트렌드 분석 AI: 뉴스, 보고서 데이터 분석을 통한 유망 부동산 유형(물류, 데이터센터 등) 예측 - 생성형 AI: 초기 디자인 컨셉 및 조감도 자동 생성
도시부동산 활용 예시	서울 성수동 노후 공장 부지를 MZ세대 타겟의 복합문화공간으로 개발하는 아이디어 도출

단계	2. 타당성
목표	사업의 재무적, 법률적, 기술적 실행 가능성 검증
분석방법 및 기술	- 시장분석(수요/공급, 경쟁) - 사업성 분석(DCF, IRR, NPV) - 법규 검토(토지이용계획, 건축법규)
주요 역할	- 시행사 - 감정평가사, 회계사 - 변호사
장점/단점	장점: 사업 리스크 사전 차단, 객관적 의사결정 지원 단점: 분석 비용 및 시간 소요, 데이터의 불완전성
AI 분석도구	- 부동산 가치평가 모델(AVM): 빅데이터 기반 자산 가치 자동 추정 - 수요예측 AI: 인구통계, 유동인구 데이터 기반 미래 수요 예측
도시부동산 활용 예시	해당 부지의 용적률, 주변 시세 기반 예상 분양가를 산출하여 사업 수익성(NPV)이 기준치를 상회하는지 분석

단계	3. 계획
목표	구체적인 개발 방향 및 마스터플랜 수립
분석방법 및 기술	- 마스터플래닝(Master Planning) - 공간 프로그램 확정(Space Program) - 개략적인 예산 및 일정 수립
주요 역할	- 시행사 - 건축가(Architect) - 도시계획가
장점/단점	장점: 프로젝트의 청사진 제시, 이해관계자 간의 목표 공유 단점: 계획 변경 시 비용 증가, 과도한 이상 추구 가능성

AI 분석도구	- 생성형 디자인(Generative Design): 주어진 조건(일조량, 조망) 내에서 최적의 건물 배치 및 주거 평면 조합 안 생성
도시부동산 활용 예시	주거 70%, 상업 20%, 녹지 10%의 비율로 단지를 구성하고, 보행자 동선과 차량 동선을 분리하는 기본 계획 수립

단계	4. 예비설계
목표	계획을 시각화하고 기본적인 설계 개념 정립
분석방법 및 기술	- 개념설계, 매스 스터디(Mass Study) - 개략적인 시스템(구조, 설비) 검토 - 디자인 컨셉 및 스타일 확정
주요 역할	- 건축가 - 시행사 - 각종 엔지니어
장점/단점	장점: 디자인 방향성 구체화, 다양한 대안 비교 가능 단점: 아직 기술적 세부사항 미 확정, 잦은 디자인 변경
AI 분석도구	- AI 기반 3D 모델링 툴: 2D 스케치를 3D 매스 모델로 자동 변환 - 초기 에너지 시뮬레이션 AI: 건물 형태에 따른 에너지 효율성 예측
도시부동산 활용 예시	건물의 전체적인 형태, 외관 디자인, 주요 공간의 배치를 담은 스케치와 3D 모델링을 통해 디자인 컨셉을 확정

단계	5. 기본설계
목표	시공 가능한 수준으로 설계 도면 구체화
분석방법 및 기술	- 건축정보모델링(BIM) - 세부 시스템 설계(구조, 기계, 전기) - 자재 및 마감재 선정
주요 역할	- 건축가 -구조/기계/전기 엔지니어
장점/단점	장점: 시공 전 설계 오류 최소화, 정확한 물량 산출 가능 단점: 높은 수준의 기술 전문성 요구, 설계 기간 장기화
AI 분석도구	- BIM 설계 자동화: 설계 기준에 맞춰 배관, 전선 등 설비 루트 자동 설계 - AI 설계 오류 검토(Clash Detection): BIM 모델에서 구조와 설비 간의 간섭을 자동으로 찾아내 수정 제안
도시부동산 활용 예시	BIM을 활용하여 건축, 구조, 설비 도면을 통합하고, 주요 자재의 스펙과 시공법을 명시한 설계도서 작성

단계	6. 인허가
목표	관계 법령에 따른 건축 허가 등 각종 승인 취득
분석방법 및 기술	- 건축허가 신청 서류 준비 - 교통/환경영향평가 - 각종 심의(건축, 경관) 대응
주요 역할	- 시행사 - 건축가 - 행정 대리인
장점/단점	장점: 사업의 법적 정당성 확보 단점: 절차의 복잡성 및 장기화, 예측 불가능한 규제 변수
AI 분석도구	- 법규 검토 AI(NLP 기반): 설계 도면이 수백 개의 건축 법규 조항에 저촉되는지 자동으로 스캔 및 리포트
도시부동산 활용 예시	관할 구청에 건축허가를 신청하고, 교통영향평가 심의를 통과하여 최종 건축 허가를 득하는 절차 진행

단계	7. 시공
목표	설계 도면에 따라 건축물을 물리적으로 구축
분석방법 및 기술	- 공정관리, 원가관리, 품질관리 - 안전관리 - 하도급 업체 관리
주요 역할	- 시공사(Constructor) - 감리자(Supervisor)
장점/단점	장점: 아이디어의 실물화, 자산 가치 창출 단점: 안전사고 위험, 공사비 증가 및 공기 지연 리스크
AI 분석도구	- 컴퓨터 비전 AI: 드론 촬영 이미지 분석을 통한 공정률 자동 계산 및 안전규정 위반 감지 - 건설 로보틱스: 용접, 벽돌 쌓기 등 반복 작업을 자동화하여 생산성 향상
도시부동산 활용 예시	타워크레인 설치, 기초 공사부터 골조, 마감 공사까지 공정 계획에 맞춰 시공 및 현장 감리 수행

단계	8. 분양
목표	개발된 부동산의 판매 또는 임대
분석방법 및 기술	- 마케팅 전략 수립(타겟 설정, 광고) - 분양가/임대료 산정 - 계약 관리

주요 역할	- 시행사 - 분양대행사 - 마케팅 에이전시
장점/단점	장점: 투자금 회수, 수익 실현 단점: 시장 경기에 민감, 미분양/미 임대 리스크
AI 분석도구	- AI 기반 고객 분석: 잠재 고객 데이터를 분석하여 구매 확률이 높은 타겟에 맞춤형 광고 집행 - 챗봇 및 가상투어: 24시간 분양 상담 응대 및 VR/AR 기술을 활용한 비대면 견본주택 체험 제공
도시부동산 활용 예시	모델하우스를 개관하고, 타겟 고객층에 맞는 온라인/오프라인 광고를 통해 청약 및 계약을 진행

단계	9. 입주
목표	수분양자 또는 임차인의 입주 및 공간 인계
분석방법 및 기술	- 준공 검사 및 사용 승인 - 입주자 사전 점검 - 잔금 처리 및 소유권 이전
주요 역할	- 시행사 - 시공사 - 자산관리(PM) 사
장점/단점	장점: 프로젝트의 최종 완료, 실사용 시작 단점: 하자 보수 문제, 입주 지정 기간 관리의 어려움
AI 분석도구	- 스마트 홈 플랫폼: AI 스피커 등을 통해 조명, 난방 등 세대 기기 제어 및 입주민 공지사항 전달 - 하자관리 챗봇: 입주민의 하자 신고를 챗봇으로 24시간 접수하고 자동으로 담당 부서에 배정
도시부동산 활용 예시	입주 지정 기간을 공고하고, 입주자들이 세대 내부를 사전 점검한 후 잔금을 납부하고 입주를 시작

단계	10. 관리
목표	건물의 가치 유지 및 운영 수익 창출
분석방법 및 기술	- 시설관리(FM), 자산관리(PM) - 임대차 관리(LM) - 장기수선계획 수립 및 실행
주요 역할	- 자산관리(PM) 사 - 시설관리(FM) 사 - 임차인

장점/단점	장점: 안정적인 현금 흐름 창출, 자산 가치 증대 단점: 지속적인 운영 비용 발생, 공실 및 임대료 연체 리스크
AI 분석도구	- 예측 유지보수 AI: 설비(엘리베이터, 펌프)의 센서 데이터를 분석하여 고장 시점을 예측하고 사전 정비 - BEMS(빌딩에너지관리시스템): AI가 건물 내 외부 환경을 분석하여 냉난방, 조명을 최적으로 제어해 에너지 비용 절감
도시부동산 활용 예시	전문 PM사가 건물의 임대차 계약을 관리하고, BEMS를 통해 에너지 사용량을 최적화하며, 장기수선계획에 따라 노후 시설을 교체

1.4. AI 단계별 주요 의사결정 지점을 AI 분석으로 도출의 가상사례

■ 타당성 단계와 기본설계 단계 가상 사례: 글로벌 R&D 허브 '퀀텀스케이프(Quantum Scape)'

퀀텀스케이프 11.3달러 돌파...올들어 119%↑ - CNews
[https://www.thecommoditiesnews.com]

1) **프로젝트 개요:** 차세대 기술 연구를 위한 대규모 스마트 R&D 캠퍼스. 최고 수준의 보안과 연구 효율성, 그리고 창의적 협업 환경 조성을 목표로 한다.

2) AI의 핵심 의사결정 1(타당성 단계): "수조 원대 투자, 리스크를 어떻게 통제할 것인가?"

   • AI는 글로벌 기술 패권 경쟁, 핵심 연구인력 유치 가능성, 미래 산업구조 변화 등 수백 개의 변수를 고려한 초정밀 시뮬레

이션을 수행했다. 그 결과, 단일 기술 분야에 집중하는 대신 '양자컴퓨팅', '바이오테크', 'AI' 3개 분야를 유기적으로 결합하는 '클러스터형 캠퍼스'가 장기적 리스크 헤지(Hedge)에 가장 유리하다는 결론을 도출했다. 이는 초기 투자비가 15% 증가하지만, 10년 후 자산가치 안정성은 40% 이상 높아진다는 데이터에 기반한 결정이었다.

3) AI의 핵심 의사결정 2(기본설계 단계): "연구원들의 '우연한 만남'을 어떻게 설계할 것인가?"

- 성공적인 R&D 허브의 핵심은 서로 다른 분야 연구원들의 비공식적 교류에 있다. AI는 수만 명의 가상 연구원 아바타를 생성하여 캠퍼스 내에서의 이동 패턴을 시뮬레이션 했다. 이 분석을 통해, 가장 많은 '우연한 마주침'과 '자발적 소통'을 유발하는 최적의 동선, 카페, 휴게공간의 위치와 면적을 찾아내 설계에 반영했다.

■ 계획 단계와 분양 및 관리 단계 가상 사례: 도심형 공유주거 '에코-위브 커뮤니티(Eco-Weave Community)'

삼성전자, 1인 가구 위한 공유 주거형 스마트홈 추진 [https://brunch.co.kr]

1) **프로젝트 개요:** 1인 가구를 위한 친환경 공유주거 공간. 개인의 프라이버시와 공동체의 유대감을 동시에 만족시키는 것을 목표로 한다.

2) AI의 핵심 의사결정 1(계획 단계):

- "개인 공간과 공유 공간의 황금 비율은 무엇인가?"
- AI는 잠재 입주자들의 라이프스타일(재택근무 비율, 사교성향, 취미 등)에 대한 설문 데이터와 소셜미디어 분석을 통해 5가지 주요 입주자 페르소나를 정의했다. 각 페르소나의 만족도를 극대화하는 개인실 면적과 공유 주방, 라운지, 피트니스 등 공유 공간의 최적 비율 및 구성을 시뮬레이션 하여 최종 계획안을 확정했다. 이는 획일적인 원룸 공급에서 벗어난, 데이터 기반의 맞춤형 주거 계획이었다.

3) AI의 핵심 의사결정 2(분양 및 관리 단계):

- "어떻게 갈등 없는 공동체를 만들 것인가?"
- AI는 입주 신청자들의 생활 습관(소음 민감도, 청결도, 활동 시간대 등)에 대한 정보를 바탕으로, 잠재적 갈등 요소를 최소화하는 룸메이트 및 층별 입주자 매칭 알고리즘을 적용했다. 입주 후에는 AI 기반 관리 플랫폼이 공용 공간 예약, 관리비 정산, 갈등 중재 챗봇 등의 기능을 제공하며, 공동체가 원활하게 유지되도록 지원한다.

2. "AI 기반 도시부동산 개발 프로세스에서 의사결정 방식 전환: '직관과 경험'에서 '데이터 기반 예측'으로"와 가상사례

도시부동산 개발의 역사는 위대한 개발자들의 선구적인 '직관'과 함께 해왔다. 그들은 황무지에서 도시의 미래를 보았고, 복잡한 시장의 흐름

속에서 기회를 포착하는 비범한 '감(感)'을 발휘했다. 이러한 경험 기반의 의사결정은 수많은 성공 신화의 밑거름이 되었으며, 오늘날 우리가 살아가는 도시의 모습을 만들었다.

그러나 도시가 점점 더 복잡해지고 시장의 불확실성이 극대화된 오늘날, 과거의 성공 방정식에만 의존하는 것은 망망대해에서 낡은 지도 한 장에 의지하는 것과 같다. 예측 불가능한 변수들이 서로 얽혀 상상치 못한 결과를 낳는 지금, 인간의 직관과 경험만으로는 최적의 해답을 찾기 어려운 시대가 도래했다.

바로 이 지점에서 AI는 개발의 패러다임을 근본적으로 전환시키는 혁명적인 도구로 등장한다. AI는 인간의 직관을 대체하는 것이 아니라, 이를 데이터 기반의 '과학적 예측'으로 무장시켜 더 높은 차원의 통찰력으로 이끈다.

■ 도시부동산 개발 의사결정 방식의 전환: '직관과 경험' vs. '데이터 기반 예측'

구분	기존의 직관과 경험 기반 의사결정 방식	데이터 기반 AI 예측 의사결정 방식
목표	개발자의 통찰력에 기반한 성공적인 프로젝트 완수 및 이윤 극대화를 목표로 한다.	객관적 데이터 분석을 통해 개발 리스크를 최소화하고, 투자 수익을 최적화하는 것을 목표로 한다.
분석 방법 및 기술	개인의 축적된 경험, 시장에 대한 '감(感)', 인적 네트워크 및 제한된 정보에 대한 정성적 분석에 의존한다.	빅데이터, 머신 러닝 알고리즘, 통계 모델링, 예측 분석 등 과학적 방법론을 활용하여 방대한 데이터를 분석하고 미래를 예측한다.
핵심 역할	의사결정의 중심에 개발자가 있으며, 미래를 내다보는 선구자이자 과감한 리스크를 감수하는 주체 로서의 역할을 수행한다.	개발자는 AI가 도출한 데이터 기반 통찰력을 해석하고, 이를 바탕으로 최종 의사결정을 내리는 데이터 기반 전략가의 역할을 수행한다.

장점	- 익숙한 시장 환경에서 신속한 의사결정이 가능하다. - 데이터로 포착하기 어려운 잠재적 기회를 발견할 수 있다. - 강력한 리더십을 바탕으로 프로젝트를 추진할 수 있다.	- 예측의 정확도가 높아 실패 확률을 줄일 수 있다. - 개인의 편향을 배제한 객관적이고 논리적인 의사결정이 가능하다. - 인간이 파악하기 어려운 복잡한 변수 간의 숨겨진 패턴을 발견한다.
단점	- 의사결정에 개인의 주관과 편견이 개입될 위험이 크다. - 급변하는 시장이나 새로운 유형의 프로젝트에 대응하기 어렵다. - 성공 경험의 재현 및 확장이 어렵고, 의사결정 과정을 검증하기 힘들다.	- 데이터 인프라 구축 및 기술 도입에 초기 투자 비용이 많이 든다. - 데이터 자체의 편향성(Bias)이 잘못된 예측으로 이어질 수 있다. - 과거 데이터에 의존하므로 예측 불가능한 돌발 변수(블랙스완) 대응에 한계가 있다.
분석 도구	개인적인 기록, 경험에 근거한 엑셀 시트, 인쇄된 지도, 건축 도면, 전문가 자문 등 아날로그 및 기초적인 디지털 도구를 활용한다.	인공지능(AI) /머신 러닝(ML) 플랫폼, 지리정보시스템(GIS), 빅데이터 분석 솔루션(예: Hadoop), 예측 모델링 소프트웨어(예: Python, R) 등을 활용한다.
도시부동산 활용 예시	노련한 개발자가 특정 낙후 지역의 발전 가능성을 '직감'하고, 과거 유사한 프로젝트의 성공 경험을 토대로 부지를 매입하여 고급 주상복합 건물을 건설한다.	AI 모델이 도시 전체의 인구통계, 교통량, 상권 데이터, 소셜 미디어 트렌드 등을 종합 분석하여 최적의 상업시설 입지를 추천하고, 향후 5년간의 예상 임대수익률을 95% 신뢰수준으로 예측한다.

2.1. 보이지 않는 가능성을 계산하는 AI

전통적인 의사결정이 소수의 전문가가 제한된 정보를 바탕으로 내리는 '점'의 형태였다면, AI 기반 의사결정은 수많은 데이터를 연결하여 미래 시나리오를 입체적으로 그려내는 '면'의 형태를 띤다. 그 전환의 핵심은 다음과 같다.

1) **정보의 차원:** 인간은 주로 정형화된 시장 보고서나 과거의 유사 사례를 참고한다. 반면 AI는 실시간 유동인구, 소셜미디어의 여론, 위성사진으로 분석한 도시의 변화, 심지어 기후 변화 데이터까지, 과거에는 분석이 불가능했던 비정형 데이터를 포함한 다차원의 정보를 동시에 처리한다.

2) **분석의 깊이**: 인간의 분석은 경험에 기반한 인과관계 추론에 머무는 경우가 많다. AI는 수백, 수천 개의 변수들 사이에서 인간이 인지하지 못하는 숨겨진 상관관계를 찾아내고, 특정 변수의 변화가 프로젝트 전체에 미칠 파급효과(Ripple Effect)를 시뮬레이션 한다.

3) **결과의 형태**: 전통적 방식의 결과물은 '성공할 것이다'라는 확신에 가까운 결론이다. AI는 'A 시나리오 선택 시 성공 확률 75%, 예상 수익률 10.2%, 주요 리스크는 B와 C'와 같이, 모든 가능성을 확률과 수치로 제시한다. 이를 통해 개발자는 막연한 기대가 아닌, 정량화된 데이터를 바탕으로 가장 합리적인 선택을 내릴 수 있다.

종합하면, AI는 의사결정의 과정을 '결단'의 문제에서 '최적화'의 문제로 바꾼다.

■ AI 기반 의사결정의 핵심 요소의 목표, 기술, 역할 및 장단점

구분	정보의 차원	분석의 깊이	결과의 형태
목표	도시를 구성하는 정형·비정형 데이터를 통합하여 시장에 대한 다차원적이고 종합적인 이해를 달성하는 것을 목표로 한다.	변수 간의 단순 인과관계를 넘어, 인간이 인지하지 못하는 숨겨진 상관관계를 규명하고 특정 결정의 파급효과를 예측하는 것을 목표로 한다.	다양한 미래 시나리오별 발생 확률과 예상 결과를 정량적 수치로 제공하여, 개발자가 리스크를 관리하며 최적의 대안을 선택하도록 지원하는 것을 목표로 한다.
분석 방법 및 기술	- 자연어 처리(NLP): 소셜 미디어 여론, 뉴스 분석 - 컴퓨터 비전: 위성·항공 사진을 통한 도시 변화 감지 - IoT 데이터 분석: 실시간 유동인구, 환경 데이터 수집	- 다 변량 통계분석: 수백 개 변수 간의 관계 분석 - 머신 러닝 알고리즘: 숨겨진 패턴 및 이상 징후 탐지 - 시뮬레이션 모델링: 의사결정의 파급효과(Ripple Effect) 예측	- 몬테카를로 시뮬레이션: 불확실성을 고려한 확률적 결과 도출 - 시나리오 분석: 조건 변화에 따른 다양한 미래 결과 제시 - 민감도 분석: 특정 변수가 결과에 미치는 영향도 측정

역할 (AI와 인간)	- AI: 방대한 이종 데이터를 실시간으로 수집·가공·구조 화한다. - 인간: 분석에 필요한 데이터 소스를 발굴하고 데이터 품질을 검증한다.	- AI: 대규모 데이터셋 내에서 통계적으로 유의미한 패턴과 관계를 찾아낸다. - 인간: AI가 발견한 상관관계의 비즈니스적 의미를 해석하고 시뮬레이션 변수를 설정한다.	- AI: 각 시나리오의 성공 확률, 예상 수익, 리스크 요인 등을 객관적 수치로 계산한다. - 인간: AI가 제시한 정량적 데이터를 바탕으로 최종 전략적 결정을 내린다.
장점	시장 보고서 등 정형 데이터만으로는 파악할 수 없는 미시적인 시장의 변화와 잠재 수요를 포착할 수 있다.	의사결정의 근거가 명확해지고, 잠재적 리스크를 사전에 식별하여 선제적으로 대응 전략을 수립할 수 있다.	막연한 기대가 아닌, 정량화된 데이터를 바탕으로 가장 합리적이고 방어적인 의사결정이 가능해진다.
단점	데이터의 양이 방대하여 처리 및 저장 비용이 높고, 비정형 데이터의 신뢰도 및 품질 확보가 어렵다.	통계적 상관관계가 반드시 인과관계를 의미하지는 않으므로, 전문가의 비판적 해석이 필수적으로 요구된다.	모든 가능성을 확률로 제시하므로 확정된 미래가 아니며, 과도한 정보는 오히려 의사결정의 지연을 초래할 수 있다.
분석 도구	- 데이터 레이크/웨어하우스 - 웹 크롤링(Web Crawling) 도구 - 지리정보시스템(GIS) - 위성 이미지 분석 플랫폼	- 통계 분석 소프트웨어(SPSS, R) - 머신러닝 라이브러리(TensorFlow, Scikit-learn) - 시스템 다이내믹스 모델링 도구	- 비즈니스 인텔리전스(BI) 대시보드(Tableau) - 리스크 분석 소프트웨어(@RISK) - 맞춤형 시나리오 시뮬레이션 프로그램
도시부동산 활용 예시	신규 상업시설 개발 시, 상권분석 보고서와 함께 SNS의 지역 여론, 시간대별 유동인구, 통신 데이터 등을 통합 분석하여 잠재 고객의 특성을 입체적으로 정의한다.	재개발 프로젝트의 용적률 상향 조정 시, AI 시뮬레이션을 통해 교통량 증가, 인근 상권 매출 변화, 주거 만족도 하락 등 2, 3차 파급효과를 예측하여 최적의 개발 밀도를 결정한다.	복합단지 개발 시, '주거 70%, 상업 30%' 조합의 성공 확률 80%, 예상 수익률 12%와 같은 복수 시나리오를 수치로 비교하여 투자 목표에 가장 부합하는 최적의 대안을 선택한다.

2.2. '직관과 경험'에서 '데이터 기반 예측' 가상 사례

■ 가상 사례 1: 복합 용도 마천루 '프로젝트 하이페리온(Project Hyperion)'

층수 높을수록 가치 오르는 랜드마크 빌딩…마천루가 뜬다 - 경향신문 [https://www.khan.co.kr]

1) 현안 과제: 한 개발사가 변동성이 큰 신흥국 수도에 랜드마크 마천루 건설을 추진한다. CEO의 경험상, 최고급 주거 시설과 명품 리테일의 조합은 언제나 성공 공식이었다. 그는 이번에도 이 '직관'을 밀어붙이려 한다.

2) 전통적 의사결정(직관과 경험):

(1) 결정: "이 도시의 부상하는 상류층을 겨냥해 최상위 등급의 펜트하우스와 글로벌 명품 브랜드를 유치한다. 과거 성공 사례를 볼 때 이것이 가장 확실한 길이다."

(2) 리스크: 현지 신흥 부유층의 소비 패턴이 글로벌 스탠더드와 다를 수 있다는 점, 급격한 경제 변화에 따른 시장 위축 가능성을 간과한다.

3) AI 기반 의사결정(데이터 기반 예측):

(1) AI 분석: '하이페리온 AI 플랫폼'은 지난 5년간의 신용카드 사용 내역, 통신 데이터 기반의 라이프스타일 분석, 원격 근무 확산

에 따른 기업들의 사무실 이전 동향, 그리고 소셜미디어의 '#워라밸', '#가성비' 관련 키워드 증가 추세를 종합 분석한다.

(2) AI 예측: AI는 '최고급 주거+명품 리테일' 모델의 초기 분양률은 높지만, 5년 내 공실률이 30%까지 치솟을 확률이 65%라고 예측한다. 대신, '중소형 서비스드 레지던스 + 공유 오피스 + 웰니스 센터 및 체험형 F&B(식음료)' 조합이 향후 10년간 가장 안정적인 임대수익과 자산 가치 상승을 보일 것이라는 시뮬레이션 결과를 제시한다. 이 모델의 리스크는 15% 낮은 반면, 장기 투자수익률(ROI) 은 22% 더 높을 것으로 예측된다.

4) 최종 결정: CEO는 자신의 직관과 AI의 데이터 기반 예측을 종합하여, 초기 계획을 전면 수정한다. 화려함보다는 실용성과 지속가능성에 초점을 맞춘 새로운 개발안이 채택된다.

■ 가상 사례 2: 구도심 공업지대 재생 프로젝트 '크리에이티브 코어(Creative Core)'

구도심 - 위키원 [https://wiki1.kr]

1) 현안 과제: 한 지자체가 쇠락한 구도심 공업지대를 되살리고자 한다. 전문가들은 대규모 쇼핑몰과 아파트 단지를 건설하는 전면 재개발을 제안한다. 이는 가장 익숙하고 빠른 방식이기 때문이다.

2) 전통적 의사결정(직관과 경험):

(1) 결정: "낡은 공장들을 모두 철거하고, 그 자리에 대단지 아파트와 현대적인 쇼핑몰을 짓는다. 이것이 인구를 유입시키고 지역 경제를 활성화하는 가장 검증된 방법이다."

(2) 리스크: 지역의 역사적 정체성이 완전히 사라지고, 젠트리피케이션으로 인해 기존 소상공인과 예술가들이 쫓겨나는 부작용을 고려하지 않는다.

3) AI 기반 의사결정(데이터 기반 예측):

(1) AI 분석: '크리에이티브 코어 AI 플랫폼'은 해당 지역의 시간대별 유동인구 패턴, 소셜미디어에 공유된 낡은 공장 사진과 관련 감성 글, 인근 지역 소상공인들의 매출 데이터, 그리고 온라인의 독립 예술가 커뮤니티 활동 내역을 분석한다.

(2) AI 예측: AI는 대규모 아파트 단지가 들어설 경우, 교통 체증이 120% 증가하고 주거 만족도는 단기 상승 후 장기적으로 하락할 것이라 예측한다. 대신, 기존 공장 건물을 보존하며 리모델링하여 '소규모 공방, 디자인 스튜디오, 독립서점, 소극장' 등을 유치하는 점진적 재생 방식이 지역의 매력도를 70% 이상 높이고, 방문객의 체류 시간을 3배 늘릴 것이라고 예측한다. 또한, 이 방식은 초기 투자비를 40% 절감하면서도, 10년 후 지역의 문화적 자산 가치를 500% 이상 상승시킬 것으로 시뮬레이션 한다.

(3) **최종 결정:** 지자체는 전면 철거 계획을 백지화하고, AI가 제안한 데이터 기반의 유기적 재생 모델을 채택한다. 개발의 목표가 '건설'에서 '문화와 커뮤니티의 육성'으로 전환된다.

4) **결론 및 시사점:** AI 시대의 도시부동산 개발에서 의사결정의 주체는 여전히 인간이다. AI는 정답을 강요하는 독재자가 아니라, 인간이 더 현명한 결정을 내릴 수 있도록 수많은 가능성을 비춰주는 가장 유능한 조력자이다. '직관과 경험'이라는 강력한 엔진에 '데이터 기반 예측'이라는 최첨단 내비게이션을 장착할 때, 개발자는 비로소 미지의 영역을 가장 안전하고 효율적으로 탐험하는 위대한 전략가가 될 수 있다. 도시의 미래는 바로 이 새로운 파트너십, 즉 인간의 비전과 AI의 지성이 결합하는 지점에서 시작된다.

3. "AI 기반 도시부동산 개발 프로세스에서 정보 관리의 혁신: '데이터 사일로(Data Silo)'에서 '통합 디지털 트윈'으로"와 가상사례

하나의 거대한 도시부동산 프로젝트는 수많은 전문가 집단의 협업으로 이루어진다. 그러나 건축가의 설계도(CAD, BIM), 시공사의 공정표(Excel), 분양팀의 고객 명단(CRM), 그리고 관리회사의 시설 이력(FMS) 은 마치 서로 다른 언어와 같다.

각 단계에서 생성된 귀중한 데이터는 다음 단계로 온전히 전달되지 못한 채 고립된 섬, 즉 '데이터 사일로(Data Silo)'에 갇히게 된다. 설계 변경사항이 시공 현장에 제때 반영되지 않아 재작업 비용이 발생하고, 완공 후 건물 관리팀은 어떤 자재가 사용되었는지 알기 위해 다시 도면을 뒤져야 하는 비효율이 반복된다.

AI는 이 단절된 정보의 흐름을 하나로 잇는 강력한 다리를 놓는다. 바로 '통합 디지털 트윈(Integrated Digital Twin)'이다. 이는 단순히 건물을 3D로 구현한 모델이 아니다. 현실 세계의 물리적 자산을 가상 공간에 그대로 복제하고, 프로젝트의 전 생애주기에 걸쳐 발생하는 모든 데이터를 실시간으로 연결하여 살아 숨 쉬게 만드는 '디지털 쌍둥이'이자 프로젝트의 중앙 신경계다.

3.1. 서로 다른 언어를 쓰는 전문가들: 파편화된 정보에서 살아있는 유기체로

데이터 사일로는 프로젝트의 발목을 잡는 보이지 않는 족쇄다. 정보의 불일치는 곧 비용 상승, 시간 지연, 그리고 잠재적 리스크로 이어진다. 통합 디지털 트윈은 이 문제를 근본적으로 해결하며 정보 관리의 패러다임을 바꾼다.

디지털 트윈은 '단일 진실 공급원'을 통해 데이터의 신뢰성을 확보하고, '시공간을 초월한 시뮬레이션'으로 미래를 예측하며, '데이터의 선순환' 구조를 통해 현실 세계를 지속적으로 최적화하는 유기적인 시스템이다.

■ **디지털 트윈의 핵심 구성요소의 목표, 분석방법 및 기술, 역할, 장단점, 분석도구, 도시부동산 활용예시**

구분	단일 진실 공급원	시공간을 초월한 시뮬레이션	데이터의 선순환
목표	프로젝트의 모든 물리적·속성 정보를 하나의 일관된 정보 소스로 통합하여 정보의 파편화 및 비대칭성을 해소하고, 모든 이해관계자 간의 신뢰도 높은 의사소통을 보장하는 것을 목표로 한다.	현실에서 실행하기 어려운 다양한 시나리오를 가상 환경에서 검증하여 미래 리스크를 예측하고, 최적의 의사결정을 지원하는 것을 목표로 한다.	현실 세계에서 수집된 운영 데이터를 분석하고, 그 통찰력을 다시 현실에 적용하여 운영을 최적화하는 지속적인 개선 사이클 구축을 목표로 한다.

핵심 기술 및 방법	- BIM-GIS 데이터 통합 기술 - 클라우드 기반 공통 데이터 환경(CDE) - 블록체인(데이터 무결성 보장) - 마스터 데이터 관리 (MDM)	- 4D(시간) /5D(비용) 공정 시뮬레이션 - 유한요소해석(FEA) / 전산 유체역학(CFD) - 행위자 기반 모델링 (ABM) - 게임 엔진 기반 시각화	- 사물인터넷(IoT) 센서 기술 - 실시간 데이터 스트리밍 및 처리 - 머신 러닝 기반 예측 유지보수 - 빌딩 에너지 관리 시스템(BEMS) 최적화
역할 (시스템과 인간)	시스템: 분산된 데이터를 실시간으로 수집·검증·동기화하여 항상 최신 정보의 단일 뷰(View)를 제공한다. 인간: 데이터 거버넌스 정책을 수립하고, 통합된 정보를 기반으로 협업 및 의사결정을 수행한다.	시스템: 설정된 변수와 모델을 기반으로 복잡한 물리·사회 현상을 빠르고 정확하게 계산하여 결과를 시각화 한다. 인간: 시뮬레이션의 목적과 시나리오(What-if)를 정의하고, 도출된 결과를 해석하여 대안을 평가한다.	시스템(AI): 실시간 데이터를 분석하여 이상 징후를 감지하고, 고장 시점이나 에너지 수요 등을 예측한다. 인간: AI가 제공하는 예측 정보를 바탕으로 유지보수 계획 수립, 운영 정책 변경 등 실제 제어 결정을 내린다.
장점	- 데이터 중복 및 불일치로 인한 오류·재작업 비용 감소 - 이해관계자 간 협업 효율성 및 투명성 극대화	- 물리적 실험 없이 가상으로 테스트하여 비용·시간 절감 - 설계 오류나 잠재적 위험을 조기에 발견하여 안전성 증대	- 데이터 기반 예측을 통해 설비 다운타임 최소화 및 수명 연장 - 에너지 사용 등 운영 효율성의 지속적인 최적화 가능
단점	- 초기 시스템 구축 및 데이터 통합에 많은 시간과 비용 소요 - 강력한 데이터 거버넌스 정책 없이는 품질 유지의 어려움	- 시뮬레이션 모델이 현실의 복잡성을 완벽히 반영하기 어려움 - 모델링 및 결과 해석에 높은 수준의 전문성 요구	- 다수 IoT 센서 및 네트워크 인프라 설치·유지보수 비용 발생 - 데이터 보안 및 프라이버시 침해 위험 존재
분석 도구	- BIM 소프트웨어(Revit, ArchiCAD) - 클라우드 플랫폼(AWS, Azure) - 공통 데이터 환경 (CDE) - GIS 소프트웨어(Arc-GIS)	- 해석 소프트웨어 (ANSYS, SimScale) - 게임 엔진(Unreal Engine, Unity) - BIM 4D/5D 연동 툴 (Navisworks)	- IoT 플랫폼(AWS IoT, Google Cloud IoT) - 데이터 시각화 대시보드(Grafana) - 빌딩 자동화 시스템 (BAS) - 예측 분석 솔루션

도시부동산 활용 예시	대규모 복합단지 개발 시, 건축(BIM), 토목(GIS), 공정, 민원 데이터를 단일 플랫폼에 통합하여 발주처, 설계사, 시공사가 실시간으로 동일 정보를 공유하며 협업한다.	초고층 빌딩 신축 전, 디지털 트윈으로 태풍, 지진에 대한 구조 안정성을 시뮬레이션하고, 완공 후의 일조량 변화와 주변 건물의 그림자 영향을 분석하여 설계를 최적화한다.	스마트 빌딩의 디지털 트윈이 건물 내 센서로부터 실시간 데이터를 수집하고, AI가 이를 분석하여 냉난방·공조 시스템을 자율 제어함으로써 에너지 소비를 20% 이상 절감한다.

3.2. 통합 디지털 트윈 가상사례

■ "서로 다른 언어를 쓰는 전문가들" 가상 사례 1: 초고층 복합단지 '넥서스 플라자(Nexus Plaza)'

코엑스에 G20광장 조성 | 서울경제 [https://www.sedaily.com]

1) 현안 과제: 도심 한복판에 오피스, 호텔, 쇼핑몰, 주거 시설이 유기적으로 연결된 전례 없이 복잡한 복합단지를 건설하는 프로젝트. 수백 개의 협력사와 수만 장의 도면이 얽혀 있다.

2) 데이터 사일로의 비극(전통적 방식):

• 호텔 설계팀이 객실의 창문 크기를 키우는 디자인 변경을 한다. 이 정보가 외벽 패널 시공팀에 2주 늦게 전달된다. 이미 제작 완료된 수백 개의 외벽 패널은 폐기되고, 재제작으로 인해 공사는 1개월 지연, 수십억 원의 추가 비용이 발생한다.

3) 통합 디지털 트윈의 힘(AI 기반 방식):

(1) '넥서스 플라자 디지털 트윈' 플랫폼에서 호텔 설계팀이 창문 크기를 변경하는 즉시, AI가 이 변경이 미치는 영향을 자동으로 분석한다.

(2) 즉각적 경고: "경고: 창호 변경으로 인해 외벽 구조 안정성 3% 감소. 냉방 부하 5% 증가 예상. 외벽 패널 제작 도면 자동 업데이트 필요." 라는 알림이 관련 팀(구조, 설비, 시공)에 실시간으로 전송된다.

(3) 자동화된 해결: 구조팀은 즉시 보강 설계를 진행하고, 설비팀은 공조 용량을 재 산정한다. 외벽 패널 공장은 업데이트된 도면으로 작업을 시작한다. 모든 과정은 플랫폼 안에서 투명하게 공유되고 이력으로 기록된다. 재작업과 공기 지연이라는 비극은 원천적으로 차단된다.

■ "서로 다른 언어를 쓰는 전문가들" 가상 사례 2: 스마트 신도시 '프로젝트 아고라(Project Agora)'

1) 현안 과제: 인구 10만을 수용하는 스마트 신도시를 건설하고, 지속 가능하게 운영해야 하는 과제. 도시의 모든 인프라(교통, 에너지, 수

에코델타시티 푸르지오 트레파크 [https://www.hankyung.com]

도, 통신)를 효율적으로 관리하는 것이 핵심이다.

2) 데이터 사일로의 한계(전통적 방식):

- 10년 후, 도시의 상수도관에서 누수가 발생한다. 관리팀은 땅을 파보기 전까지는 정확한 누수 지점과 원인을 알 수 없다. 교통팀과 협의 없이 도로를 통제하고 공사를 진행하여 극심한 교통 체증과 시민들의 민원을 유발한다.

3) 통합 디지털 트윈의 비전(AI 기반 방식):

(1) '아고라 시티 디지털 트윈'은 도시 전체의 살아있는 복제품이다. 모든 상수도관에는 압력과 유량 센서가 부착되어 있고, 이 정보는 디지털 트윈에 실시간으로 반영된다.

(2) **예측적 유지보수:** AI는 센서 데이터의 미세한 이상 패턴을 감지하고, "A-34 구역 상수도관, 내부 부식으로 3개월 내 파열 확률 82%"라고 사전에 경고한다.

(3) **최적화된 대응:** AI는 가장 효율적인 보수 공사 시점(교통량이 가장 적은 주말 새벽)과 방법을 시뮬레이션 하여 제안한다. 공사 계획이 확정되면, 디지털 트윈은 자동으로 교통 신호 체계를 변경하여 공사 구역을 우회하는 최적의 경로를 안내하고, 인근 주민들에게는 스마트폰 앱으로 공사 내용을 미리 공지한다. 도시는 문제가 터진 후에 대응하는 것이 아니라, 문제를 예측하고 선제적으로 관리하는 유기체가 된다.

4) **결론 및 시사점:** 정보 관리의 혁신은 단순히 업무를 편하게 만드는 것을 넘어, 도시부동산 개발의 본질을 바꾸고 있다. 데이터 사일로라는 벽을 허물고 통합 디지털 트윈을 구축하는 것은, 프로젝트의 모든 정

보를 하나의 살아있는 유기체로 만드는 과정이다. 이 디지털 유기체 위에서 우리는 더 빠르고, 더 저렴하며, 더 안전하게 건물을 짓는 것을 넘어, 자원의 낭비를 막고, 위험을 예측하며, 사용자의 경험에 끊임없이 반응하는 '지속가능한 지능형 도시'를 현실로 만들 수 있다. AI가 그리는 도시의 디지털 청사진은 이미 우리 앞에 펼쳐져 있다.

4. "AI 기반 도시부동산 개발 프로세스에서 계획 및 설계의 확장: '제한적 대안 검토'에서 '생성형 최적화'로"와 가상사례

인류의 위대한 건축물과 도시는 한 명의 천재 혹은 소수 전문가 집단의 번뜩이는 영감과 깊은 경험을 통해 탄생했다. 그들은 주어진 조건 속에서 시간과 비용의 제약을 안고, 수많은 고민 끝에 몇 가지 최선의 대안을 도출하여 그중 하나를 선택했다. 이 '제한적 대안 검토' 방식은 인류 문명의 발전을 이끌어온 동력이었으나, 본질적으로 인간의 상상력과 분석 능력의 한계 안에 갇혀 있었다. 과연 우리가 선택한 그 설계안이 정말 '최적의 해답'이었을까? 더 나은 가능성은 없었을까?

AI는 바로 이 지점에서 계획과 설계의 패러다임을 송두리째 바꾸는 혁명을 일으킨다. '생성형 최적화(Generative Optimization)'라 불리는 이 새로운 방식은, 인간이 미처 탐험하지 못했던 무한에 가까운 디자인의 우주를 탐색한다. AI는 단순히 몇 가지 대안을 그리는 조수가 아니라, 설정된 목표를 달성하기 위해 수천, 수만 개의 해답을 스스로 '생성'하고 그중 가장 뛰어난 것을 '최적화'하여 제안하는 창의적 파트너가 된다.

4.1. 설계 방식의 전환: '제한적 대안 검토'와 '생성형 AI 최적화' 비교

도시부동산 개발에서 설계안을 도출하는 방식은 기존의 설계자 중심의 '제한적 대안 검토'에서 데이터와 알고리즘이 결합된 '생성형 AI 최적화' 방식으로 진화하고 있다 '제한적 대안 검토'와 '생성형 AI 최적화'의 차이는 단순히 양의 차이가 아니다. 이는 문제에 접근하는 방식의 근본적인 전환이다.

■ **설계 안 도출에서 '제한적 대안 검토'와 '생성형 AI 최적화' 방법별 목표, 분석방법 및 기술, 역할, 장단점, 분석도구, 도시부동산 활용예시**

구분	기존의 제한적 대안 검토 방식	생성형 AI 최적화 방식
목표	주어진 제약 조건과 설계자의 경험을 바탕으로 제시된 소수의 설계 대안 중에서 가장 합리적이라고 판단되는 안을 선택하는 것을 목표로 한다.	설계 목표(예: 수익률 극대화)와 제약 조건을 입력하면, AI가 가능한 모든 설계 조합을 탐색하여 인간이 생각지 못한 최적의 해(Solution)를 도출하는 것을 목표로 한다.
분석 방법 및 기술	- 설계자의 경험적 지식 및 직관 - 2D/3D CAD를 이용한 수동 모델링 - 각 대안에 대한 개별적 기술 검토 - 정성적 비교 평가	- 생성적 설계(Generative Design) 알고리즘 - 유전 알고리즘, 강화학습 등 AI 기술 - 파라메트릭 모델링 및 다중 목표 최적화(Multi-Objective Optimization) - 클라우드 기반 대규모 병렬 연산
역할 (인간과 AI)	인간(설계자): 경험을 바탕으로 2~3개의 대안을 직접 생성하고 분석, 추천하는 '해결사(Solution Provider)'의 역할을 수행한다. AI/도구: 인간의 구상을 시각화하고 보조하는 수동적 역할을 담당한다.	인간(설계자): 해결할 문제, 목표, 변수, 제약 조건을 정의하는 '질문자(Question Asker)'의 역할을 수행한다. AI: 설정된 조건 내에서 수백, 수천 개의 대안을 자동으로 생성하고 평가하는 '탐색자(Explorer)' 역할을 담당한다.
장점	- 설계자의 창의성과 명확한 의도가 설계안에 직접 반영된다. - 의사결정 과정이 비교적 단순하고 직관적으로 이해하기 쉽다.	- 인간의 편견을 넘어선 혁신적이고 효율적인 설계안을 발견할 수 있다. - 사업성, 친환경성 등 복수의 목표를 동시에 고려한 최적화가 가능하다.
단점	- 인간의 인지적 한계로 탐색 가능한 대안의 수가 극히 제한적이다. - 초기 구상 단계에서 최적의 가능성을 놓칠 수 있으며, 개인의 편향이 개입될 여지가 크다.	- 명확한 목표와 제약조건을 정의하는 초기 설정 과정이 복잡하고 중요하다. - AI가 생성한 결과물이 비현실적이거나 컨텍스트에 맞지 않을 수 있어 인간의 최종 검토가 필수적이다.

분석 도구	- 2D CAD(AutoCAD) - 3D 모델링(SketchUp, Revit) - 렌더링 소프트웨어(V-Ray) - 엑셀(사업성 분석)	- 생성적 설계 소프트웨어(Rhino/Grasshopper, Dynamo) - AI 기반 최적화 플랫폼(TestFit, Hypar) - 클라우드 컴퓨팅 서비스(AWS, Azure)
도시부동산 활용 예시	소규모 상가 건물 신축 시, 건축가가 법규와 대지 형태를 고려하여 'ㅁ'자, 'L'자, 'I'자 형태 등 3가지의 기본 설계안을 제시하면, 건축주는 이를 보고 가장 선호하는 안을 선택한다.	대규모 아파트 단지 개발 시, '세대 수 최대화', '조망 세대 비율 60% 이상', '일조 시간 확보' 등의 다중 목표를 입력하면, AI가 이를 만족시키는 수천 개의 동 배치 및 단지 레이아웃 조합을 생성하고 사업성이 가장 높은 상위 안들을 제시한다.

4.2. 제한적 대안 검토(전통적 방식)와 생성형 AI최적화(AI 기반 방식) 가상사례

■ 가상 사례 1: 도심형 생태 주거단지 '바이오스피어 7(Biosphere 7)'

도심 속 전원생활 실현하는 게이티드 커뮤니티 하우스 [https://www.khan.co.kr]

1) 현안 과제: 도심의 제한된 부지에 자연과의 공존, 에너지 자립, 그리고 공동체 활성화를 목표로 하는 새로운 주거단지를 계획한다.

2) 제한적 대안 검토(전통적 방식):

- 유명 건축사무소는 판상형, 타워형, 그리고 중정형 아파트 3가지 기본 모델을 제시한다. 각 모델은 일조, 통풍, 공사비 측면에서 장

단점이 뚜렷하여, 결국 적절한 타협안인 중정형 모델이 채택된다.

3) 생성형 최적화(AI 기반 방식):

(1) 설계팀은 '바이오스피어 7 AI 플랫폼'에 목표를 입력한다: "모든 세대 일조 시간 4시간 이상 확보", "단지 내 풍속 초속 5m 이하 유지", "건물 에너지 자립도 70% 이상 달성", "세대 간 시각적 프라이버시 확보", "총 공사비 3,000억 원 이내".

(2) AI는 수만 개의 각기 다른 건물 형태와 배치를 생성하며 시뮬레이션을 시작한다. 이 과정에서 AI는 벌집 구조, 나뭇잎의 엽맥 구조 등 자연의 형태를 모방하며 최적의 해답을 탐색한다.

4) 최종 제안: AI는 기존의 정형적인 아파트 형태를 완전히 벗어난, 여러 개의 비정형 유선형 건물이 서로 다른 높이로 솟아오르며 스카이 브릿지로 연결되는 유기적인 디자인을 최적의 안으로 제시한다. 이 디자인은 모든 세대의 일조량과 조망을 극대화할 뿐만 아니라, 건물 사이의 바람길을 최적화하여 여름철 냉방 부하를 15% 줄이고, 건물 옥상과 벽면 녹화를 통해 에너지 자립도 목표를 초과 달성한다. 이는 인간 설계자가 복잡성 때문에 시도하기 어려웠던 혁신적인 형태였다.

■ 가상 사례 2: 역사지구 상업 가로 활성화 '프로젝트 리와인드(Project Rewind)'

1) 현안 과제: 오래된 저층 건물이 밀집한 역사지구의 거리를 보존하면서, 관광객과 시민들을 유입시켜 상권을 활성화해야 하는 과제.

2) 제한적 대안 검토(전통적 방식):

• 도시계획가와 도시설계가들은 보행자 전용도로로 만들거나, 간판 디자인을 통일하는 등 기존의 성공 사례를 참고한 몇 가지 계

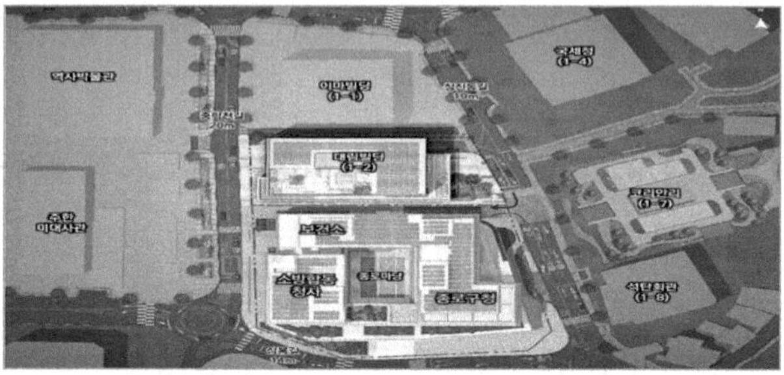

종로 수송동 역사·상업·문화 공존하는 도심복합문화공간 재탄생 [https://www.rcnews.co.kr]

획안을 제시한다. 하지만 이는 지역의 고유한 특성을 충분히 살리지 못할 수 있다.

3) 생성형 최적화(AI 기반 방식):

(1) '리와인드 AI 플랫폼'은 거리의 모든 건물 데이터, 시간대별 유동인구 패턴, 인근 상점들의 매출 데이터, 그리고 소셜미디어에 나타난 방문객들의 동선과 관심 키워드(예: #레트로, #사진맛집)를 학습한다.

(2) **목표:** "거리의 역사적 경관 보존", "보행자 체류 시간 20% 증가", "소상공인 점포 노출 빈도 극대화", "방문객의 '예상치 못한 발견' 경험 유도".

(3) AI는 수천 가지의 미세한 변화를 조합한 시나리오를 시뮬레이션 한다. 예를 들어, 특정 골목길의 포장재를 바꾸거나, 작은 벤치나 조형물의 위치를 몇 미터 옮기고, 특정 시간대에만 은은한 조명을 켜는 등의 변화가 전체 거리의 흐름과 매력도에 미치는 영향을 분석한다.

4) **최종 제안:** AI는 거리를 일직선으로 개방하는 대신, 몇 군데에 작은 녹지와 벤치를 두어 의도적으로 동선을 구부리고, 특정 건물의 벽

면에 미디어 아트를 투사하여 '인스타그래머블'한 포토 스팟을 만드는 안을 제시한다. 이 계획은 방문객들의 발걸음을 자연스럽게 늦추고, 뒷골목의 작은 상점들까지 발견하게 해 전체 상권의 균형 있는 발전을 유도하는 최적의 해답이었다.

5) **결론 및 시사점:** 생성형 최적화는 인간 설계자의 자리를 빼앗는 기술이 아니다. 오히려 인간을 반복적이고 소모적인 작업에서 해방시켜, 프로젝트의 본질적인 가치와 비전을 설정하는 더 창의적이고 중요한 역할에 집중하게 만든다. 계획과 설계는 더 이상 몇 안 되는 선택지 중 하나를 고르는 과정이 아니다. 이제는 명확한 목표 아래 무한한 가능성의 바다를 탐험하고, 그 속에서 데이터로 증명된 최적의 보석을 건져 올리는 여정이 되었다. 인간의 깊이 있는 통찰력과 AI의 무한한 탐색 능력이 만나는 바로 그 지점에서, 우리의 도시는 상상 이상의 모습으로 진화할 것이다.

5. "AI 기반 도시부동산 개발 프로세스에서 전문가 역할의 재 정의: '분석가'에서 '창의적 전략가'로"와 가상사례

전통적인 도시부동산 전문가는 방대한 지식과 정보의 '분석가'였다. 그들은 수많은 법규를 검토하고, 시장 데이터를 분석하며, 복잡한 도면을 해독하는 데 대부분의 시간을 쏟았다. 프로젝트의 성공은 얼마나 많은 정보를 정확하게 처리하고, 과거의 경험을 얼마나 잘 적용하는가에 달려 있었다. 그러나 이러한 역할은 전문가를 끝없는 데이터와의 싸움 속에 가두었고, 정작 더 높은 차원의 비전을 구상하고 창의적인 해법을 모색할 시간과 에너지를 앗아갔다.

AI의 등장은 바로 이 지점에서 전문가를 해방시키는 극적인 전환을 가져온다. AI가 인간을 압도하는 속도와 정확성으로 데이터 분석, 법규 검토, 시뮬레이션과 같은 반복적이고 분석적인 업무를 대신 처리하기 시작했다. 이제 전문가는 더 이상 '지식의 암기자'나 '성실한 분석가'에 머무르지 않는다. AI라는 가장 유능한 분석가를 파트너로 삼아, 프로젝트의 본질적인 가치를 묻고, 창의적인 비전을 제시하며, 복잡한 이해관계를 조율하는 '창의적 전략가(Creative Strategist)'로 거듭나게 된다.

5.1. AI가 '어떻게(How)'와 '무엇을(What)'에 대한 최적의 답을 찾는다면, 인간은 '왜(Why)'라는 방향을 설정한다.

AI 시대에 전문가의 핵심 역량은 지식의 양이 아니라 질문의 질에서 나온다. AI가 '어떻게(How)'와 '무엇을(What)'에 대한 최적의 답을 찾는다면, 인간은 '왜(Why)'라는 근본적인 질문을 던지고 방향을 설정하는 역할을 맡는다.

1) **반복적 업무의 위임, 창의적 시간의 확보:** 과거 전문가가 며칠, 몇 주를 소요했던 시장 분석, 사업 타당성 검토, 법규 체크리스트 확인 등의 업무는 AI에 의해 단 몇 분, 몇 시간 만에 완료된다. 전문가는 이렇게 확보된 시간을 프로젝트의 철학을 세우고, 새로운 라이프스타일을 제안하며, 디자인의 미학적 가치를 높이는 등 고도의 창의성이 요구되는 활동에 집중할 수 있다.

2) **'정답' 탐색가에서 '질문' 설계자로:** AI의 성능은 인간이 어떤 목표와 제약 조건을 설정하는가에 따라 극명하게 달라진다. 따라서 전문가의 가장 중요한 역할은 AI에게 올바른 질문을 던지는 것이다. "최대 용적률을 찾는 방법은?"이라는 단순한 질문 대신, "이웃과의 조화

를 이루면서 공동체의 교류를 활성화하고, 동시에 사업성을 확보하는 최적의 설계안은 무엇인가?"와 같이 다 차원적이고 가치 지향적인 질문을 설계해야 한다.

3) 데이터 해석가에서 가치 판단자로: AI는 수많은 데이터를 기반으로 가장 효율적인 대안을 제시하지만, 그 결과가 담고 있는 사회적, 윤리적, 미학적 의미까지 판단하지는 못한다. AI가 제안한 최적의 아파트 배치가 특정 계층의 고립을 심화 시킬 수 있지는 않은지, 가장 수익성 높은 상업시설 계획이 지역의 고유한 문화를 해치지는 않는지 등을 최종적으로 판단하고 결정하는 것은 온전히 인간 전문가의 몫이다.

5.2. 전통적 전문가의 역할(분석가)와 AI 시대 전문가의 역할(창의적 전략가) 가상사례

폐산업시설, '제대로' 거듭나려면 | arte365 [https://arte365.kr]

■ 가상 사례 1: 폐산업시설 재생 프로젝트 '타임 팩토리(Time Factory)'

1) 현안 과제: 도시의 흉물로 방치된 거대한 폐공장을 철거하는 대신, 지역의 역사성을 살리면서 새로운 가치를 창출하는 재생 프로젝트.

2) 전통적 전문가의 역할(분석가): 도시계획가와 건축가는 유사한 해외 사례들을 벤치마킹하고, 구조 안전 진단 보고서와 시장 분석 자료를 검토하여 몇 가지 가능한 용도(예: 미술관, 쇼핑몰)를 제안한다. 그의 주된 업무는 기술적, 경제적 타당성을 분석하고 보고서를 작성하는 것이다.

3) AI 시대 전문가의 역할(창의적 전략가):

(1) 전문가는 AI에게 "이 공간의 역사적 가치를 보존하면서, 20대 청년층의 유입을 유도하고, 야간 경제를 활성화하며, 초기 투자비를 5년 내에 회수할 수 있는 복합 문화 공간 시나리오를 100가지 생성하라"고 지시한다.

(2) AI는 즉시 미술관, 공연장, F&B, 독립서점, 공유 오피스, 메이커 스페이스 등 다양한 프로그램의 조합과 공간 배치에 따른 예상 방문객 수, 매출, 운영비, 그리고 SNS 버즈량까지 예측한 시나리오들을 제시한다.

(3) 전문가는 이 시나리오들을 보며 단순히 가장 수익성 높은 안을 고르는 것이 아니라, AI의 데이터를 기반으로 지역 예술가, 소상공인, 주민들과 워크숍을 진행한다. 그는 AI의 예측 결과를 사람들에게 설명하고, 그들의 의견을 반영하여 "낮에는 지역 주민을 위한 라이브러리와 공방으로, 밤에는 젊은 층을 위한 다원 예술 공연장과 바로 운영되는" 하이브리드 모델을 최종 전략으로 결정한다. 그의 역할은 분석이 아닌, 데이터와 인간의 염원을 엮어내는 '스토리텔러'이자 '조율자'이다.

■ 가상 사례 2: 미래형 병원 '헬릭스 메디-시티(Helix Medi-City)'

지방 유일 해외환자 유치 2만명 돌파…메디시티 대구 꿈 이룬 '3개의 축'
[https://www.yeongnam.com]

1) 현안 과제: 환자와 의료진 모두의 스트레스를 줄이고, 치료 효과를 극대화하는 새로운 개념의 병원을 설계하는 과제.

2) 전통적 전문가의 역할(분석가): 건축가는 병원 설계 가이드라인과 법규에 맞춰 효율적인 동선과 기능적인 공간 배치에 집중한다. 의료 컨설턴트는 최신 의료 장비 리스트와 병상 수 기준을 검토한다.

3) AI 시대 전문가의 역할(창의적 전략가):

(1) 전문가 팀은 "환자의 평균 회복 기간을 10% 단축시키고, 의료진의 번 아웃 비율을 20% 감소시키는 병원 공간을 설계하라"는 명확한 목표를 AI에게 부여한다.

(2) AI는 환자의 생체 데이터(심박수, 스트레스 호르몬 수치)와 공간의 물리적 요소(자연 채광 량, 녹지 조망 비율, 소음 수준) 사이의 상관관계를 분석한다. 또한, 의료진의 이동 동선과 업무 패턴을 시뮬레이션 하여 불필요한 움직임을 최소화하는 간호 스테이션과 수술실의 최적 배치를 찾아낸다.

(3) AI는 "모든 병실에서 녹지를 볼 수 있고, 자연 채광 량이 기준치 이상일 때 환자의 회복 속도가 13% 빠르다" 또는 "특정 동선으로 간호 스테이션을 배치하면 의료진의 하루 평균 보행 거리가 1.5km 줄어든다"와 같은 데이터 기반의 디자인 원칙을 도출한다.

(4) 전문가는 이러한 원칙들을 바탕으로, 전통적인 중앙집중형 병원 구조를 과감히 탈피하여 여러 개의 작은 클러스터가 공원과 유기적으로 연결된 '마을 같은 병원'이라는 창의적 비전을 제시한다. 그의 역할은 기능적 도면을 그리는 것이 아니라, "데이터를 통해 '치유 환경'의 본질을 탐구하고 이를 공간으로 구현하는 '경험 설계자'"이다.

4) **결론 및 시사점:** AI는 전문가를 위협하는 경쟁자가 아니라, 그들의 잠재력을 최고로 끌어올리는 전략적 파트너다. 단순 분석가의 역할을 AI에게 위임함으로써, 인간 전문가는 비로소 반복적인 노동에서 벗어나 더 높은 차원의 사유를 할 수 있는 자유를 얻었다. 미래 도시부동산 개발의 성패는 더 이상 누가 더 많은 것을 아는가에 달려 있지 않다. AI의 막강한 지능을 활용하여 얼마나 더 깊이 있는 질문을 던지고, 얼마나 더 창의적인 비전을 제시하며, 얼마나 더 인간적인 가치를 담아낼 수 있는가에 달려 있다.

6. "AI 기반 도시부동산 개발 프로세스에서 가치 창출의 진화: '단기 수익'에서 '지속가능한 생애주기 가치'로"와 가상사례

6.1. AI건물을 끊임없이 가치를 창출하는 '지속가능한 자산'으로 만든다.

지금까지 도시부동산 개발의 성공은 매우 단순한 공식으로 측정되었다. '얼마를 투자해서, 얼마에 팔아, 얼마를 남겼는가?' 개발의 모든 과정은 분양이나 매각이라는 단 한 번의 정점을 위해 존재했으며, 그 이후 건물의 삶은 개발자의 관심 밖이었다. 이러한 '단기 수익(Short-term Profit)' 중심의 패러다임은 도시에 수많은 건물을 빠르게 공급했지만, 동시에 장기적인 운영 비용, 사용자의 만족도, 건물이 주변 환경에 미치는 영향과 같은 무수한 가치를 간과하게 했다.

그러나 AI는 이 낡은 공식에 종언을 고한다. AI는 건물을 '일회성 상품'이 아닌, 수십 년간 살아 숨 쉬며 끊임없이 가치를 창출하는 '지속가능한 자산'으로 바라보게 만든다.

AI는 설계와 시공 단계의 초기 투자비 뿐만 아니라, 완공 후 수십 년간 발생할 운영, 유지보수, 그리고 최종 해체 비용까지 아우르는 '생애주기 가치(Lifecycle Value)'를 정밀하게 예측하고 최적화한다. 이제 개발의 목표는 단순히 비싸게 파는 것이 아니라, 시간이 지날수록 더욱 가치가 깊어지는 공간을 만드는 것으로 진화한다.

6.2. 미래 가치·비용의 현재화: AI 기반 의사결정 기법

단기 수익 모델이 실패한 이유는 미래의 가치와 비용을 현재의 의사결정에 제대로 반영할 수 없었기 때문이다. AI는 이 문제를 해결하며 가치 창출의 방식을 근본적으로 바꾼다. AI는 눈에 보이지 않는 미래의 비용과 가치를 데이터 기반으로 가시화하고 정량 화하여, 도시부동산 개발 및 운영의 의사결정 패러다임을 전환시킨다. '전 생애주기 비용(LCC)의 가시화', '무형자산의 정량화', '동적 자산관리'는 그 핵심 기법으로, 각 방법론의 특성은 아래 표와 같다.

■ **미래의 비용과 가치를 데이터 기반으로 분석하는 '전 생애주기 비용(LCC)의 가시화', '무형자산의 정량화', '동적 자산관리'별 목표, 분석방법, 역할, 장단점, 분석도구, 활용예시**

구분	전 생애주기 비용(LCC)의 가시화	무형자산의 정량화	미래를 예측하는 동적 자산관리
목표	초기 투자비를 넘어 운영, 유지보수, 폐기까지 포함한 총소유비용(TCO)을 예측하여, 장기적 관점에서 가장 경제적인 의사결정을 지원하는 것을 목표로 한다.	'사용자 만족도', '건강' 등 무형의 가치가 자산 가치에 미치는 영향을 데이터로 정량 화하여, 객관적인 투자 근거를 마련하는 것을 목표로 한다.	건물을 실시간 데이터 기반의 '살아있는 유기체'로 보고, 지속적인 최적화와 예측을 통해 시간의 흐름에 따라 가치가 높아지는 '동적 자산'으로 전환하는 것을 목표로 한다.
분석 방법 및 기술	- 5D BIM(비용) 시뮬레이션 - 건물 에너지 성능 시뮬레이션(BPS) - 자재 및 설비 수명 예측 모델링 - 머신 러닝 기반 비용 예측	- IoT 센서 데이터 분석 (재실, 환경 등) - 자연어 처리(NLP) 기반 사용자 피드백 분석 - 상관관계 및 회귀분석 모델링 - 소셜 데이터 분석	- 디지털 트윈 기반 실시간 모니터링 - 머신 러닝 기반 예측 유지보수(PdM) - 수요 예측 모델링 - 강화학습 기반 시스템 자율 제어
역할 (AI와 인간)	AI: 설계안과 자재 정보를 기반으로 향후 수십 년 간의 총소유비용을 시뮬레이션하고 보고서를 생성한다. 인간: AI 분석 결과를 비교 검토하여 초기 투자와 장기 비용 절감의 균형점을 찾아 최종 결정한다.	AI: 다양한 데이터를 분석하여 '쾌적함' 등의 무형 가치가 공실률, 임대료에 미치는 영향을 재무적 가치로 환산한다. 인간: AI가 정량 화한 가치를 바탕으로 사용자 경험 개선을 위한 투자 우선순위를 결정한다.	AI: 실시간 데이터를 분석하여 에너지 낭비를 감지하고, 주요 설비의 고장 시점을 사전에 예측하여 경고한다. 인간: AI의 예측 정보를 바탕으로 선제적 유지보수 계획을 수립하고, 공간 재구성 등 전략적 운영을 결정한다.

장점	- 단기 비용 절감의 함정을 피하고 장기적 자산 가치를 극대화하는 투자가 가능하다. - 친환경·고효율 설계의 경제적 타당성을 데이터로 입증할 수 있다.	- 무형 가치에 대한 투자의 객관적 근거를 확보하여 설득력을 높인다. - 사용자 중심의 자산 가치 증대 전략을 체계적으로 수립할 수 있다.	- 갑작스러운 설비 고장으로 인한 운영 중단 리스크 및 수리 비용을 최소화한다. - 데이터 기반으로 운영 효율성을 지속적으로 개선하여 자산 가치를 높인다.
단점	- 미래의 에너지 가격, 인건비 등 불확실한 변수 예측에 의존하므로 오차가 발생할 수 있다. - 정확한 LCC 분석을 위한 초기 데이터베이스 구축이 복잡하다.	- 데이터 수집 범위와 분석 모델에 따라 결과의 신뢰도가 달라질 수 있다. - 무형 가치와 재무 성과 간의 명확한 인과관계를 증명하는 데는 한계가 있다.	- 디지털 트윈, IoT 등 인프라 구축a에 상당한 초기 투자 비용이 발생한다. - 실시간 데이터 처리에 따른 보안 및 시스템 안정성 확보가 중요하다.
분석 도구	- LCC 분석 소프트웨어 - BIM 5D 연동 소프트웨어(CostX) - 에너지 시뮬레이션 툴(EnergyPlus)	- 데이터 분석 플랫폼(Python, R) - BI 대시보드(Tableau) - IoT 데이터 플랫폼 - 텍스트 분석 도구	- 디지털 트윈 플랫폼 - 빌딩 자동화 시스템(BAS) - 시설 관리 정보 시스템(CMMS) - 예측 분석 솔루션
도시부동산 활용 예시	오피스 빌딩 신축 시, 초기 투자비가 높은 고효율 창호 시스템이 향후 30년간 절감할 냉난방비를 AI가 시뮬레이션하여, 총소유비용 관점에서 더 경제적임을 증명하고 채택을 유도한다.	공유 오피스에 '식물 인테리어'와 '공기 질 센서'를 도입하는 투자안을 검토 시, AI가 유사 사례를 분석하여 '쾌적한 환경'이 입주 만족도를 15% 높여 재계약률 상승으로 이어진다는 정량적 근거를 제시한다.	쇼핑몰의 디지털 트윈이 실시간 방문객 동선을 분석하여 비활성화 공간을 식별하고, 해당 공간을 팝업 스토어로 활용 시의 예상 매출을 예측하여 운영자에게 동적인 공간 활용 전략을 제안한다.

6.3. 단기 수익 관점과 지속가능한 생애주기 가치 관점 가상사례

■ 가상 사례 1: 프라임 급 오피스 빌딩 '퀀텀 워크스페이스(Quantum Workspace)'

프라임급 오피스가 뭐죠? [https://vuon.tistory.com]

1) **현안 과제:** 글로벌 기업들을 유치하기 위한 최첨단 오피스 빌딩을 건설한다. 개발사는 초기 분양 수익을 극대화하는 전통적인 방식을 고려 중이다.

2) **단기 수익 관점:** 최대한의 임대 면적을 확보하고, 가장 저렴한 마감재와 표준적인 공조 시스템을 사용하여 초기 공사비를 최소화한다. 목표는 오직 하나, 가장 빠른 시일 내에 가장 높은 가격으로 건물을 매각하는 것이다.

3) **지속가능한 생애주기 가치 관점:**

(1) '퀀텀 AI 플랫폼'은 초기 공사비가 7% 더 들더라도, 인공지능 기반의 초고효율 공조 시스템(HVAC)과 사용자의 위치에 따라 조명이 자동 조절되는 스마트 조명 시스템을 설치할 것을 제안한다.

(2) AI 예측: AI는 이 시스템이 향후 20년간 에너지 비용을 35% 절감하고, 최적의 실내 환경 제공으로 입주사 직원들의 업무 생

산성을 5% 향상시키며, 이는 결국 공실률을 평균 대비 3% 낮추고, 재계약률을 8% 높이는 효과로 이어진다고 예측한다.

4)가치 창출의 전환 및 시사점: 개발사는 단기 매각 계획을 철회하고, 건물을 직접 운영하며 장기 보유하는 전략으로 전환한다. AI의 예측에 따르면, 10년 후 이 건물의 자산 가치는 전통 방식으로 지었을 때보다 18% 더 높을 것으로 평가된다. 가치는 '판매 시점'이 아니라 '운영의 전 과정'에서 창출된다.

■ 가상 사례 2: 교외 대규모 주거단지 '솔라리스 커먼즈(Solaris Commons)'

빅 브랜드 건설사 3곳 손잡은 초대형 컨소시엄 아파트 단지 '시티오씨엘'
[https://www.e2news.com]

1) 현안 과제: 5,000세대 규모의 대규모 주거단지를 개발한다. 전통적인 방식은 최대한 빨리 아파트를 분양하고 사업을 종료하는 것이다.

2) 단기 수익 관점: 법적 최소 기준의 조경과 커뮤니티 시설만 갖추고, 모든 세대를 최대한 빨리 분양하여 투자금을 회수하는 데 집중한다. 입주 후 단지 운영과 관리는 입주민들의 몫으로 남겨진다.

3) 지속가능한 생애주기 가치 관점:

(1) '솔라리스 AI 플랫폼'은 단지 내에 중앙 집중형 에너지 그리드와

빗물 재활용 시스템, 그리고 AI 기반의 공유 모빌리티(자율주행 셔틀, 공유 전기자전거) 시스템을 구축하는 안을 제안한다. 이는 세대당 분양가를 3% 상승시키는 요인이다.

(2) **AI 예측:** AI는 이 시스템 도입으로 각 세대의 평균 관리비가 월 10만 원 절감되고, 단지 내 교통사고 발생률이 40% 감소하며, 주민들의 커뮤니티 활동 참여율이 25% 증가할 것이라고 예측한다.

4)**가치 창출의 전환:** 개발사는 이 예측 데이터를 활용하여 '관리비 절감'과 '안전하고 편리한 생활'을 핵심 가치로 내세워 분양에 성공한다. 나아가, 개발사는 단지의 에너지 및 모빌리티 시스템을 직접 운영하는 '도시 서비스 기업'으로 역할을 확장한다. 이를 통해 분양 수익을 넘어, 향후 수십 년간 안정적인 운영 수익을 확보하며 기업의 가치를 지속적으로 성장시킨다. 개발은 '건설업'에서 '플랫폼 기반 서비스업'으로 진화한다.

5) **결론 및 시사점:** AI가 이끄는 가치 창출의 진화는 단순히 개발사의 수익 모델을 바꾸는 것에 그치지 않는다. 이는 도시부동산 개발의 목표를 사회 전체의 이익과 일치시키는 거대한 전환이다. 에너지를 효율적으로 사용하고, 사용자의 건강과 행복을 증진시키며, 공동체의 활력을 불어넣는 건물은 더 이상 '비용'이 아니라 가장 확실한 '투자'가 된다. AI는 그 투자가 얼마나 현명한지를 데이터로 증명해주는 가장 강력한 도구다. '지속가능한 생애주기 가치'에 집중할 때, 우리는 비로소 수익성을 넘어, 다음 세대를 위한 더 나은 도시를 만드는 진정한 의미의 개발을 시작하게 될 것이다.

주제 2

AI는 어떻게 도시부동산 프로젝트의 전 과정을 통합하는가?

1. "AI 기반 도시부동산 프로젝트 전 과정의 데이터를 수집하고 통합하는 플랫폼을 구축한다."와 가상사례

1.1. 데이터, 플랫폼 안에서 생명을 얻다

하나의 도시부동산 프로젝트가 탄생하고 소멸하기까지, 그 과정은 마치 수백 명의 연주자가 각기 다른 악보를 보고 연주하는 혼란스러운 교향곡과 같다. 구상 단계의 아이디어는 타당성 분석 보고서로, 계획가의 도면은 설계자의 CAD 파일로, 시공사의 공정표는 관리회사의 엑셀 시트로 변환되며 데이터는 파편화되고 단절된다. 각 단계의 정보는 다음 단계로

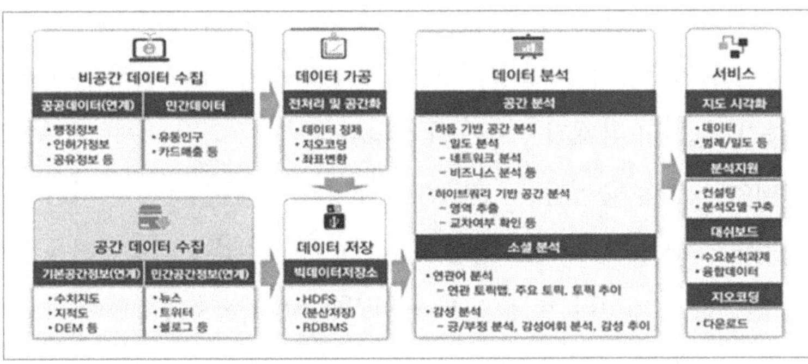

누구나 이용할 수 있는 '공간빅데이터 분석 플랫폼' 개방 [https://www.safety1st.news]

온전히 전달되지 못한 채 그 가치를 상당 부분 잃어버린다.

하나의 도시부동산 프로젝트가 탄생하고 소멸하기까지, 그 과정은 마치 수백 명의 연주자가 각기 다른 악보를 보고 연주하는 혼란스러운 교향곡과 같다. 구상 단계의 아이디어는 타당성 분석 보고서로, 계획가의 도면은 설계자의 CAD 파일로, 시공사의 공정표는 관리회사의 엑셀 시트로 변환되며 데이터는 파편화되고 단절된다. 각 단계의 정보는 다음 단계로 온전히 전달되지 못한 채 그 가치를 상당 부분 잃어버린다.

그러나 여기에 AI라는 새로운 지휘자가 등장한다. 이 지휘자는 'AI 데이터 통합 플랫폼'이라는 지휘봉을 들고 흩어진 모든 연주자(데이터)를 하나의 거대한 악보(플랫폼) 위에 정렬시킨다. 이 플랫폼은 프로젝트의 구상부터 철거까지 전 생애주기에 걸쳐 발생하는 모든 데이터를 실시간으로 수집, 통합, 분석하여 과거에는 상상할 수 없었던 통찰력과 효율성을 제공한다. 이는 단순히 정보를 저장하는 창고가 아니라, 프로젝트 자체의 '디지털 트윈(Digital Twin)'이자 살아 숨 쉬는 중앙 신경계가 된다. AI 시대의 도시부동산 개발은 바로 이 플랫폼 위에서 시작되고 완성된다.

전통적인 개발 방식에서 데이터는 고립된 섬과 같았다. 설계팀의 BIM(Building Information Modeling) 데이터와 시공 현장의 자재 관리 데이터, 그리고 분양팀의 고객 데이터는 서로 다른 언어를 사용하는 것과 같아 소통이 불가능했다. 이러한 '데이터 사일로(Data Silo)' 현상은 비효율, 비용 증가, 그리고 잠재적 리스크의 온상이 된다.

AI 데이터 통합 플랫폼은 '전방위적 데이터 수집'을 통해 분석의 재료를 확보하고, '지능적 데이터 통합 및 분석'으로 유의미한 통찰력을 추출하며, '선순환적 데이터 흐름'을 통해 시스템 자체를 지속적으로 고도 화하는 유기적 체계로 구성된다.

■ AI 데이터 통합 플랫폼에서 전방위적 데이터 수집, 지능적 데이터 통합 및 분석, 선순환적 데이터 흐름 방법 별 목표, 분석방법 및 기술, 역할, 장단점, 분석도구, 도시부동산 활용예시

구분	전방위적 데이터 수집	지능적 데이터 통합 및 분석	선순환적 데이터 흐름
목표	개발·운영과 관련된 내·외부의 모든 정형·비정형 데이터를 누락 없이 수집하여, 분석에 필요한 원천 데이터의 완전성과 다양성 확보를 목표로 한다.	수집된 이종데이터를 상호 연관성을 기반으로 정제·통합하여 고품질 데이터셋을 구축하고, AI 알고리즘으로 숨겨진 패턴과 미래를 예측하는 것을 목표로 한다.	분석된 통찰력을 실제 의사결정에 적용하고, 그 결과를 다시 데이터로 피드백화에 분석 모델을 지속적으로 고도화하는 자가 학습 체계 구축을 목표로 한다.
핵심 기술 및 방법	- API 연동(공공·민간 데이터) - 웹 크롤링/스크레이핑(뉴스, SNS) - IoT 센서 네트워크 - 이미지/위성 데이터 수집	- ETL(Extract, Transform, Load) 프로세스 - 온톨로지 기반 시맨틱 데이터 통합 - 머신 러닝(회귀, 분류, 군집 분석) - 딥러닝(시계열 예측, 이미지 분석)	- 실시간 데이터 시각화 대시보드 - MLOps(Machine Learning Operations) - 강화학습(Reinforcement Learning) - A/B 테스팅
역할 (플랫폼과 인간)	플랫폼: 자동화된 파이프라인을 통해 다양한 소스로부터 데이터를 실시간으로 수집하고 데이터 레이크(Data Lake)에 저장한다. 인간: 수집할 데이터 소스를 발굴·정의하고, 데이터 수집 정책 및 법규 준수 여부를 감독한다.	플랫폼(AI): 데이터 오류를 자동 수정·표준화하여 통합하고, 학습된 모델을 통해 예측, 분류 등 분석 작업을 수행한다. 인간: 분석 모델의 비즈니스 로직을 설계하고, AI가 도출한 결과의 의미를 해석하여 통찰력으로 전환한다.	플랫폼: 분석 결과를 시각 화하여 제공하고, 실행 결과를 피드백 받아 분석 모델을 자동으로 재 학습 및 업데이트한다. 인간: 제시된 통찰력을 바탕으로 실제 의사결정을 내리고, 그 결과를 시스템에 피드백 하여 모델 성능 개선에 기여한다.
장점	- 분석의 폭과 깊이를 결정하는 원천 데이터 풀(Pool)을 극대화하여 새로운 인사이트 도출의 기반을 마련한다.	- 데이터 준비 시간을 단축하고 분석의 정확성과 신뢰도를 높이며, 인간이 발견하기 어려운 복잡한 통찰력을 도출한다.	- 시장 변화에 민첩하게 대응하며 의사결정의 정확도를 지속적으로 향상시킬 수 있고, 시스템이 스스로 학습하며 진화한다.

단점	- 방대한 데이터 저장·관리에 높은 인프라 비용이 발생하며, 수집된 데이터의 품질 검증 과정이 복잡하다.	- 데이터 통합 및 모델링 과정에 높은 수준의 전문성이 요구되며, 잘못된 모델은 편향된 결과를 초래할 위험이 있다.	- 선순환 구조를 위한 자동화 파이프라인 구축이 기술적으로 복잡하고, 조직의 데이터 기반 의사결정 문화가 필수적이다.
분석 도구	- 데이터 수집 프레임워크(Kafka, NiFi) - 웹 크롤링 라이브러리(Scrapy) - 클라우드 스토리지(Amazon S3)	- 데이터 웨어하우스(Snowflake) - AI/ML 플랫폼(Azure ML, SageMaker) - 데이터 분석 라이브러리(Pandas, TensorFlow)	- BI 및 시각화 툴(Tableau, Power BI) - MLOps 플랫폼(Kubeflow, MLflow) - A/B 테스팅 플랫폼
도시부동산 활용 예시	신규 상업시설 부지 선정을 위해, 플랫폼이 정부 실거래가(API), 지역 커뮤니티 여론(크롤링), 통신사 유동인구(API), 교통량 센서 데이터(IoT)를 자동으로 수집한다.	수집된 데이터를 통합하여 '상권 활성화 지수'를 생성하고, 머신러닝으로 이 지수와 예상 매출의 상관관계를 분석하여 여러 후보 부지 중 최적의 입지를 추천한다.	AI 추천 입지에 개점 후, 실제 매출 데이터를 플랫폼에 피다 백한다. AI는 이 데이터를 추가로 학습하여, 다음 부지 선정 시 더욱 정확한 매출 예측 모델로 스스로를 업데이트한다.

1.2. AI 데이터 통합 플랫폼 구축의 가상사례

- AI 데이터 통합 플랫폼 구축의 가상 사례: 미래형 복합 상업시설 '솔라리스 타워(Solaris Tower)'

Solaris at singapore, by TR Hamzah and Ken Yeang [https://blog.naver.com]

1) **프로젝트 개요:** 도심 재개발 부지에 건설되는 최첨단 친환경 오피스 및 리테일 복합단지. 에너지 자립과 사용자 경험 극대화를 목표로 한다.

(1) **구상 및 타당성 분석:** '솔라리스 통합 플랫폼'은 먼저 반경 5km 내의 통신사 유동인구 데이터, 소셜미디어의 상권 관련 키워드, 경쟁 시설의 공실률, 그리고 기상청의 일조량 데이터를 수집한다. AI는 이 데이터를 기반으로 수십 가지의 MD(Merchandising) 구성 시나리오를 시뮬레이션 하여, 최적의 임대수익률과 잠재적 리스크를 예측한 보고서를 0.1초 만에 생성한다.

(2) **계획 및 설계:** 건축가는 건물의 기본 형태만 스케치한다. 그러면 플랫폼의 생성형 AI(Generative AI)가 일조량, 바람 길, 보행자 동선을 최적화하는 수천 개의 설계안을 순식간에 만들어낸다. 건축가는 이 중 가장 뛰어난 안들을 선택하고 발전시킨다. 이 과정에서 모든 설계 변경은 실시간으로 건축법규와의 저촉 여부를 검토하여 인허가 기간을 획기적으로 단축시킨다.

(3) **시공 및 분양:** 건설 현장의 모든 중장비와 안전모에는 IoT 센서가 부착되어 실시간 위치와 상태를 플랫폼으로 전송한다. 드론은 매일 현장을 3D 스캔하여 BIM 설계도와 실제 시공 현황의 오차를 mm 단위로 잡아낸다. 한편, 분양팀은 아직 존재하지 않는 '솔라리스 타워'의 사무실을 고객에게 VR로 생생하게 체험 시킨다. 이 VR 환경은 플랫폼의 BIM 데이터와 직접 연동되어, 고객이 가구 배치를 바꾸면 즉시 예상 인테리어 비용이 산출된다.

(4) **입주 및 관리:** 완공 후, '솔라리스 통합 플랫폼'은 건물의 두뇌가 된다. 엘리베이터 운행 패턴, 시간대별 전력 사용량, 냉난방 시스템 부하를 분석하여 에너지 비용을 최대 30%까지 절감한다.

또한, 시설 부품의 교체 주기를 예측하여 고장이 발생하기 전에 유지보수팀에 알림을 보낸다.

■ AI 데이터 통합 플랫폼 구축의 가상 사례: 구도심 주거지 재생 프로젝트 '그린 빌리지(Green Village)'

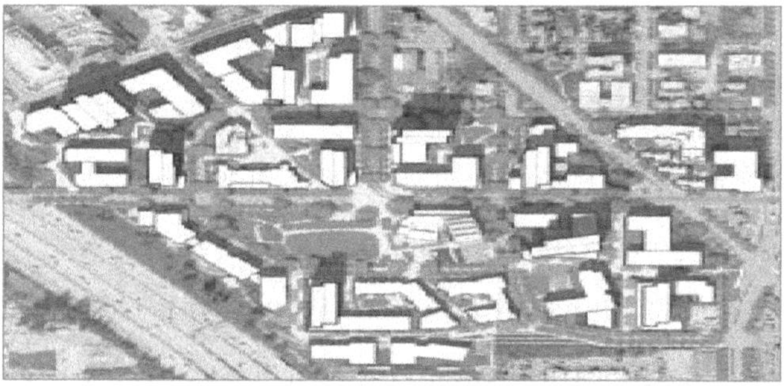

녹색커뮤니티 관점에서 도시재생 계획요소의 제시 [https://www.kieae.kr]

1) **프로젝트 개요:** 노후화된 저층 주거단지를 주민 참여형 친환경 공동체로 재 탄생시키는 도시재생 프로젝트.

(1) **구상 및 계획:** '그린 빌리지 플랫폼'은 기존 주민들의 익명 화된 공공요금 데이터(수도, 전기 사용 패턴), 지자체의 인구통계, 그리고 주민 워크숍에서 도출된 의견들을 텍스트 분석 기술로 데이터 화한다. AI는 이 데이터를 바탕으로 주민들의 실제 생활방식을 존중하면서도 에너지 효율을 높일 수 있는 단지 배치, 공동 텃밭의 최적 위치, 아이들을 위한 안전한 놀이 동선 등을 시뮬레이션 하여 주민들에게 시각 자료로 제시한다. 계획은 일방적으로 수립되는 것이 아니라, 데이터 기반의 소통을 통해 함께 만들어진다.

(2) **설계 및 시공:** 프로젝트의 핵심은 '자원의 순환'이다. 플랫폼은 철거되는 기존 주택의 폐자재 중 재활용 가능한 자원의 양과 종류를 정확히 계산하고, 이를 신축 건물의 어느 부분에 사용할 수 있는지 설계에 반영한다. 또한, 공장에서 사전 제작하는 모듈러 공법을 채택하여, 플랫폼이 현장 상황에 맞춰 각 모듈의 생산 및 운송 스케줄을 'Just-in-Time' 방식으로 관리함으로써 현장 소음, 분진, 폐기물을 최소화한다.

(3) **입주 및 관리:** 입주민들은 '그린빌리지' 앱을 통해 플랫폼에 접속한다. 앱으로 커뮤니티 공유 전기차를 예약하고, 각 세대의 실시간 에너지 소비량을 확인하며 이웃과 절약 경쟁을 벌인다. 주민들은 앱을 통해 마을의 주요 의사결정 투표에 참여할 수도 있다. 플랫폼은 이러한 활동 데이터를 분석하여 새로운 커뮤니티 프로그램(예: 주말 목공 클래스, 잉여 농산물 교환 장터)을 제안하며, 공동체가 스스로 진화하고 활성화되도록 돕는다.

2. "AI 기반 도시부동산 프로젝트 전 과정의 프로세스 간 연계성을 강화하는 알고리즘을 설계한다."와 가상사례

2.1. 살아있는 데이터의 강, '디지털 스레드(Digital Thread)' 알고리즘: 전 과정의 연계성을 강화하는 알고리즘 설계

프로젝트의 10개 단계가 각자 단절된 섬처럼 존재하는 것이 아니라, 하나의 거대한 강물처럼 끊임없이 정보를 주고받으며 흘러가게 만드는 핵심 알고리즘이 바로 '디지털 스레드(Digital Thread)'이다. 이것을 건물의 '디지털 DNA'라고 상상해 보자. 구상 단계에서 아이디어가 생기는 순간 이 DNA가 생성된다.

이후 각 단계를 거치며 재무 정보, 공간 계획, 디자인 특성, 법규, 자재 등 수많은 유전 정보가 이 DNA에 계속해서 기록되고 축적된다. 시공 단계에서는 현실 세계의 정보(공정, 인력)가 이 DNA와 실시간으로 동기화되며, 입주와 관리 단계에서는 입주민의 실제 생활 패턴 데이터가 다시 DNA에 기록되어 스스로를 업데이트하고 진화한다.

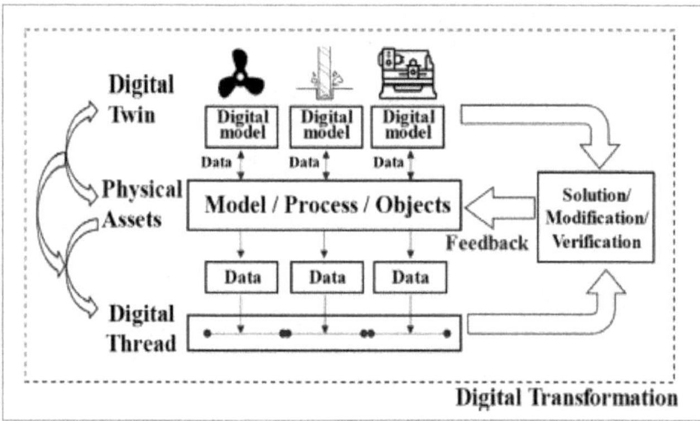

디지털 전환을 위한 디지털 쓰레드 [https://jkspe.kspe.or.kr]

2.2. 디지털 스레드: 자산의 전 생애주기에 걸쳐 데이터의 흐름을 유기적으로 연결하고 활용하는 핵심 기술

디지털 스레드(Digital Thread) 알고리즘 은 자산의 전 생애주기에 걸쳐 데이터의 흐름을 유기적으로 연결하고 활용하는 핵심 기술이다. 이는 '데이터의 연속성'을 통해 정보의 무결성을 보장하고, '양방향 피드백 루프'로 지속적인 학습을 가능하게 하며, '예측 및 최적화'를 통해 미래가치를 극대화하는 기능으로 구체화된다. 각 기능의 상세 내용은 아래 표와 같다.

■ **디지털 스레드(Digital Thread) 알고리즘의 기능 별 목표, 핵심기술, 역할, 장단점, 활용예시**

구분	데이터의 연속성	양방향 피드백 루프	예측 및 최적화
목표	자산의 기획부터 폐기까지 전 생애주기 데이터의 흐름을 단절 없이 연결하여, 데이터 누락·왜곡을 방지하고 완전한 이력 추적성 확보를 목표로 한다.	운영 단계에서 얻은 실제 데이터를 설계 등 이전 단계로 피다 백하여, 차기 프로젝트의 성능과 가치를 향상시키는 지속적인 학습·개선 체계 구축을 목표로 한다.	축적된 데이터를 학습하여 미래의 설비 고장, 에너지 수요 등을 예측하고, 시뮬레이션을 통해 운영 효율성과 수익성을 극대화하는 최적의 방안 도출을 목표로 한다.
핵심 기술 및 방법	- 블록체인(데이터 위·변조 방지) - 통합 데이터 모델 (Linked Data) - BIM-PLM 연계 기술 - 마스터 데이터 관리 (MDM)	- IoT 센서를 통한 실제 운영 데이터(POU) 수집 - 디지털 트윈 실시간 동기화 - 데이터 마이닝을 통한 패턴 분석 - 사용자 피드백 분석 (NLP)	- 머신 러닝(시계열 예측, 이상 탐지) - 강화학습(최적 제어) - 생성적 설계(Generative Design) - 'What-if' 시나리오 시뮬레이션
역할(시스템과 인간)	시스템: 각 단계의 데이터를 표준 화하여 연결하고, 모든 변경 이력을 기록하며 데이터의 무결성을 보장한다. 인간: 데이터 표준과 규칙을 준수하며, 시스템이 제공하는 연속적 데이터를 기반으로 업무를 수행한다.	시스템: 운영 데이터를 수집·가공하여 설계 모델과 비교 분석하고, 성능 차이 등의 피드백 리포트를 생성·전달한다. 인간: 시스템이 전달한 피드백의 원인을 파악하여 다음 프로젝트의 설계 기준을 개선하는 의사결정을 한다.	시스템(AI): 축적된 데이터를 기반으로 미래 상태를 예측하는 모델을 구축하고, 최적의 운영 방안이나 설계 대안을 생성·제안한다. 인간: AI의 예측과 제안을 검토하고, 비즈니스 전략을 고려하여 최종 의사결정을 내린다.
장점	- 정보 파편화로 인한 재작업 및 오류를 근본적으로 방지한다. - 문제 발생 시 원인 추적이 용이하며, 자산의 전체 이력을 투명하게 관리할 수 있다.	- 실제 운영 데이터를 기반으로 설계를 개선하므로, 시행착오를 줄이고 건물의 실제 성능을 획기적으로 향상시킨다. - 데이터 기반의 지속적인 혁신이 가능하다.	- 사후 대응이 아닌 사전 예방적 관리가 가능해져 비용을 절감하고 안정성을 높인다. - 복잡한 의사결정을 최적화하여 자산의 수익성을 극대화할 수 있다.

단점	- 전 생애주기를 아우르는 데이터 표준화 및 시스템 구축에 많은 초기 비용과 시간이 소요된다. - 모든 참여 조직의 협력과 규칙 준수가 필수적이다.	- 유의미한 피드백을 얻기까지 장기간의 데이터 축적이 필요하다. - 조직 구조가 단절되어 있을 경우 피드백이 실제 개선으로 이어지기 어렵다.	- 예측 모델의 정확도는 학습 데이터의 양과 질에 크게 좌우된다. - AI 모델의 '블랙박스' 문제로 결과 도출 과정의 설명이 어려울 수 있다.
분석 도구	- 공통 데이터 환경(CDE) - BIM 서버/PLM 소프트웨어 - 블록체인 플랫폼(Hyperledger)	- 디지털 트윈 플랫폼 - IoT 데이터 플랫폼/BAS - 데이터 분석 및 시각화 툴(Tableau)	- AI/ML 플랫폼(Tensor-Flow, Azure ML) - 예측 분석 및 시뮬레이션 소프트웨어 - 생성적 설계 툴(Rhino/Grasshopper)
도시부동산 활용 예시	설계 단계의 BIM 모델에 포함된 특정 자재 정보가 시공 단계의 발주 시스템으로 연계되고, 준공 후에는 해당 자재의 유지보수 이력이 운영 시스템에 자동으로 기록된다.	A오피스 빌딩의 실제 에너지 소비량이 설계값보다 20% 높다는 운영 데이터를 설계팀에 피드백하여, 차기 B오피스 빌딩의 단열 및 공조 시스템 설계를 개선한다.	스마트 빌딩의 AI가 과거 운영 데이터와 기상 예보를 학습하여, 1주일 후 냉동기의 고장 가능성을 예측하고, 내일의 최적 에너지 운영 스케줄을 미리 시뮬레이션 하여 제안한다.

2.3. 가상 사례: AI와 함께 짓는 '공생타워(The Symbiotic Tower)'

[르포] 세운지구, '초고층 복합개발' 시동 [https://mobile.newsis.com]

1) **현안 과제:** 2028년, 대한민국 서울의 중심업무지구(CBD)에 위치한 낡은 상업 건물을 미래형 복합시설로 재개발하는 프로젝트.

2) **프로젝트 목표:** 1인 가구 증가와 원격 근무 트렌드에 맞춰 주거, 업무, 여가 기능이 결합된 지속 가능한 건물을 건설한다.

코리빙, 현대 도시 생활의 새로운 트렌드 [https://www.realtyeconomy.net]

3) **'아키텍트'와 함께하는 10단계 여정:**

(1) **구상:** 프로젝트팀이 "CBD에 무엇을 지을까?"라고 묻자, '아키텍트'는 서울시 유동인구, 소셜미디어 데이터, 상주직원 소득 수준을 분석합니다. "단순 오피스 빌딩은 5년 내 공급과잉 리스크가 큽니다. '코리빙(Co-living)' 주거와 '공유 오피스', '웰니스(Wellness)' 시설이 결합된 복합 타워의 10년 후 순현재가치(NPV)가 35% 더 높을 것으로 예측됩니다." '아키텍트'의 제안으로 '공생타워'의 DNA가 생성됩니다.

(2) **타당성:** '아키텍트'는 금리 변동, 원자재 가격 변동 등 수만 개의 시나리오로 몬테카를로 시뮬레이션을 실행합니다. "현재 안 기준 성공 확률은 72%입니다. 하지만 코리빙 공간 면적을 10% 늘리면, 성공 확률이 85%로 상승하고 예상 임대 수익률이 1.5%p 증가합니다."

(3) **계획:** '아키텍트'는 타당성 분석 결과를 바탕으로 CBD의 일조권, 조망권, 보행자 동선 데이터를 분석하여 최적의 건물 배치안 12

개를 생성합니다. "남동향으로 건물을 5도 틀면, 저층부 상가의 오후 시간대 유동인구가 15% 증가하고, 코리빙 유닛의 80% 이상이 도심 뷰를 확보할 수 있습니다."

(4) **예비설계**: 인간 건축가가 '자연과의 조화'라는 컨셉을 스케치하자, '아키텍트'는 이 스케치를 해석하여 에너지 효율과 구조 안정성을 극대화하는 수백 개의 3D 매스 모델을 실시간으로 생성합니다. 건축가가 디자인을 수정할 때마다 예상 건축비와 에너지 효율 등급이 실시간으로 계산되어 화면에 표시됩니다.

(5) **기본설계**: '아키텍트'는 건축, 구조, 전기, 배관(MEP) 도면을 하나의 디지털 모델(BIM)로 통합하여 분석합니다. "3층 천장의 공조 배관과 7층의 소방 배관이 충돌합니다. 설계 변경이 필요합니다." 또한, 30년 생애주기비용(LCC)을 분석하여 "초기 설치비가 8% 더 비싸지만, 30년간 22%의 에너지 비용을 절감할 수 있는 A사의 지열 냉난방 시스템을 추천합니다"라고 제안합니다.

(6) **인허가**: '아키텍트'는 완성된 설계 도면을 실시간으로 업데이트되는 3,000여 개의 건축 관련 법규 데이터베이스와 자동으로 비교 검토합니다. "장애인 편의시설 관련 법규의 경사로 기준을 2% 초과했습니다. 옥상 조경 면적이 최소 기준보다 12㎡ 부족합니다."라고 보고하여, 인허가 과정의 시간 낭비를 원천적으로 차단합니다.

(7) **시공**: 공사가 시작되자 '아키텍트'는 현장의 '중앙관제 시스템'이 됩니다. 드론이 촬영한 공정 사진과 IoT 센서가 보내오는 데이터를 BIM 모델과 비교하여 0.5%의 오차만 발생해도 즉시 현장 관리자에게 경고를 보냅니다. 또한 작업자의 동선과 중장비의 움직임을 분석하여 충돌 위험을 사전에 경고합니다.

(8) **분양:** ‘아키텍트’는 인근 지역 부동산 거래 데이터와 잠재 고객(CBD 직장인, 1인 가구 등)의 소셜미디어 키워드(‘워라밸’, ‘재택근무’, ‘반려동물’)를 분석합니다. 이를 통해 “반려동물을 키우는 30대 1인 여성 직장인”이라는 핵심 타겟을 특정하고, 이들에게 가장 효과적인 SNS 채널에 맞춤형 광고를 집행할 것을 제안합니다.

(9) **입주:** 입주가 시작되자 ‘아키텍트’는 24시간 응대하는 AI 챗봇 ‘타워 매니저’가 됩니다. 입주 절차 안내는 물론, 입주민이 “화장실 전등이 깜빡 여요”라고 앱에 사진을 올리면, ‘아키텍트’가 이미지 인식을 통해 문제의 심각성을 판단하고 가장 가까이 있는 유지보수팀에 자동으로 작업을 할당합니다.

(10) **관리:** ‘공생타워’는 이제 살아있는 건물이 됩니다. ‘아키텍트’는 건물 곳곳의 센서 데이터를 통해 에너지 사용량을 실시간으로 최적화하고, 엘리베이터 운행 패턴을 학습하여 고장을 사전에 예측합니다. 또한 입주민들의 공유 시설 이용 패턴을 분석하여 “요가 클래스에 대한 수요가 높으니, 다목적실의 주말 프로그램을 개편하는 것이 어떻겠습니까?”라고 건물 관리자에게 제안하며 건물의 자산 가치를 스스로 높여 나갑니다.

4) **결론 및 시사점:** ‘공생타워’의 사례는 AI가 인간의 일을 대체하는 것이 아니라, 오히려 인간이 더 창의적이고 본질적인 가치에 집중하도록 돕는 ‘최고의 파트너’임을 보여줍니다. AI는 복잡한 데이터를 분석하고 비효율을 제거함으로써, 건축가와 도시계획가들이 ‘사람들이 어떻게 더 행복하게 교류할 수 있을까?’, ‘어떻게 하면 도시가 자연과 더 잘 어우러질 수 있을까?’와 같은 근본적인 질문에 더 많은 시간을 쏟게 만듭니다.

3. "AI 기반 도시부동산 프로젝트 전 과정의 예측-시뮬레이션-최적화를 통합하는 시스템 구조를 제안한다."와 가상사례

3.1. "예측-시뮬레이션-최적화"를 통합하는 시스템 구조 제안

도시부동산 프로젝트의 전 과정은 더 이상 단절된 단계의 순차적 나열이 아니다. AI 기술은 구상부터 관리까지의 10개 단계를 하나의 유기적 생명체처럼 묶는 "통합 예측 운영체제(Integrated Predictive Operating System, IPOS)"의 등장을 가능하게 한다. IPOS는 프로젝트의 '디지털 신경망'으로서, 데이터를 기반으로 끊임없이 "예측(Prediction), 시뮬레이션(Simulation), 최적화(Optimization)"의 순환 고리를 실행하며 프로젝트의 가치를 극대화한다.

미래 도시부동산 개발의 의사결정 시스템은 '예측 엔진'을 통해 미래를 전망하고, '가상현실 시뮬레이터'로 다양한 시나리오를 체험하며, '다중 목표 최적화기'로 최상의 해법을 탐색하는 세 가지 핵심 모듈의 유기적 결합으로 이루어진다.

■ **예측(Prediction), 시뮬레이션(Simulation), 최적화(Optimization)를 통합하는 시스템의 핵심 모듈별 목표, 분석방법 및 기술, 역할, 장단점, 분석도구, 도시부동산 활용예시**

구분	예측 엔진	가상현실 시뮬레이터	다중 목표 최적화기
목표	과거 및 현재 데이터를 학습하여, 미래의 시장 수요, 자산 가치, 에너지 소비량 등 불확실한 변수들을 확률적으로 예측하는 것을 목표로 한다.	예측된 미래나 설계 대안 등 다양한 'What-if' 시나리오를 시각적·공간적으로 체험 가능한 가상 환경에서 구현하여, 정성적 영향을 직관적으로 평가하도록 지원하는 것을 목표로 한다.	수익성, 환경 성, 공공성 등 상충 관계(Trade-off)에 있는 다양한 목표들을 동시에 고려하여, 주어진 제약 조건 내에서 가장 균형 잡힌 최적의 해(Solution)를 탐색하는 것을 목표로 한다.

핵심 기술 및 방법	- 시계열 분석(ARIMA, LSTM) - 회귀/분류 등 머신 러닝 알고리즘 - 딥러닝 기반 예측 모델링	- 디지털 트윈, BIM 데이터 연동 - 게임 엔진 기반 실시간 렌더링 - VR/AR/MR 하드웨어 및 소프트웨어 - 물리 엔진 기반 환경 모의실험	- 유전 알고리즘 등 진화 연산 기법 - 선형/비선형 계획법 - 생성적 설계(Generative Design) - 파레토 최적화(Pareto Optimization)
역할 (시스템과 인간)	시스템: 대규모 데이터를 기반으로 AI 모델을 구축하고, 미래 값을 예측하여 다음 모듈로 전달한다. 인간: 예측할 목표 변수를 정의하고, 모델의 정확성을 검증하며 지속적으로 개선한다.	시스템: 예측 데이터나 설계안을 입력 받아 3D 가상공간을 자동으로 생성하고, 사용자와 실시간으로 상호작용한다. 인간: 가상공간 속에서 설계안의 문제점을 발견하고, 공간적·환경적 결과를 정성적으로 평가한다.	시스템: 정의된 목표와 제약 조건 내에서 수백만 개의 조합을 자동으로 탐색하여 최적의 대안들을 도출·제시한다. 인간: 최적화할 다중 목표와 가중치를 설정하고, 시스템이 제시한 최적 대안들 중 최종안을 선택한다.
장점	- 데이터에 기반한 객관적인 미래 전망을 제공하여 의사결정의 리스크를 줄인다. - 잠재적 기회와 위험을 사전에 인지할 수 있다.	- 실제 건설 전에 설계안을 체험하고 수정하여 재시공 비용을 절감한다. - 복잡한 데이터를 직관적으로 이해시켜 이해관계자 간의 원활한 소통을 돕는다.	- 인간의 직관으로는 찾기 어려운, 복수의 목표를 만족시키는 혁신적인 해결책을 발견할 수 있다. - 목표 간 상충 관계를 명확히 이해하고 합리적인 결정을 내릴 수 있다.
단점	- 예측 정확성은 과거 데이터의 품질과 양에 의존하며, 돌발 변수 예측에는 한계가 있다. - 모델이 블랙박스처럼 작동할 경우 결과의 신뢰성 확보가 어렵다.	- 고품질 가상현실 환경 구축에 높은 비용과 전문 인력이 요구된다. - 시각적 구현에 치중하여 실제 기술적 문제를 간과할 위험이 있다.	- 최적화 문제의 정의(목표, 제약조건 설정)가 복잡하고 결과에 큰 영향을 미친다. - 연산량이 방대하여 고성능 컴퓨팅 자원이 필요할 수 있다.
분석 도구	- AI/ML 플랫폼(TensorFlow, Scikit-learn) - 통계 분석 소프트웨어(R, SPSS) - 시계열 데이터베이스(InfluxDB)	- 게임 엔진(Unreal Engine, Unity) - 3D 모델링 소프트웨어(3ds Max) - VR 헤드셋(Meta Quest, HTC VIVE)	- 최적화 솔버(Gurobi, CPLEX) - 생성적 설계 소프트웨어(TestFit) 수학적 프로그래밍 언어(MATLAB)

도시부동산 활용 예시	과거 부동산 거래 데이터, 금리 등을 학습한 예측 엔진이 향후 5년간 특정 지역의 아파트 가격 상승률을 예측하여 사업 타당성 검토에 활용한다.	재건축 아파트의 여러 설계 대안을 가상현실로 구현, 조합원들이 VR 헤드셋으로 세대 조망, 동간 거리, 일조량 등을 직접 체험한 후 가장 선호하는 안에 투표한다.	복합단지 개발 시, '최대 분양 수익', '최소 에너지 소비', '최대 공원 면적' 등 다중 목표를 입력하면, 최적화기가 이를 만족하는 최적의 건물 배치 및 용도 조합을 찾아 제시한다.

이 세 가지 모듈은 선형적으로 작동하지 않는다. 시공 현장에서 예측하지 못한 변수가 발생하면(예측), 시스템은 즉시 그 영향을 시뮬레이션하여 공정 계획을 재조정하고(최적화), 이는 다시 미래의 리스크 예측 모델을 정교화하는 데 사용된다. 이처럼 IPOS는 프로젝트가 끝날 때까지 스스로 학습하고 진화하는 동적 시스템으로 기능한다.

3.2. 가상 사례: AI 시스템이 창조하는 미래 도시

■ 가상 사례 1: '솔라리스 넥서스(Solaris Nexus)'- 도심 에너지 자립형 스마트 오피스 타워

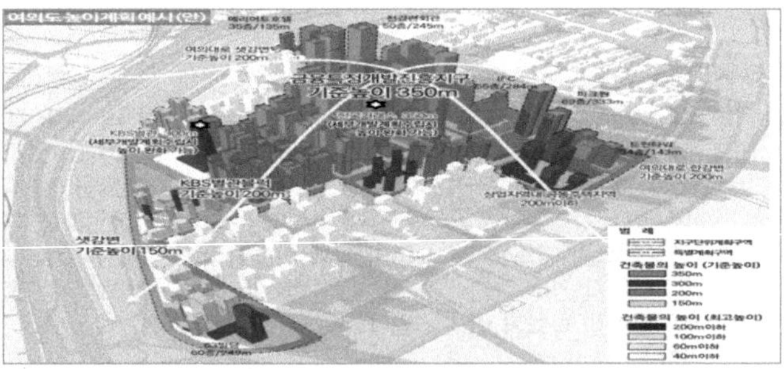

여의도 금융중심가에 '70층 이상' 들어선다 | 서울경제 [https://www.sedaily.com]

1) **현안 과제:** 2030년, 서울 여의도 금융지구(YBD)에 들어서는 ESG(환경·사회·지배구조) 특화 오피스 타워.

(1) **예측**: IPOS는 향후 10년간의 전력 가격 변동성과 함께, 글로벌 기업들의 RE100(재생에너지 100% 사용) 선언 추세를 분석한다. 그 결과, '높은 수준의 에너지 자립도'와 '최상위 녹색건축인증'이 향후 5년 내 YBD 오피스 시장의 임대료와 공실률을 결정하는 핵심 변수가 될 것을 92%의 신뢰도로 예측한다.

(2) **시뮬레이션**: 시스템은 수천 가지의 건물 외피(Facade) 디자인과 에너지 시스템 조합을 시뮬레이션 한다. 태양의 고도와 방위각에 따라 실시간으로 각도를 조절하는 AI 제어 루버 시스템, 건물 지하에 설치된 지열 발전 시스템, 그리고 잉여 전력을 저장하는 에너지 저장장치(ESS)의 다양한 용량 조합을 가상으로 테스트한다. 이때, 단순히 에너지 생산량 뿐만 아니라, 각 시스템의 초기 투자비, 30년간의 유지보수 비용, 그리고 내부 업무 환경의 쾌적도(온도, 채광)까지 동시에 시뮬레이션 된다.

2) **최적화 및 결론**: IPOS는 '초기 건축비', '장기 운영비', '예상 임대 수익', '탄소 배출량'이라는 네 가지 목표를 동시에 최적화하는 해법을 도출한다. 그 결과, 초기 투자비가 7% 더 높더라도 AI 제어 루버와 500kW급 지열 시스템을 결합하는 것이 30년 총소유비용(TCO) 관점에서 18% 더 효율적이며, 최고 등급의 녹색건축인증 획득을 통해 주변 시세 대비 12% 높은 임대료 책정이 가능하다는 결론을 제시한다. 준공 후에도 IPOS는 기상 예보와 실시간 전력 거래 가격을 기반으로 건물의 에너지 소비와 저장을 자동 최적화하며, '솔라리스 넥서스'는 단순한 건물이 아닌 하나의 '에너지 발전소'이자 '고수익 자산'으로 기능하게 된다.

■ 가상 사례 2: '커뮤니타스 밸리(Communitas Valley)'- 세대 혼합형 스마트 주거 단지

신혼부부주택, 입맛따라 고르세요 | 서울경제 [https://www.sedaily.com]

1) **현안 과제**: 2035년, 수도권 신도시에 계획된, 고령인구와 청년 1인 가구, 신혼부부가 공존하는 미래형 주거 단지.

(1) **예측**: IPOS는 해당 지역의 인구구조 변화를 분석하여, 향후 15년 내 65세 이상 인구 비중이 35%에 도달하고, 1인 가구 비중 역시 40%를 넘어설 것을 예측한다. 또한, 원격 근무의 보편화와 지역 기반 소비(Localism) 트렌드를 예측하며, 주거 단지 내에서 일; 생활, 여가가 모두 가능한 '하이퍼 로컬(Hyper-local)' 커뮤니티에 대한 수요가 폭발적으로 증가할 것을 전망한다.

(2) **시뮬레이션**: 시스템은 다양한 주거 유닛(예: 시니어 친화 유닛, 소형 스튜디오, 가변형 가족 유닛)의 혼합 비율과 공간 배치를 시뮬레이션 한다. 특히 에이전트 기반 모델링을 통해, 각 세대(가상 입주민)의 하루 동선을 모의 실험한다. 이를 통해 어떤 공간 배치에서 세대 간 자연스러운 마주침이 일어나고, 어떤 커뮤니티 시설(공유 주방, 아이 돌봄 센터, 공구 대여소, 옥상 농장 등)이 가장 높은 사용률을 보일지, 심지어는 잠재적인 소음이나 프라이버시 갈등 지점까지 시뮬레이션 한다.

2) 최적화 및 결론: IPOS는 '개인 프라이버시 확보'와 '공동체 활성화' 라는 상충될 수 있는 두 가지 목표를 동시에 최적화하는 단지 계획을 제안한다. 시니어 유닛은 저층부의 의료 시설 가까이에, 청년 유닛은 상업 시설 및 공유 오피스 가까이에 배치하되, 이 두 그룹의 동선이 자연스럽게 교차하는 중앙 광장과 커뮤니티 카페를 중심으로 단지를 설계한다. 또한, 시뮬레이션 된 보행 량에 근거하여 단지 내 상가의 최적 입지와 업종까지 추천한다. 입주 후에는 IPOS가 실제 시설 사용률과 입주민 피드백을 학습하여, 사용률이 낮은 시설을 새로운 용도(예: 팝업 스토어, 주민 동아리방)로 전환할 것을 제안하며, 커뮤니티가 스스로 진화하고 성장하도록 돕는다.

4. "AI 기반 도시부동산 프로젝트 전 과정의 인간-기계 협업 구조를 기반으로 한 실행 전략을 수립한다."와 가상사례

미래 도시부동산 개발에서 AI는 인간 전문가를 대체하는 존재가 아니다. 오히려 인간의 지성과 창의력을 증강시키는 강력한 '코파일럿(Copilot)'이자 '증강 지능(Augmented Intelligence)'으로 기능한다.

4.1. 인간과 기계가 유기적으로 협력하는 새로운 실행 전략

성공적인 AI 기반 프로젝트는 인간과 기계가 각자의 강점에 집중하고 유기적으로 협력하는 새로운 실행 전략을 요구한다. 이 협업 구조의 핵심은 역할 분담에 있다.

1) 인간(The Strategist & Empathizer): 인간 전문가는 프로젝트의 비전과 가치를 설정하고, 최종적인 윤리적 판단을 내리며, 복잡한 이해관계자 간의 협상을 주도한다. 즉, '왜(Why)'라는 근본적인 질문을 던

지고 그 방향을 결정한다. 사회적 맥락, 문화적 가치, 미학적 품격 등 정량 화하기 어려운 요소를 종합하여 최종 의사결정의 책임을 진다.

2) AI(The Analyst & Optimizer): AI는 방대한 데이터를 처리하고, 수만 가지의 복잡한 시뮬레이션을 실행하며, 인간이 인지하지 못하는 패턴을 발견하고, 설정된 목표 내에서 최적화된 해법을 제안한다. AI는 인간이 설정한 '왜'에 대해 가장 효율적이고 데이터에 기반한 '어떻게(How)'를 제시하는 역할을 수행한다.

4.2. '인간-AI 순환(Human-AI Loop, H-AI-L)'실행 모델의 단계별 분석

'인간-AI 순환(H-AI-L)'모델은 AI의 분석적 강점과 인간의 창의적·전략적 통찰력을 결합하는 협력적 의사결정 프레임워크다. 이 모델은 '데이터 기반 탐색(AI 주도)', '창의적 종합(인간-AI 협업)', '최종 의사결정(인간 주도)'의 세 단계로 구성된다.

■ **'인간-AI 순환' 실행 모델(데이터 기반 탐색, 창의적 종합, 최종 의사결정) 별 목표, 분석방법 및 기술, 역할, 장단점, 분석도구, 도시부동산 활용예시**

구분	데이터 기반 탐색	창의적 종합	최종 의사결정
목표	인간이 정의한 문제와 제약 조건 내에서, AI가 대규모 데이터를 분석하여 인간의 인지적 한계를 뛰어넘는 수많은 가능성을 탐색하고 객관적인 초기 대안들을 도출하는 것을 목표로 한다.	AI가 생성한 정량적 대안들에 인간의 창의성, 직관, 사회·문화적 맥락에 대한 이해를 결합하여, 실현 가능하고 가치 있는 소수의 핵심 전략 대안으로 압축·발전시키는 것을 목표로 한다.	정제된 핵심 대안들을 대상으로, 조직의 비전, 리스크 수용 범위 등 최종적인 가치판단을 통해 책임 있는 최선의 실행안을 선택하는 것을 목표로 한다.
핵심 기술 및 방법	- 빅데이터 분석 - 생성적 설계(Generative Design) - 예측 모델링(Predictive Modeling) - 군집 분석(Clustering)	- 전문가 지식(Expert Knowledge) - 디자인 씽킹(Design Thinking) - 인터랙티브 시각화 및 시뮬레이션 - 시나리오 플래닝	- 다 기준 의사결정 분석(MCDA) - 비용-편익 분석(CBA) - 리스크 시뮬레이션 (Monte Carlo) - 재무 모델링 및 민감도 분석

역할 (AI와 인간)	AI(주도): 데이터 분석과 패턴 인식을 통해 가능한 해(Solution)의 공간을 탐색하고, 수많은 초기 대안을 생성한다. 인간(보조): 해결할 문제, 목표, 제약 조건을 명확히 정의하여 AI에게 '질문'을 제시한다.	인간(주도): AI 대안들의 잠재력을 평가·선택하고, 이를 조합·변형하며 정성적 요소를 반영하여 시나리오로 발전시킨다. AI(보조): 인간의 아이디어를 실시간으로 시뮬레이션하고 기술적 타당성을 검증하며 의사결정을 지원한다.	인간(주도): 최종 후보안들의 전략적 적합성을 종합 평가하고, 모든 결과를 책임지며 최종 결정을 내린다. AI(보조): 선택된 안에 대한 상세 시나리오 분석 및 데이터 리포트를 제공하여 결정의 근거를 강화한다.
장점	- 인간의 편견을 넘어선 예상치 못한 혁신적 아이디어를 발굴하고, 의사결정의 초기 범위를 효과적으로 넓힌다.	- 데이터의 객관성과 인간의 창의적 통찰력이 결합되어 시너지를 창출하며, 대안의 현실적 완성도를 높인다.	- 최종적인 책임과 윤리적 판단을 인간이 수행함으로써 결과에 대한 통제권을 확보하고, 조직의 전략과 일치하는 결정을 내릴 수 있다.
단점	- AI가 생성한 대안들이 현실적 맥락을 반영하지 못할 수 있으며, 문제 정의가 불명확할 경우 무의미한 결과가 대량 생성될 수 있다.	- 협업 과정에서 인간의 주관적 편향이 다시 개입될 수 있으며, 효과적인 상호작용을 위한 인터페이스 설계가 중요하다.	- 데이터 기반 분석에도 불구하고, 최종 단계에서 의사결정자의 비합리적인 편견이나 정치적 요인이 개입될 가능성이 존재한다.
분석 도구	- 생성적 설계 소프트웨어(TestFit) - AI/ML 플랫폼(SageMaker) - 빅데이터 분석 플랫폼(Spark)	- 협업용 디지털 화이트보드(Miro) - 인터랙티브 BIM/GIS 플랫폼 - 실시간 렌더링 엔진(Unreal Engine)	- BI 대시보드(Tableau, Power BI) - 리스크 분석 툴(@RISK) - 재무 분석 소프트웨어(Excel)
도시부동산 활용 예시	신규 상업시설 개발 시, 인간이 조건을 입력하면 AI가 관련 데이터를 분석하여 수백 개의 잠재 후보 부지와 최적의 건물 배치안을 생성하여 제시한다.	개발팀은 AI가 제안한 상위 안들을 검토, A안의 입지와 B안의 설계 컨셉을 결합하고 지역 상권 특성을 고려하여 3개의 최종 후보 전략으로 구체화한다. 이때 AI는 수정안의 예상 수익률을 실시간 계산해준다.	경영진은 최종 후보 3개 안의 재무 모델과 리스크 분석 보고서를 검토한 후, 장기적인 브랜드 가치 상승에 가장 부합한다고 판단되는 안을 최종적으로 선택하고 투자를 승인한다.

4.3. 가상 사례: AI 시스템이 창조하는 미래 도시

인천 'MWM' 사업, 지역 '역사·문화 숨결' 담아야 [https://www.incheonilbo.com]

■ 가상 사례 1: '리젠시티(Re-Gen City)'- 구도심 역사문화 회복 프로젝트

1) **배경**: 2032년, 산업 쇠퇴로 활력을 잃은 구도심 지역을 역사적 정체성을 보존하며 되살리는 도시재생 프로젝트.

2) **인간-기계 협업 실행**:

(1) **인간의 목표 설정**: 도시계획가와 역사학자 팀은 "젠트리피케이션을 방지하고, 기존 주민의 삶의 터전을 보호하며, 지역의 고유한 역사적 자산을 보존하는 것"을 프로젝트의 최우선 가치로 설정한다.

(2) **AI의 분석 및 시뮬레이션**: AI는 수십 년간의 지적도, 건축물대장, 옛 사진 자료는 물론, 주민 인터뷰 녹취 록을 자연어 처리(NLP) 기술로 분석하여 핵심 보존 가치가 있는 건물과 장소, 그리고 주민들의 주된 우려 사항을 데이터로 시각화 한다. 이후, '전면 재개발', '선별적 리모델링', '적응적 재사용' 등 다양한 시나리오가 지역 상권, 주거 안정성, 교통량에 미칠 장기적 영향을 시뮬레이션 하여 제시한다.

3) **협업을 통한 최적화 및 시사점:** AI는 데이터상 가장 효율적인 동선으로 보행자 전용도로 계획을 제안한다. 그러나 인간 디자이너는 AI의 제안을 바탕으로, 지역 예술가들과 협력하여 거리 곳곳에 공공미술 작품과 쉼터를 배치함으로써 AI가 계산할 수 없는 '장소성'과 '커뮤니티 감성'을 불어넣는다. 주민 공청회에서 AI 시뮬레이션 결과를 시각 자료로 활용하여, 특정 계획안이 주민들에게 미칠 영향을 직관적으로 설명하고 설득력 있는 토론을 이끌어낸다. 최종 계획은 데이터 기반의 효율성과 인간 중심의 디자인 철학이 결합된 하이브리드 모델로 완성된다.

■ 가상 사례 2: '아쿠아 폴리스(Aqua-Polis)'- 해안 기후변화 대응 도시

부산에 세계 최초의 '해상 도시'가 건설된다 | Hypebeast.KR [https://hypebeast.kr]

1) **배경:** 2040년, 해수면 상승과 태풍 등 기후 변화에 직접적으로 노출된 해안 지역에 건설되는 신개념 수상 도시.

2) **인간-기계 협업 실행:**

(1) **인간의 목표 설정:** 기후 과학자와 도시 설계자들은 "100년 빈도의 극한 기후에도 도시 기능이 마비되지 않는 완벽한 회복탄력성 확보"와 "자연과 공존하는 아름답고 살기 좋은 환경 조성"을 핵심 목표로 삼는다.

(2) **AI의 분석 및 시뮬레이션:** AI는 전 지구 기후 모델 데이터를 학습하여, 향후 100년간의 해수면 상승 시나리오와 슈퍼 태풍의 예상 경로 및 강도를 95% 신뢰 구간으로 예측한다. 이를 바탕으로 인공 산호초 방파제, 맹그로브 숲, 부유식 건축물, 고지대 대피로 등 다양한 방재 시스템 조합의 효과를 유체역학 시뮬레이션으로 검증한다.

3) **협업을 통한 최적화 및 시사점:** AI는 시뮬레이션 결과에 따라 가장 안전하고 효율적인 도시 구조와 기반 시설(분산형 수자원 관리 시스템, 스마트 전력 망 등)의 최적 배치안을 제안한다. 인간 설계자들은 이 구조적 뼈대를 기반으로 AI와 협업한다.

AI가 홍수 완충 지역으로 제안한 저지대에, 인간 조경가는 생물다양성을 증진시키는 생태 공원을 조성한다. AI가 최적의 에너지 효율을 위해 제안한 건물 형태에, 인간 건축가는 아름다운 스카이라인과 쾌적한 공공 공간을 창조한다. 그 결과 '아쿠아폴리스'는 데이터로 증명된 극한의 재해 대응 능력을 갖춤과 동시에, 인간의 미적 감각과 생태 철학이 반영된 지속가능한 명품 도시로 탄생하게 된다.

주제
3

AI 도시부동산 개발의 1번째 단계 : "개발구상"에서 AI가 발굴하는 기회지역

1. "AI 기반 도시부동산 개발구상 단계에서는 거시 경제사회 트랜드와 도시민들의 플랫폼 기반 라이프스타일이 도시부동산 개발에 어떤 영향을 미치는가"와 가상사례

1.1. AI는 거시적 트렌드와 미시적 라이프스타일 데이터를 융합하고 분석하여, 미래 도시 공간에 대한 새로운 수요와 잠재력을 발견한다

현대의 도시부동산 개발은 단순히 물리적 공간을 구축하는 행위를 넘어, 그 안에서 펼쳐질 삶의 양식, 즉 '라이프스타일 플랫폼'을 설계하는 과정으로 진화하고 있다. 과거 개발이 거시 경제 지표와 인구 통계라는 정제된 데이터에 의존했다면, AI 시대의 개발 구상 단계는 실시간으로 변화하는 사회문화적 거대 흐름과 도시민 개개인의 디지털 발자취에 깊숙이 뿌리내린다. 이는 마치 도시라는 거대한 유기체의 혈류(데이터)를 분석하여 미래의 건강 상태와 행동 패턴을 예측하는 것과 같다.

이 과정의 핵심 동력은 두 가지다. 첫째는 사회 전반을 움직이는 거시 경제사회 트렌드이며, 둘째는 디지털 플랫폼을 통해 일상을 영위하는 도시민들의 플랫폼 기반 라이프스타일이다. 1인 가구의 폭증, 긱 이코노미(Gig Economy)의 확산, 경험 중심의 소비, ESG(환경·사회·지배구조)가치의 부상 등은 부동산의 기능과 형태에 대한 근본적인 질문을 던진다. 동시에, 배달의민족, 쿠팡, 직방, 쏘카, 넷플릭스와 같은 플랫폼들은 도시민의 의식주와 여가 활동 전반을 중개하며 막대한 양의 행동 데이터를 남긴다.

AI는 바로 이 지점에서 결정적인 역할을 수행한다. 분절되고 파편화된 것처럼 보이는 이 두 가지 데이터 흐름, 즉 거시적 트렌드와 미시적 라이프스타일 데이터를 융합하고 분석하여, 미래 도시 공간에 대한 새로운 수요와 잠재력을 발견한다. AI는 인간의 직관이 놓칠 수 있는 미세한 신호를 포착하고, 이를 구체적인 공간 기획과 사업 모델로 번역해내는 탁월한 번역가이자 전략가이다. 다음의 가상 예제는 AI가 어떻게 도시민의 삶을 데이터로 읽어내고, 이를 통해 미래 가치를 품은 부동산 프로젝트를 탄생시키는지를 명확히 보여준다.

■ **거시 경제사회 트렌드가 도시부동산 개발에 미치는 영향 분석 방법 별 목표, 분석방법 및 기술, 역할, 장단점, 도시부동산 활용예시**

구분	시나리오 플래닝	계량 경제 모델링	데이터 마이닝 및 텍스트 마이닝
목표	인구구조 변화, 기술 발전 등 불확실성이 높은 거시 트렌드가 만들어낼 여러 그럴듯한 미래상을 설정하고, 각 시나리오별 대응 전략을 수립하여 미래의 불확실성에 대한 조직의 회복탄력성 제고를 목표로 한다.	GDP, 금리 등 거시 경제 변수와 부동산 시장 지표 간의 과거 데이터를 기반으로 통계적 인과관계를 규명하고, 이를 통해 미래 시장 변화를 계량적으로 예측하는 것을 목표로 한다.	뉴스, 소셜미디어 등 비정형 데이터 속에서 아직 널리 알려지지 않은 새로운 사회적 트렌드나 정책 변화의 징후를 조기에 포착하여 잠재적 시장 기회와 리스크 탐색을 목표로 한다.

분석 방법 및 기술	- PEST/STEEP 분석 - 델파이 기법(전문가 의견 수렴) - 교차영향분석 - 정성적 스토리텔링 기법	- 다중 회귀 분석(Multiple Regression) - 시계열 분석(ARIMA, VAR) - 벡터오차수정모형(VECM) - 패널 데이터 분석	- 자연어 처리(NLP) - 토픽 모델링(Topic Modeling) - 감성 분석(Sentiment Analysis) - 연관규칙분석(Association Rule Mining)
역할 (인간과 시스템)	인간(주도): 미래 핵심 동인을 식별하고 시나리오 논리를 개발하며, 스토리를 구체화하는 창의적 역할을 수행한다. 시스템(보조): 관련 데이터, 보고서 등을 수집·제공하여 논의를 지원한다.	인간(주도): 경제 이론 기반으로 분석 모델을 설계하고, 변수를 선택하며, 결과를 경제학적 관점에서 해석한다. 시스템(보조): 대규모 데이터를 처리하여 통계 모델의 계수를 추정하고 시뮬레이션 한다.	시스템(AI) (주도): 방대한 비정형 데이터로부터 핵심 키워드, 토픽, 패턴 등 의미 있는 정보를 자동으로 추출한다. 인간(보조): 분석 소스를 정의하고, AI가 추출한 패턴에 비즈니스적 의미를 부여하고 해석한다.
장점	- 예측이 어려운 구조적 변화나 불확실성에 효과적으로 대응할 수 있다. - 조직의 전략적 사고를 촉진하고 다양한 미래에 대한 유연한 대응 계획 수립이 가능하다.	- 분석 결과가 객관적인 수치와 통계적 유의성으로 제시되어 신뢰도가 높다. - 특정 거시 변수가 시장에 미치는 영향의 크기를 정량적으로 파악할 수 있다.	- 전통적 통계로 파악하기 어려운 대중의 인식 변화나 새로운 트렌드를 신속하게 감지할 수 있다. - 데이터 기반으로 잠재적인 신규 시장 기회를 발굴할 수 있다.
단점	- 분석 과정이 정성적이고 주관적이어서 분석가의 역량에 크게 의존한다. - 계량적 예측치를 제공하지 않으며, 시나리오가 현실과 동떨어질 위험이 있다.	- 과거 데이터 패턴이 미래에도 반복된다는 가정에 기반하여 구조적 변화를 반영하기 어렵다. - 데이터의 질과 양에 분석 결과가 크게 좌우된다.	- 상관관계는 보여주나 인과관계를 명확히 설명하기 어렵다. - 소셜미디어 데이터 등은 편향되거나 노이즈가 많아 해석에 주의가 필요하다.
도시부동산 활용 예시	'원격근무 보편화'와 '기후변화 심화'를 핵심 동인으로 설정, ① 도심 고밀화, ② 교외 분산화, ③ 친환경 도시 등 미래 시나리오를 개발하고 시나리오별 사업 포트폴리오 전략을 수립한다.	과거 20년간의 기준금리와 서울 오피스 임대료 데이터를 사용하여 계량 모델을 구축, 향후 기준금리가 0.25%p 인상 시 오피스 임대료가 약 1.2% 하락할 것으로 예측하고 투자 전략에 반영한다.	최근 3년간 온라인 부동산 커뮤니티 게시글을 텍스트 마이닝하여, '펫 프렌들리', '커뮤니티 시설' 키워드의 언급 빈도 급증을 발견하고, 이를 차세대 아파트 상품의 핵심 특화 요소로 기획한다.

■ 도시민들의 플랫폼 기반 라이프스타일이 도시부동산 개발에 미치는 영향 분석 방법 별 목표, 분석방법 및 기술, 역할, 장단점, 도시부동산 활용예시

구분	공간이용 패턴 분석	소비 및 선호도 분석	사회적 관계망 및 커뮤니티 분석
목표	배달, 모빌리티 등 플랫폼의 시공간 데이터를 분석하여 도시민의 동태적 활동 패턴을 파악하고, 이를 통해 특정 지역의 활성도와 잠재적 상업 가치를 평가하는 것을 목표로 한다.	전자상거래, 콘텐츠 구독 등 플랫폼의 소비 데이터를 분석하여 특정 지역의 잠재된 니즈와 라이프스타일 유형을 파악하고, 이를 기반으로 맞춤형 부동산 상품 및 서비스를 기획하는 것을 목표로 한다.	소셜 미디어, 지역 커뮤니티 플랫폼의 상호작용을 분석하여 지역 공동체의 특성과 주요 관심사를 파악하고, 커뮤니티 활성화를 지원하는 공간 및 프로그램을 기획하는 것을 목표로 한다.
분석 방법 및 기술	- 지리정보시스템(GIS) 기반 시각화 - 시공간 데이터 마이닝 - 핫스팟 분석(Hot Spot Analysis) - 유동인구 경로 분석(O-D Analysis)	- 장바구니 분석(Market Basket Analysis) - 협업 필터링(Collab-orative Filtering) - 자연어 처리(NLP) 기반 리뷰 분석 - 고객 세분화(Customer Segmentation)	- 사회 연결망 분석(SNA) - 토픽 모델링(Topic Modeling) - 감성 분석(Sentiment Analysis) - 지오태깅(Geo-tagging) 데이터 분석
역할 (시스템과 인간)	시스템(AI): 대규모 위치 기반 데이터를 수집하여 시간대별 유동인구 밀집 지역, 이동 경로 등 거시적 패턴을 자동으로 추출·시각화한다. 인간: AI가 도출한 공간 패턴에 '1인 가구 밀집 지역'과 같은 사회경제적 의미를 부여하고 사업 기회를 탐색한다.	시스템(AI): 방대한 구매 이력, 검색 기록 등에서 소비자 그룹의 선호 패턴을 자동으로 발견하고 개인화 모델을 생성한다. 인간: AI가 발견한 소비 패턴을 '가치 소비족'과 같은 라이프스타일로 정의하고, 이를 지원할 MD 구성 전략 등을 수립한다.	시스템(AI): 온라인 커뮤니티의 상호작용 데이터를 분석하여 핵심 여론 주도자, 주요 관심 토픽, 그룹 관계 구조를 시각적으로 맵핑한다. 인간: AI가 분석한 관계망을 해석하여 커뮤니티 특성을 정의하고, 이들의 오프라인 활동을 촉진할 공유 공간 등을 기획한다.
장점	- 정적인 인구 통계로는 알 수 없는 도시의 실제 활동성과 공간의 동적인 상호작용을 파악할 수 있다. - 상권 활성화 및 교통 수요 예측의 정확도를 높일 수 있다.	- 설문조사보다 훨씬 더 정확하고 세밀하게 실제 행동 기반의 소비자 수요를 파악할 수 있다. - 잠재적인 틈새시장을 발견하고 상품 차별화 전략을 수립하는 데 유리하다.	- 눈에 보이지 않는 지역 사회의 네트워크 구조와 사회적 자본을 파악하여 성공적인 커뮤니티 조성을 이끌 수 있다. - 입주민 만족도와 직결되는 소프트웨어적 가치를 창출할 수 있다.

단점	- 개인정보보호 및 데이터 프라이버시 이슈에 민감하며, 데이터 접근성이 제한적이다. - 특정 플랫폼 데이터에 대한 의존도가 높아 표본의 대표성에 한계가 있다.	- 소비 데이터는 매우 민감한 개인정보이므로 데이터 확보 및 활용에 법적, 윤리적 제약이 크다. - 플랫폼 이용자만 분석 대상이 되므로 전체 소비자의 특성을 왜곡할 수 있다.	- 온라인상의 관계가 오프라인 활동으로 반드시 이어지는 것은 아니다. - 커뮤니티 내 특정 그룹에 편중된 분석이 될 수 있으며, 윤리적 문제가 제기될 수 있다.
도시부동산 활용 예시	배달 플랫폼 데이터를 분석, 특정 지역의 심야 시간 1인분 주문량이 급증하는 것을 파악하고 해당 지역을 대상으로 1인 가구 특화 소형 오피스텔 및 편의시설을 공급한다.	특정 신도시 입주 예정자들의 온라인 쇼핑몰 소비 데이터 분석 결과, 유아용품 및 친환경 식료품 구매 비율이 높음을 확인하고, 아파트 단지 내 키지 카페와 유기농 마켓을 입점시킨다.	지역 기반 커뮤니티 앱 '당근마켓'에서 재능교환(베이킹, 공예) 소모임이 활발한 것을 파악하고, 주상복합 건물 내에 입주민들이 자유롭게 사용할 수 있는 '커뮤니티 키친'과 '공방'을 설계한다.

1.2. AI의 트렌드 및 라이프스타일 데이터 융합 분석 가상 사례

- 가상 예제 1: '어반 링크(Urban Link)'- 플랫폼 라이프스타일에 최적화된 도심형 하이퍼-로컬(Hyper-local) 주거 복합단지

1) **문제 인식 및 데이터 기반 가설 수립:** 2026년, 한 개발사는 서울의 준공업지역이었던 부지를 매입하여 새로운 주거 상품을 기획한다. 과거의 공식대로라면 아파트 단지나 오피스텔을 고려했겠 지만, AI

서울·경기 주거단지 하이엔드 바람 [https://brunch.co.kr]

개발 플랫폼 'PLANET'은 전혀 다른 접근법을 제안한다. PLANET은 "미래의 주거 공간은 소유의 대상이 아니라, "도시의 모든 서비스를 즉각적으로 연결하는 고성능 허브(Hub)가 되어야 한다"라는 가설을 설정한다.

2) **AI의 트렌드 및 라이프스타일 데이터 융합 분석:** PLANET은 다음과 같은 데이터를 융합 분석하여 목표 수요층의 '디지털 페르소나'를 구축한다.

(1) **거시 경제사회 트렌드:** 서울시 1-2인 가구 비율이 5년 내 65%에 육박할 것이라는 통계청 데이터, 프리랜서 및 원격근무자 비율의 연 15% 성장세, '경험 소비'에 대한 지출이 '소유 소비'를 추월했다는 신용카드사 데이터.

(2) **플랫폼 기반 라이프스타일 데이터:**

- 배달 플랫폼(배달의민족/쿠팡이츠): 반경 2km 내 25-39세 인구의 주문 데이터 분석 결과, 주 4회 이상 배달 음식을 소비하며, 특히 샐러드, 비건 푸드 등 건강식 주문이 전년 대비 120% 증가.
- 주거 플랫폼(직방/다방): 동일 수요층의 매물 검색 필터 분석 결과, '신축', '풀옵션', '역세권'보다 '스마트홈', '커뮤니티 시설', '보안' 키워드의 검색량이 3년간 250% 상승.
- 모빌리티 플랫폼(쏘카/따릉이): 차량 공유 서비스 월평균 이용 횟수는 3.8회인 반면, 해당 부지 인근의 주차장 이용률은 40%에 불과하여 차량 비소유 경향 확인.

3) **AI의 결론 및 프로젝트 컨셉 제안:** 종합 분석을 통해 PLANET은 물리적 공간의 크기보다 '시간의 밀도'와 '경험의 연결성'을 극대화하는 새로운 주거 컨셉을 도출한다.

(1) **프로젝트명:** 어반 링크(Urban Link)

(2) **핵심 컨셉:** Co-Living(공유 주거) + On-Demand Service Hub(주문형 서비스 허브)

(3)**가상 수치 기반 제안:**

- 공간 구성: 전체 500세대 중 70%는 1인 가구를 위한 고기능성 '콤팩트 유닛'(전용 25㎡)으로, 20%는 2인이 거주하며 재택근무가 가능한 '듀오 유닛'(전용 40㎡)으로 설계한다. 나머지 10%는 단기 체류자를 위한 '게스트 유닛'으로 운영한다.
- 플랫폼 최적화 시설:
  - 모빌리티 허브: 법정 주차대수의 50%만 확보하고, 남는 공간에 전동 킥보드/자전거 충전 및 공유 스테이션과 쏘카존을 설치한다. AI는 이를 통해 분양가를 8% 절감할 수 있다고 분석한다.
  - 클라우드 키친 & 딜리버리 허브: 1층에 입주민 전용 공유 주방과 함께, 배달 라이더들을 위한 전용 픽업 라운지와 대기 공간을 마련하여 배송 효율을 극대화한다.
  - 스마트 물류 시스템: 모든 세대에 빌트인된 스마트 박스를 통해 택배, 세탁물, 신선식품을 24시간 비대면으로 수령/발송할 수 있게 한다.

4) **기대 가치 및 결론:** AI 시뮬레이션 결과, '어반 링크'는 기존 오피스텔 대비 15% 높은 월 임대료 책정이 가능하며, 입주민의 월평균 교통비와 외식비를 합산하여 약 20만원의 생활비 절감 효과를 제공할 수 있을 것으로 예측된다.

■ 가상 예제 2: '케어 시그널(Care Signal)'- 액티브 시니어를 위한 데이터 기반 헬스케어 커뮤니티

미래형 시니어주거단지 [https://bravo.etoday.co.kr]

1) **문제 인식 및 데이터 기반 가설 수립:** 한 보험사는 자사 고객 데이터 분석을 통해, 은퇴 후에도 활발한 사회활동을 원하는 '액티브 시니어' 그룹이 급증하고 있음을 발견한다. 이들을 위한 새로운 주거 모델을 개발하고자 AI 자산개발 솔루션 'VITALIS'를 도입한다. VITALIS는 "미래의 시니어 주거는 단순 요양 시설이 아닌, 예방적 건강관리와 능동적 사회 참여를 지원하는 데이터 플랫폼이어야 한다"는 가설을 세운다.

2) **AI의 트렌드 및 라이프스타일 데이터 융합 분석:** VITALIS는 시니어 세대의 특화된 데이터를 심층 분석한다.

   (1) **거시 경제사회 트렌드:** 초고령사회 진입(2025년), 만성질환 관리 중심의 헬스케어 패러다임 변화, 베이비부머 세대의 높은 자산 수준과 디지털 활용 능력.

   (2) **플랫폼 기반 라이프스타일 데이터:**

   - 헬스케어 앱/플랫폼: 60세 이상 이용자의 건강검진 데이터, 웨어러블 기기(스마트 워치)의 활동량 및 수면 데이터 분석 결과, 고혈압/당뇨 등 만성질환 관리와 근감소증 예방에 대한

관심이 가장 높게 나타난다.

- 온라인 쇼핑 플랫폼(마켓컬리/오아시스): 시니어 계정의 구매 목록 분석 결과, 저염식, 유기농 식자재, 간편 조리식품 선호도가 뚜렷하며, 정기배송 서비스 이용률이 3년간 400% 증가.
- 소셜 플랫폼(카카오톡/밴드): 동년배 커뮤니티(등산, 파크골프, 사진 동호회) 활동이 매우 활발하며, 오프라인 모임을 위한 공간 예약에 대한 불편함을 호소하는 데이터 다수 발견.

3) **AI의 결론 및 프로젝트 컨셉 제안:** VITALIS는 질병 발생 후의 '치료'가 아닌, 일상 속 '데이터'를 통한 예방과 관리에 초점을 맞춘 주거 모델을 제안한다.

(1) **프로젝트명:** 케어 시그널(Care Signal)

(2) **핵심 컨셉:** 주거 + 데이터 기반 헬스케어 + 맞춤형 커뮤니티

(3)**가상 수치 기반 제안:**

- 공간 및 시스템: 모든 세대에 낙상 감지 센서, 수면 패턴 분석 매트리스, 음성인식 긴급호출 시스템 등 비접촉식 바이탈 사인 모니터링 시스템을 기본 탑재한다.
- 데이터 연동 서비스:
  - ◦ AI 영양사: 입주민의 건강검진 및 활동량 데이터를 기반으로 AI가 개인별 맞춤 식단을 구성하고, 공동 식당 또는 각 세대로 밀키트를 제공한다. 이를 통해 주요 만성질환 발병률을 15% 낮출 수 있을 것으로 예측한다.
  - ◦ AI 재활치료사: 단지 내 피트니스 센터의 운동기구는 개인의 근골격 데이터와 연동되어, AI가 최적의 운동 강도와 프로그램을 추천하고 부상 위험을 90% 이상 감소시킨다.

- 커뮤니티 플랫폼: 입주민 전용 앱을 통해 관심사 기반의 동호회(가드닝, 스마트폰 교실, 명상 등)를 자동으로 매칭하고, 공동 작업실, 세미나실 등 커뮤니티 공간 예약을 지원한다. AI 분석 결과, 이는 입주민의 사회적 고립감을 40% 이상 해소할 수 있다.

4) **기대 가치 및 결론:** 이 모델은 단순 주거 가치를 넘어, 입주민의 기대수명을 평균 3년 연장하고, 연간 의료비 지출을 25% 절감하는 사회적 가치를 창출하며, 이는 장기적으로 안정적인 자산 가치 상승으로 이어진다고 VITALIS는 분석한다.

2. "AI 기반 도시부동산 개발구상 단계에서는 소셜 데이터 마이닝을 통해 도시부동산에 대한 잠재된 사회적 수요를 발굴한다."와 가상사례

2.1. 소셜 데이터 마이닝(Social Data Mining)으로부터 잠재된 사회적 수요(Latent Social Demands)를 채굴하다.

도시의 물리적 구조는 그 시대를 살아가는 사람들의 욕망과 필요가 응축된 결과물이다. 그렇다면 미래의 도시부동산은 무엇을 담아내야 하는가? 이 질문에 대한 해답은 더 이상 설문조사 응답지나 통계표 안에만 존재하지 않는다. 그 해답은 지금 이 순간에도 수십억 개의 디지털 파편으로 생성되는 도시민들의 날것 그대로의 목소리, 즉 소셜 데이터(Social Data) 속에 잠재되어 있다.

"소셜 데이터 마이닝(Social Data Mining)"은 블로그, 소셜미디어(인스타그램, 페이스북, X), 온라인 커뮤니티, 뉴스 댓글, 지역 포털 등 비정형 데이터의 광대한 바다에서 의미 있는 진주, 즉 '잠재된 사회적 수요(Latent

Social Demands)'를 채굴하는 과정이다. 사람들이 무심코 내뱉는 불평, 소소한 바람, 열광하는 취미, 공유하는 불안감 속에는 기존의 시장 조사가 발견하지 못한 새로운 부동산 개발의 기회가 숨어있다. 이는 마치 도시 전체를 대상으로 24시간 진행되는, 가장 솔직하고 거대한 포커스 그룹 인터뷰와 같다.

AI는 이 과정에서 인간의 능력을 초월하는 역할을 수행한다. AI의 자연어 처리(NLP) 기술은 텍스트의 맥락과 감성을 분석하여 단순한 키워드 언급 빈도를 넘어 그 안에 담긴 긍정, 부정, 중립의 감정을 수치화 한다.

토픽 모델링(Topic Modeling) 기술은 연관된 단어들을 그룹화하여 사람들이 무엇에 대해, 어떻게 이야기하고 있는지를 구조적으로 파악한다. AI는 이러한 기술을 통해 수많은 소음 속에서 유의미한 신호를 증폭시켜, 아직 누구도 명확히 정의하지 못한 도시의 새로운 수요와 니즈를 수면 위로 끌어올리는 것이다. 다음의 가상 예제는 소셜 데이터 마이닝이 어떻게 미래의 부동산을 현실로 만드는지를 생생하게 보여준다.

■ **소셜 데이터 마이닝(Social Data Mining)으로 부터 잠재된 사회적 수요(Latent Social Demands)를 채굴하는 분석 방법 별 목표, 분석방법 및 기술, 역할, 장단점, AI분석도구, 도시부동산 활용예시**

구분	토픽 모델링 및 트렌드 분석	감성 분석 및 여론 측정	사회 연결망 분석
목표	대규모 비정형 텍스트 데이터에서 명시적으로 드러나지 않는 핵심 주제와 키워드를 자동으로 식별하고, 시간의 흐름에 따른 변화를 추적하여 사회적 관심사의 부상을 조기에 감지하는 것을 목표로 한다.	특정 지역, 부동산 상품, 정책 등에 대한 대중의 긍정·부정·중립적 감성과 여론을 정량적으로 측정하고, 긍정·부정 여론의 핵심 원인을 파악하여 서비스 개선 및 리스크 관리의 근거로 활용하는 것을 목표로 한다.	이용자 간의 상호작용을 분석하여, 커뮤니티 내 정보 확산 구조, 핵심적인 영향력을 행사하는 여론 주도자(Influencer), 그리고 하위 집단(Sub-group)의 특성을 파악하는 것을 목표로 한다.

분석 방법 및 기술	- 잠재 디리클레 할당(LDA) - Word2Vec, BERT 등 자연어 처리(NLP) - 시계열 분석을 통한 빈도수 추적 - 이상 탐지(Anomaly Detection)	- 감성 사전 기반 분석 - 머신 러닝/딥러닝 기반 텍스트 분류 - 속성 기반 감성 분석(ABSA) - BERT 기반 문맥 분석	- 그래프 이론(Graph Theory) - 중심성 분석(Degree, Betweenness 등) - 커뮤니티 탐지 알고리즘 - 정보 전파 모델링
역할 (AI와 인간)	AI: 텍스트 데이터 속에서 통계적 패턴을 기반으로 주요 토픽과 관련 키워드 군집을 자동으로 도출하고, 시간 흐름에 따른 변화를 시각 화한다. 인간: AI가 추출한 키워드 군집에 '친환경 주거'와 같은 의미 있는 토픽명을 부여하고, 트렌드의 사회적 함의를 해석한다.	AI: 텍스트에 나타난 감성 표현을 학습하여 긍정/부정 스코어를 자동으로 판별하고, 감성의 주요 원인이 되는 키워드를 추출한다. 인간: AI 분석 결과를 해석하여 부정 여론의 원인을 진단하고, AI가 반어법 등을 잘 이해하도록 모델을 튜닝한다.	AI: 이용자 관계 데이터를 그래프로 구조화하고, 복잡한 네트워크 속에서 중심성이 높은 핵심 인물이나 커뮤니티 군집을 수학적 알고리즘으로 찾아낸다. 인간: AI가 찾아낸 핵심 인물/그룹의 실제 영향력을 분석하고, 이를 바탕으로 효과적인 커뮤니케이션 전략을 수립한다.
장점	- 사용자의 자연스러운 언어에서 직접 관심사를 파악하여 설문조사에서 놓칠 수 있는 잠재 수요를 발견할 수 있다. - 새로운 라이프스타일의 등장을 객관적인 데이터로 포착 가능하다.	- 대중의 반응을 실시간으로 파악하여 신속한 의사결정이 가능하다. - 제품이나 서비스의 강점과 약점을 소비자의 목소리로 직접 확인할 수 있다.	- 눈에 보이지 않는 커뮤니티의 권력 구조와 정보 흐름을 명확하게 파악할 수 있다. - 효율적인 바이럴 마케팅이나 여론 관리 전략 수립에 매우 유용하다.
단점	- 추출된 토픽의 품질이 데이터의 정제 수준에 크게 좌우되며, 결과가 모호하여 인간의 주관적 해석이 필요하다. - 단순히 언급 량만으로는 수요의 실제 크기를 가늠하기 어렵다.	- 반어법, 풍자 등 미묘한 인간의 언어를 AI가 완벽하게 이해하기 어려워 분석에 오류가 발생할 수 있다. - 복잡한 여론을 긍정, 부정의 이분법으로 단순화할 위험이 있다.	- 분석을 위한 이용자 간 관계 데이터 획득이 다른 기법에 비해 어렵다. - 온라인 네트워크 구조가 실제 오프라인 영향력을 그대로 반영하지는 않을 수 있다.

AI 분석 도구	- Python 라이브러리 (Gensim, scikit-learn) - Google Trends - 상용 소셜 리스닝 툴 (Meltwater)	- Google Cloud Natural Language API - Amazon Comprehend - Python 라이브러리 (KoNLPy)	- 네트워크 분석 시각화 툴(Gephi, NodeXL) - Python 라이브러리 (NetworkX, igraph)
도시부동산 활용 예시	부동산 커뮤니티 데이터 분석 결과, '홈오피스', '실내 공기질' 관련 토픽의 중요도가 급상승하는 것을 발견하고, 재택근무 특화 평면 및 환기 시스템을 강화한 아파트 상품을 기획한다.	특정 재개발 사업에 대한 뉴스 댓글을 실시간 감성 분석하여, '공원 부족' 등 부정적 여론 증가를 감지하고 사업 계획에 공원 면적을 확대하는 등 신속하게 대응하여 주민 수용성을 높인다.	특정 신도시 맘카페 회원들의 정보 공유 네트워크를 분석하여 커뮤니티 내 핵심 여론 주도자를 식별하고, 이들을 대상으로 신규 분양 단지의 팸투어를 진행하여 긍정적 입소문을 확산시킨다.

2.2. AI의 소셜 데이터 마이닝 분석 가상 사례

■ 가상 예제 1: '프로젝트: 숨(Project: SOOM)'- 도시의 소음과 번아웃에 지친 이들을 위한 도심형 안식처

[PDF] 미래도시의 화두, 건강도시 [https://seoulsolution.kr]

1) 문제 인식 및 데이터 기반 가설 수립: 2027년, 한 건설사는 서울의 번화가 인근에 위치한 소규모 상업 부지의 활용 방안을 고민한다. 전통적 시각이라면 당연히 수익성 높은 오피스텔이나 상가를 떠올렸을 것이다. 그러나 AI 기반 사회 수요 분석 플랫폼 'ECHO-

SCOPE'는 다른 가능성을 제시한다. ECHO-SCOPE는 "과잉 연결 사회에서 도시인들은 물리적 공간을 넘어 정신적 안정을 제공하는 '의도적 단절'의 공간을 갈망하고 있다"는 가설을 수립한다.

2) **AI의 소셜 데이터 마이닝 분석**: ECHO-SCOPE는 최근 3년간 서울 시민들이 생성한 5억 건의 소셜 데이터를 마이닝하여 다음과 같은 잠재 수요를 포착한다.

   (1) **감성 분석**: '#번아웃', '#스트레스', '#불면증'과 같은 부정적 키워드가 포함된 게시물이 연평균 35%씩 증가. 특히 해당 부지 반경 3km 내 직장인 커뮤니티에서 '소음', '빛 공해', '사생활 침해'에 대한 불만이 월평균 5,000건 이상 발생함을 확인한다.

   (2) **토픽 모델링**: '#디지털디톡스', '#멍때리기', '#조용한카페', '#북스테이' 등의 키워드가 하나의 토픽으로 강력하게 묶이며, '휴식', '집중', '사색', '자연'과 높은 연관성을 보이는 것을 발견한다. 이는 단순한 휴식을 넘어 '능동적인 쉼'에 대한 수요가 형성되고 있음을 시사한다.

   (3) **이미지 분석**: 인스타그램에 공유되는 '이상적인 휴식 공간' 이미지 10만 건을 분석한 결과, 화려한 인테리어보다 따뜻한 조명, 식물, 미니멀한 가구, 외부 소음이 차단된 듯한 아늑한 분위기의 사진들이 80% 이상의 '좋아요'를 받는 경향을 확인한다.

3) **AI의 결론 및 프로젝트 컨셉 제안**: 종합 분석을 통해 ECHO-SCOPE는 수익성만을 좇는 개발이 아닌, 도시인의 정신적 회복을 돕는 새로운 개념의 공간을 제안한다.

   (1) **프로젝트명**: 프로젝트: 숨(Project: SOOM)

(2) **핵심 컨셉:** 도심 속 정신적 안식처(Urban Mental Shelter)

(3)**가상 수치 기반 제안:**

- 공간 구성: 전체 공간을 '멤버십 기반의 시간제 체류 공간'으로 기획한다. 30%는 완벽한 방음과 조도 조절이 가능한 1인용 '집중 셀(Focus Cell)', 40%는 다양한 식물로 채워진 '실내 정원 라운지', 30%는 와이파이와 스마트폰 사용이 금지된 '아날로그 라이브러리'로 구성한다.
- 차별화된 서비스: AI는 소셜 데이터 분석을 통해 '사운드 테라피', '명상 클래스', '향기 큐레이션' 서비스에 대한 잠재 수요가 높다고 판단, 이를 핵심 프로그램으로 도입할 것을 제안한다.

4) **기대 가치 및 시사점:** AI 시뮬레이션 결과, 이 모델은 시간당 이용료를 주변 스터디 카페 대비 50% 높게 책정하더라도, 번아웃을 겪는 직장인 및 프리랜서 그룹에서 월평균 재방문율 70%를 달성할 수 있을 것으로 예측한다. 이는 안정적인 현금 흐름과 함께 '정신 건강'이라는 사회적 가치를 창출하는 새로운 부동산 모델이 된다.

■ 가상 예제 2: '펫토피아 서울(Pet-topia Seoul)'- 펫팸족의 '미안함'을 해결하는 반려동물 중심 복합 주거

1) **문제 인식 및 데이터 기반 가설 수립:** 한 자산운용사는 1,000만 펫팸족(Pet+Family) 시대를 맞아 반려동물 관련 시장의 성장성에 주목한다. 그러나 기존의 '반려동물 동반 가능' 주택들은 근본적인 문제를 해결하지 못한다고 판단, AI 소셜 분석 솔루션 'PAW-SITIVE'를 통해 "반려동물과 공존하는 주거 공간의 진정한 페인 포인트(Pain Point)는 무엇인가?"라는 질문의 답을 찾기로 한다.

[펫코노미 시대] 펫주택(반려동물 공생주택, 반려견주택) 등장
[https://www.metroseoul.co.kr]

2) **AI의 소셜 데이터 마이닝 분석:** PAW-SITIVE는 반려동물 관련 온라인 커뮤니티, 유튜브 댓글, 지역 맘카페 등 1억 건의 데이터를 분석하여 다음과 같은 핵심 감정과 수요를 발굴한다.

(1) **핵심 감정 키워드 추출:** '미안해'라는 키워드가 '#혼자있는강아지', '#산책부족', '#짖음' 등의 단어와 함께 압도적으로 많이 출현. 이는 보호자들이 반려동물에게 느끼는 정서적 부채감이 가장 큰 고충임을 의미한다.

(2) **관계망 분석:** '층간소음'이라는 키워드는 '강아지'와 '이웃' 사이에서 가장 강력한 부정적 연결고리를 형성하며, 이는 이웃과의 갈등이 주거 불안의 핵심 원인임을 보여준다. '동물병원', '미용실', '유치원'은 '너무 멀다', '예약 어렵다'는 불만과 함께 나타나, 관련 인프라 부족 문제를 드러낸다.

(3) **잠재 행동 예측:** '#강아지유치원비용', '#펫시터' 등의 검색량과 언급량이 매년 50% 이상 급증하는 것을 통해, 보호자들이 비용을 지불하더라도 반려동물의 사회성과 활동량을 보장해주려는 강력한 의지를 확인한다.

3) **AI의 결론 및 프로젝트 컨셉 제안:** PAW-SITIVE는 '동반'을 넘어 '공존'과 '케어'에 초점을 맞춘, 반려동물 중심의 새로운 주거 패러다임을 제안한다.

(1) **프로젝트명:** 펫토피아 서울(Pet-topia Seoul)

(2) **핵심 컨셉:** 반려동물을 위한, 반려동물에 의한 주거 커뮤니티

(3)가상 수치 기반 제안:

- 특화 설계: 모든 세대에 층간소음을 60% 이상 저감하는 특수 바닥재를 시공하고, 발톱이 미끄러지지 않는 논슬립(Non-slip) 마감재를 적용한다. AI는 이 두 가지 설계만으로 입주 후 이웃 간 소음 민원을 85% 감소시킬 수 있다고 예측한다.
- 단지 내 원스톱 서비스: 단지 내에 24시간 동물병원, 펫 유치원 및 호텔, 행동교정 클리닉을 필수 시설로 유치한다. AI는 입주민의 70%가 월평균 30만원 이상의 관련 비용을 단지 내에서 소비할 것이며, 이는 상가 임대수익을 극대화한다고 분석한다.
- 커뮤니티 시설: 날씨와 상관없이 뛰어 놀 수 있는 '실내 독 파크(Dog Park)', 보호자들을 위한 '펫 카페', 반려동물 전용 엘리베이터를 설치한다.

4) **기대 가치 및 시사점:** AI의 종합 분석 결과, '펫토피아 서울'은 일반 아파트 대비 분양가를 15% 높게 책정하더라도, 반려동물 양육 가구의 강력한 수요로 인해 초기 분양률 98%를 달성할 수 있을 것으로 전망된다. 이는 단순 주거 상품이 아닌, 강력한 커뮤니티와 서비스가 결합된 대체 불가능한 라이프스타일 플랫폼으로 서의 가치를 증명하는 것이다.

3. “AI 기반 도시부동산 개발구상 단계에서는 도시부동산 프로젝트의 후보지 탐색 및 기회 영역 지도(Opportunity Mapping)를 생성한다.”와 가상사례

3.1. 기회영역 지도란, 교통 흐름, 상권 변화, 인구 이동, 소셜 데이터상의 관심도, 잠재적 리스크 등 수백 가지 이질적인 데이터를 공간정보(GIS) 위에 다층적으로 시각화한 결과물이다

How Important It Is To Master Opportunity Mapping
[https://www.kobedigital.com]

성공적인 부동산 개발의 첫걸음은 ‘어디에 지을 것인가?’라는 질문에서 시작된다. 과거 이 결정이 개발자의 경험적 직관, 제한된 입지 정보, 그리고 발품에 의존했다면, AI 시대의 후보지 탐색은 도시 전체를 하나의 거대한 데이터베이스로 인식하고 그 안에서 최적의 기회 영역을 발굴하는 과학적 탐사(Scientific Exploration) 과정으로 변모한다. 이는 마치 인공위성이 지구 표면의 수만 가지 데이터를 중첩 분석하여 눈에 보이지 않는 지하자원의 매장 위치를 정확히 찾아내는 것과 같다.

이 과정의 핵심은 기회 영역 지도(Opportunity Mapping) 생성이다. 기회 영역 지도란, 단순히 용도지역이나 지가와 같은 전통적인 부동산 데이터를 넘어, 교통 흐름, 상권 변화, 인구 이동, 소셜 데이터상의 관심도,

잠재적 리스크 등 수백 가지 이질적인 데이터를 공간정보(GIS) 위에 다층적으로 시각화한 결과물이다. 이는 도시를 평면적인 지도가 아닌, 가치와 잠재력이 살아 숨 쉬는 입체적인 공간으로 해석하게 해준다.

기회 매핑 컨설팅 [https://www.sisinternational.com]

AI는 이 복잡다단한 과정에서 인간의 인지적 한계를 뛰어넘는 패턴 인식 능력을 발휘한다. AI 알고리즘은 각 데이터 레이어(Layer) 간의 복잡한 상관관계를 분석하여, 현재는 저평가되어 있지만 미래 성장 잠재력이 높은 '숨겨진 보석' 같은 지역을 식별한다.

또한, 특정 개발 컨셉(예: 청년 주거, 시니어 헬스케어)을 입력하면, 그 컨셉이 실현될 최적의 조건을 갖춘 후보지들을 점수 화하여 추천한다. AI는 더 이상 주어진 입지를 분석하는 수동적 도구가 아니라, 도시 전체에서 새로운 가치를 창출할 기회를 능동적으로 찾아내는 전략적 파트너가 되는 것이다. 다음의 가상 예제는 AI가 어떻게 기회의 지도를 그려내고 미래의 부지를 발굴하는지를 보여준다.

■ 도시부동산 프로젝트에서 기회 영역 지도(Opportunity Mapping)를 생성하는 방법 별 목표, 분석방법 및 기술, 역할, 장단점, AI분석도구, 도시부동산 활용예시

구분	시장 수요-공급 격차 분석	잠재가치 및 저평가 지역 분석	인프라 및 정책 기반 기회 분석
목표	특정 용도(주거, 상업 등)의 부동산에 대한 수요는 높으나 공급이 부족한 지역을 공간적으로 식별하여, 초과 수요가 존재하는 시장의 틈새를 발굴하는 것을 목표로 한다.	현재 부동산 가격은 낮지만, 입지적 잠재력, 접근성 등 내재적 가치에 비해 저평가된 지역을 발굴하여, 향후 가치 상승이 기대되는 선점 투자 기회를 포착하는 것을 목표로 한다.	신규 지하철 노선, 용도 지역 변경 등 대규모 인프라 및 도시계획 변화가 미칠 긍정적 영향을 사전에 분석하여, 정책 수혜 지역 내 개발 기회를 선점하는 것을 목표로 한다.
분석 방법 및 기술	- GIS 기반 수요-공급 중첩 분석 - 인구통계학적 수요 예측 모델링 - 소셜/검색 데이터 기반 잠재 수요 추정 - 경쟁 분석(Competitive Analysis)	- 헤도닉 가격 모형 (Hedonic Price Model) - 입지 유사성 및 접근성 분석 - 소셜/이미지 데이터 기반 지역 활력도 평가 - 머신 러닝 기반 가치 상승 예측	- 텍스트 마이닝(정부 정책 문서 분석) - GIS 기반 정책 영향권 분석(Buffer) - 교통망 변화 시뮬레이션 - 사례 기반 추론(Case-Based Reasoning)
역할 (AI와 인간)	AI: 수요와 공급 데이터를 GIS 상에서 결합하여, 공급 부족 지역을 히트맵(Heat Map) 형태로 자동 생성한다. 인간: AI가 생성한 격차 지도를 해석하여 공급 부족의 원인을 파악하고, 구체적인 시장 진입 전략을 수립한다.	AI: 수십 가지 변수를 종합 학습하여, 유사 입지 조건 대비 가격이 비정상적으로 낮은 지역(Anomaly)을 자동으로 탐지한다. 인간: AI가 탐지한 지역을 현장 실사하여 저평가 원인을 확인하고, 해소 가능성을 판단하여 최종 투자 결정을 내린다.	AI: 정부 고시, 뉴스 등 텍스트 데이터를 분석하여 'GTX 개통' 등 핵심 정책 키워드 관련 지역을 자동으로 스크리닝한다. 인간: AI가 스크리닝한 지역의 정책 실현 가능성과 파급효과를 심층 분석하고, 실제 사업으로 연결한다.
장단점	- 시장의 빈틈을 명확하고 직관적으로 파악하여 사업의 초기 성공 확률을 높인다. - 데이터 기반으로 투자 우선순위를 결정하는 데 효과적이다.	- 경쟁이 덜한 시장에서 높은 자본 차익을 기대할 수 있는 기회를 발굴할 수 있다. - 데이터 기반으로 숨겨진 투자처를 과학적으로 찾아낼 수 있다.	- 정부 계획에 기반하므로 가치 상승의 근거가 비교적 명확하고 예측 가능성이 높다. - 장기적이고 안정적인 가치 상승을 기대할 수 있다.

단점	- 수요·공급 데이터의 정확성과 최신성에 결과가 크게 의존한다. - 현재의 격차가 미래에도 지속된다는 보장이 없다.	- 저평가된 데에는 합리적 이유가 있을 수 있어 가치 상승이 실현되지 않을 리스크가 존재한다. - 지역의 정성적, 문화적 맥락을 완벽히 반영하기 어렵다.	- 정부 계획이 지연, 변경, 취소될 정책적 리스크가 존재한다. - 정보가 공개되어 경쟁이 치열하고 지가가 선 반영될 수 있다.
AI 분석 도구	- GIS 소프트웨어(ArcGIS, QGIS) - Python 지리공간 분석 라이브러리 - PropTech 데이터 플랫폼	- Python/R 머신러닝 라이브러리 - 위성/항공 이미지 분석 플랫폼 - PropTech 가치평가 모델	- 텍스트 마이닝 툴(NLP 라이브러리) - 웹 크롤링/스크레이핑 툴 - GIS 분석 및 시뮬레이션 소프트웨어
도시부동산 활용 예시	1인 가구 수(수요)와 소형 오피스텔 재고량(공급) 데이터를 분석, 특정 대학가에 공급 부족이 심각함을 보여주는 '격차 지도'를 생성하고 해당 지역에 오피스텔 개발을 추진한다.	AI가 유사한 교통, 학군을 가진 지역들보다 평균 주택 가격이 20% 낮은 '저평가 지역'을 식별한다. 노후 공장 지대가 원인임을 파악하고, 재개발 계획을 확인 후 선제적으로 부지를 매입한다.	AI가 신규 철도망 구축 계획 발표 문서를 분석하여 신설 역사의 영향권을 지도 위에 표시한다. 개발회사는 이 '정책 기반 기회 지도'를 바탕으로 역세권 내 노후 부지를 매입하여 복합 개발을 추진한다.

3.2. AI의 다층적 데이터 분석 및 기회영역 지도 생성 가상사례

■ 가상 예제 1: '프로젝트: 뉴런(Project: NEURON)'- 스타트업 생태계를 위한 마이크로 클러스터 부지 탐색

다음의 가상 예제는 AI가 어떻게 기회의 지도를 그려내고 미래의 부지를 발굴하는지를 보여준다.

1) **문제 인식 및 데이터 기반 목표 설정:** 2026년, 한 벤처캐피탈(VC)은 자사가 투자한 초기 단계 기술 스타트 업들을 위한 새로운 보금자리를 찾고자 한다. 목표는 단순한 오피스 공간이 아니라, 기업 간의 시너지와 인재 유입을 극대화할 수 있는 '마이크로 기술 클러스터

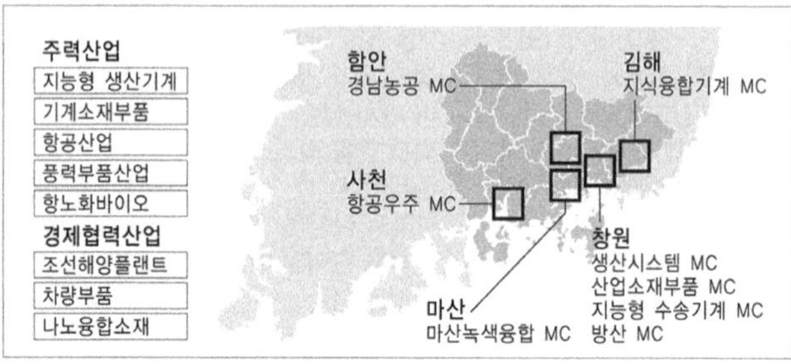

미니클러스터로 제조업 재도약 [https://www.idomin.com]

(Micro-Tech Cluster)'를 조성하는 것이다. AI 입지 분석 플랫폼 'GEO-PULSE'에 "향후 5년 내 서울에서 제2의 성수동, 제3의 판교가 될 잠재력을 가진 지역을 찾아라"는 미션을 부여한다.

2) **AI의 다층적 데이터 분석 및 기회 영역 지도 생성:** GEO-PULSE는 서울 전역을 500m x 500m 격자로 나누고, 각 격자 셀에 대해 다음 데이터를 중첩 분석하여 '스타트업 성장 잠재력 지수'를 산출한다.

(1) **인재 접근성 데이터:** 20-30대 기술 인력(개발자, 디자이너)의 거주지 분포, 지하철 및 버스 노선 기반의 출퇴근 시간 시뮬레이션 데이터.

(2) **지식 교류 데이터:** 주요 대학 및 연구소와의 거리, 기술 관련 세미나 및 컨퍼런스 개최 장소 데이터, 관련 업계 종사자들의 소셜미디어 체크인 데이터.

(3) **성장 동력 데이터:** 최근 3년간의 법인 등기 데이터 분석을 통한 IT 및 소프트웨어 분야 신생 기업 수 증가율, 공유 오피스 입점률 변화.

(4) **젠트리피케이션 예측 데이터:** 저렴한 임대료를 가진 노후 공업지역이면서, 동시에 '#힙스터', '#감성카페', '#독립서점' 등 창의적

인재들이 선호하는 문화 관련 키워드가 소셜미디어에서 급증하는 지역을 분석.

(5) **기회 영역 지도 시각화:** 분석 결과, GEO-PULSE는 '성수동'과 '강남'의 장점을 모두 가지면서 아직 개발 압력이 낮은 '영등포구 문래동'과 '구로구 가리봉동' 일대를 잠재력 최상위 지역(Hot Zone)으로 시각화 하여 제시한다. 특히 문래동은 예술가와 기술자가 공존하는 독특한 분위기가, 가리봉동은 G밸리와의 연계 가능성이 높은 점수로 평가된다.

3) **AI의 결론 및 후보지 최종 제안:** GEO-PULSE는 최종적으로 문래동의 폐공장을 후보지로 추천하며 다음과 같은 근거를 제시한다.

(1) **프로젝트명:** 프로젝트: 뉴런(Project: NEURON)

(2) **핵심 컨셉:** 기술과 예술이 융합된 스타트업 인큐베이팅 허브

(3)**가상 수치 기반 제안:**

- 잠재력 분석: AI 분석 결과, 해당 부지는 2호선 라인에 위치하여 강남 접근성이 우수하며, 반경 2km 내에 잠재적 기술 인력 5만 명이 거주하고 있다. 또한, 3년 내 임대료 상승률이 연평균 15%에 달할 것으로 예측되어 자산 가치 상승이 기대된다.
- 리스크 분석: 젠트리피케이션 심화 시 기존 공장 및 예술가 들과의 갈등 가능성이 65%로 예측되므로, 개발 이익의 일부를 지역 상생 펀드로 출연하는 조건을 제안한다.

4) **최종 결론:** GEO-PULSE는 문래동 부지가 단순한 물리적 입지를 넘어, 혁신적 아이디어가 샘솟는 '장소성(Placeness)'을 구축하기에 최적의 조건을 갖추었다고 결론 내린다.

■ 가상 예제 2: '프로젝트: 리프레시(Project: REFRESH)'- 워케이션 수요를 위한 수도권 외곽 웰니스 리조트 후보지 발굴

국내 첫 웰니스 리조트 선마을 [https://www.hotelrestaurant.co.kr]

1) **문제 인식 및 데이터 기반 목표 설정:** 한 호텔 개발사는 원격근무의 확산과 워라밸 중시 트렌드에 맞춰, 새로운 개념의 휴양 시설을 기획한다. 목표는 단순 숙박시설이 아닌, 업무(Work)와 휴가(Vacation)를 결합한 '워케이션(Workation)' 및 단기 체류형 웰니스(Wellness) 리조트를 짓는 것이다. AI 부지 탐색 솔루션 'TERRA-SCAN'에 "서울에서 1시간 30분 내 접근 가능하며, 자연환경과 디지털 인프라가 조화된 최적의 워케이션 후보지를 찾아라"고 명령한다.

2) **AI의 다층적 데이터 분석 및 기회 영역 지도 생성:** TERRA-SCAN은 수도권 외곽 지역을 대상으로 다음과 같은 복합적인 조건의 필터링과 점수화를 진행한다.

   (1) **접근성 및 인프라:** 서울 주요 업무지구(GBD, YBD, CBD)에서의 자동차 주행 시간 1시간 30분 이내, KTX/SRT 역에서 20분 이내 거리, 5G 통신망 커버리지 99% 이상인 지역.

   (2) **자연환경 가치:** 국립공원, 산림청 지정 '치유의 숲', 하천, 호수

등 수빈 공간과의 거리, 위성사진 분석을 통한 녹지 비율, 미세먼지 농도 연평균 데이터.

(3) **잠재 수요 분석**: 소셜 데이터에서 '#워케이션', '#한달살기', '#숲멍', '#불멍' 키워드 언급량과 함께, '조용함', '깨끗함', '영감' 등의 긍정 감성어가 높게 나타나는 지역을 분석.

(4) **규제 및 리스크 분석**: 개발 가능한 용도지역(관리지역, 관광휴양개발진흥지구 등), 환경영향평가 등급, 산사태 및 홍수 등 자연재해 위험도 데이터를 중첩하여 개발 제한 요소를 필터링.

(5) **기회 영역 지도 시각화**: TERRA-SCAN은 분석 결과를 바탕으로, '경기도 가평군'과 '강원도 원주시' 특정 지역을 최적 후보지로 압축한다. 가평은 북한강의 수려한 경관이, 원주는 오크밸리 등 기존 관광자원과 혁신도시의 인프라가 높은 점수를 받는다.

3) **AI의 결론 및 후보지 최종 제안**: TERRA-SCAN은 최종적으로 원주시 지정면의 한 구릉지 임야를 최적지로 선정하며 다음과 같이 보고한다.

(1) **프로젝트명**: 프로젝트: 리프레시(Project: REFRESH)

(2) **핵심 컨셉**: 데이터 기반 개인 맞춤형 웰니스 워케이션 리조트

(3)**가상 수치 기반 제안**:

- 입지 우위: AI 분석 결과, 해당 부지는 광주원주고속도로 IC에서 10분 거리에 위치하여 서울 강남에서 70분 내 도착 가능하다. 반경 5km 내 녹지 비율이 85%에 달하며, 연평균 초미세먼지 농도는 서울 대비 40% 낮은 수준이다.
- 수익성 예측: AI는 주변 골프 리조트 및 호텔 객단가와 워케이션 관련 소셜 버즈량을 분석하여, 주중에는 기업들의 워크숍 및 장기 체류 프로그램으로 "객실 점유율 60%"를, 주말에는

개인 웰니스 고객으로 '90%'를 달성할 수 있다고 예측한다.

4) 개발 전략 및 시사점: 초기 투자비 절감을 위해 전체 부지의 40%만 우선 개발하고, 나머지 부지는 향후 시장 수요(명상 센터, 유기농 팜 등) 변화에 따라 유연하게 확장하는 '단계적 개발(Phased Development)'전략을 추천한다.

4. "AI 기반 도시부동산 개발구상 단계에서는 생성형 AI 모델을 활용하여 최적의 도시부동산 개발 프로그램 조합을 탐색한다."와 가상사례

4.1. 생성형 AI 모델을 활용하여 최적의 도시부동산 개발 프로그램 조합을 만든다.

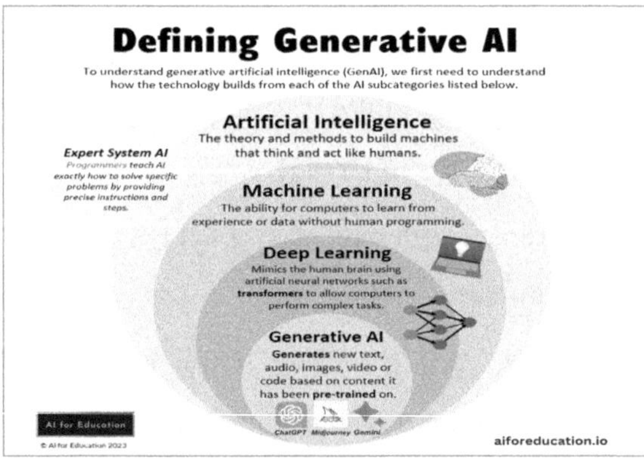

Generative AI Explainer [https://www.aiforeducation.io]

과거의 도시개발이 위대한 건축가나 개발자의 번뜩이는 직관과 한정된 대안 검토에 의존했다면, 오늘날 AI는 그 패러다임을 송두리째 바꾸고 있다. 특히, 프로젝트의 성패를 좌우하는 가장 첫 단계인 개발구상 단계에서 생성형 AI(Generative AI)는 마치 수만 명의 천재적인 도시계획가와 부동산 투자분석가를 동시에 고용한 것과 같은 경이로운 능력을 보여준다.

인간이 기껏해야 서너 개의 개발 시나리오를 구상하고 비교하는 동안, 생성형 AI는 주어진 부지의 법적 제약, 예산, 그리고 우리가 꿈꾸는 수많은 목표(수익성, 공공성, 친환경성, 디자인 등)를 입력 받아 가능한 모든 '개발 프로그램 조합'을 탐색하기 시작한다. 여기서 '개발 프로그램'이란, 부지 위에 담길 건축물의 용도, 즉 주거, 업무, 상업, 문화, 녹지 등의 구체적인 종류와 비율을 의미하는 것이다.

생성형 AI는 단순히 용도들을 무작위로 섞는 것이 아니다. 마치 교향곡의 지휘자가 각 악기(개발 프로그램)의 특성을 완벽히 이해하고 최상의 화음(최적의 조합)을 찾아내듯, AI는 수백, 수천 개의 변수들이 만들어내는 복잡한 상호작용을 계산한다. 예를 들어, '청년층을 위한 주거시설'과 '스타트업 오피스', 그리고 'F&B 상업시설'이 어떻게 시너지를 내는지, 또는 '대규모 공원'이 주변 부동산 가치와 탄소 저감에 얼마나 기여하는지를 정량적으로 시뮬레이션 하는 것이다.

이러한 과정을 통해 AI는 단 하나의 정답이 아닌, 서로 다른 가치를 극대화하는 '최적의 대안들(Pareto Optimal Set)'을 우리 앞에 펼쳐놓는다. 개발자는 더 이상 막연한 감이나 한정된 경험에 의존할 필요가 없다. 데이터가 증명하는 수많은 가능성 속에서, 마치 미래 도시의 GPS 지도를 보듯 가장 현명한 경로를 선택하는 '전략적 의사결정자'로 거듭나는 것이다. 이제, 두 가지 가상 사례를 통해 생성형 AI가 어떻게 환상적인 도시의 미래를 그려내는지 탐험해 보도록 하자.

■ 생성형 AI 모델을 활용하여 최적의 도시부동산 개발 프로그램 조합을 만드는 방법 별 목표, 분석방법 및 기술, 역할, 장단점, AI분석도구, 도시부동산 활용예시

구분	목표 및 제약조건 정의	대안 생성 및 탐색	다중 목표 최적화 및 결과 분석
목표	프로젝트가 달성하고자 하는 정량적·정성적 목표와 법적·물리적·재무적 제약조건을 명확하게 정의하여, AI가 탐색해야 할 문제의 범위와 평가 기준을 설정하는 것을 목표로 한다.	정의된 목표와 제약조건을 만족하는 수많은 개발 프로그램(주거, 상업 등)의 조합과 공간 배치 대안을 자동으로 생성하고, 인간의 인지적 한계를 넘어서는 광범위한 가능성을 탐색하는 것을 목표로 한다.	생성된 수많은 대안 중, 상충 관계에 있는 다수의 목표를 동시에 가장 효율적으로 만족시키는 최적의 대안 집합(Pareto Optimal Set)을 도출하고, 이를 시각적으로 제시하여 최종 의사결정을 지원하는 것을 목표로 한다.
분석 방법 및 기술	- 파라메트릭 모델링(Parametric Modeling) - 핵심 성과 지표(KPI) 설정 - 법규 및 도시계획 DB 연동 - 사용자 인터페이스(UI/UX) 기술	- 생성적 설계(Generative Design) 알고리즘 - 유전 알고리즘(Genetic Algorithms) - 강화학습(Reinforcement Learning) - 클라우드 기반 병렬 연산	- 다중 목표 최적화 알고리즘 - 파레토 전선(Pareto Front) 시각화 - 인터랙티브 데이터 시각화 - 의사결정 지원 시스템(DSS)
역할 (AI와 인간)	인간(주도): 프로젝트의 비전을 바탕으로 '수익률 최대화' 등 핵심 목표와 가중치를 설정하고, 용적률, 예산 등 제약조건을 시스템에 명확히 입력한다. AI(보조): 입력된 정보를 바탕으로 관련 법규를 자동 조회하여 기본 제약조건을 설정해주거나, 참고 데이터를 제공한다.	AI(주도): 설정된 규칙 내에서 건축물의 용도, 비율, 형태 등을 조합하여 수천, 수만 개의 유효한 설계 대안을 자동으로 생성하고 각 대안의 목표 달성도를 계산한다. 인간(보조): AI의 탐색 과정을 모니터링하고, 필요시 제약조건을 수정하여 탐색의 효율성을 높인다.	AI(주도): 수많은 대안들을 평가하여 최적의 대안 집합을 선별하고, 목표 간 상충 관계를 그래프로 명확히 시각화한다. 인간(주도): AI가 제시한 최적 대안 집합을 보며 가장 합리적인 균형점을 찾고, 조직의 비전에 따라 최종 실행안을 선택한다.
장점	- 프로젝트의 목표를 명확하고 구조적으로 정의하여, 막연한 구상을 구체적인 분석 문제로 전환할 수 있다. - AI의 탐색 방향을 명확히 제시하여 효율성을 높인다.	- 인간의 편견이나 관습에서 벗어난, 완전히 새롭고 혁신적인 설계안을 발견할 가능성을 열어준다. - 짧은 시간 안에 방대한 양의 대안을 검토할 수 있다.	- '수익이냐 공공성이냐' 같은 이분법적 사고에서 벗어나, 데이터에 기반하여 목표 간 상충 관계를 정량적으로 파악하고 가장 합리적인 균형점을 찾을 수 있다.

단점	- 목표나 제약조건을 잘못 설정할 경우 AI가 완전히 비현실적이거나 의미 없는 결과를 도출할 수 있다. - 복잡한 정성적 목표를 정량 화하기 어렵다.	- 유의미한 결과를 얻기 위해 많은 연산 자원이 필요할 수 있다. - 생성된 대안의 수가 너무 많아 인간이 검토하고 의미를 찾기 어려울 수 있다(정보 과부하).	- 최종 선택은 여전히 인간의 주관적 가치판단에 의존한다. - 복잡한 시각화 데이터를 올바르게 해석하고 활용하기 위한 역량이 필요하다.
AI 분석 도구	- 파라메트릭 디자인 툴(Rhino/Grasshopper) - 웹 기반 사용자 입력 인터페이스(UI) - 공공데이터 API 연동 모듈	- 생성적 설계 소프트웨어(TestFit, Hypar) - 클라우드 컴퓨팅 플랫폼(AWS, Azure) - AI 최적화 엔진	- 데이터 시각화 라이브러리(Plotly, D3.js) - BI 대시보드(Tableau) - 최적화 알고리즘 내장 생성적 설계 툴
도시부동산 활용 예시	개발자가 특정 부지에 '분양 수익 2,000억 원 이상', '공원 면적 15% 이상 확보', '최대 용적률 400% 준수' 등의 목표와 제약조건을 AI 플랫폼에 입력하여 최적화 문제의 기본 틀을 설정한다.	AI는 입력된 조건에 따라, 주거, 상업, 업무 시설의 비율과 배치를 달리하는 수만 개의 단지 계획안을 자동으로 생성하고, 각 안의 예상 분양 수익과 공원 면적을 계산하여 데이터베이스에 저장한다.	AI는 최적의 안들을 X축은 '분양 수익', Y축은 '공원 면적'으로 하는 그래프 위에 표시한다. 개발자는 이 그래프를 보며 목표 간 상충 관계를 직관적으로 이해하고 최종 개발안을 선택한다.

4.2. 생성형 AI 모델을 활용하여 최적의 도시부동산 개발 프로그램 조합을 만드는 방법

■ 가상사례 1: 도심 속 숨겨진 땅, 잠재력을 깨우다(소규모 복합개발)

1) **현안 과제:** 서울의 오래된 도심, 비 정형적인 모양의 작은 나대지가 있다. 인간 개발자는 통상적인 오피스텔이나 상가 건물을 떠올렸지만, 생성형 AI에게 다음과 같은 '질문'을 던졌다.

(1) **주요 목표:** ① 최대 분양 수익 확보, ② 지역 사회를 위한 공공기여 면적(녹지, 쉼터) 10% 이상 확보, ③ 2030세대 청년층을 유입시킬 수 있는 매력도 극대화

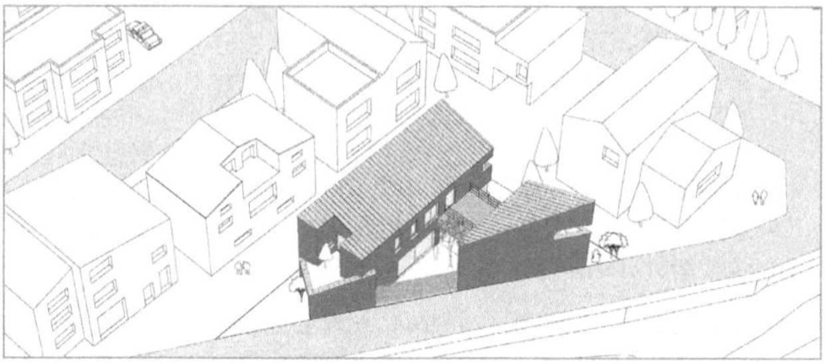

삼각형 땅 위 마당 품은 건물 [https://uujj.co.kr]

(2) 주요 제약: ① 총 사업비 1,000억 원 이내, ② 법정 용적률 800% 이하

2) 결과: AI는 주거, 업무, 상업, 문화 시설의 수백 가지 조합을 수 초 만에 탐색한 후, 가장 최적화된 3개의 대안을 아래와 같이 제시했다.

■ **도심 나대지 개발 프로그램 AI 추천 안 비교**

AI 추천 개발안	개발안 A (수익극대화형)
개발 프로그램 조합	고급 오피스텔(80%) 프리미엄 상가(20%)
예상 분양수익	1,500억 원
공공기여 면적	10.1%
청년층 유입 매력도	65점
AI 종합 평가	수익성은 탁월하나, 지역사회 기여 및 청년층 유입 효과는 제한적일 것이다.

AI 추천 개발안	개발안 B (공공성 강화형)
개발 프로그램 조합	청년임대주택(50%) 공유 오피스(20%) 소셜벤처 상가(15%) 루프탑 공원(15%)
예상 분양수익	1,150억 원

공공기여 면적	15.0%
청년층 유입 매력도	95점
AI 종합 평가	공공성과 청년층 유입 효과는 매우 높지만, 수익성이 가장 낮아 투자 리스크가 존재한다.

AI 추천 개발안	개발안 C (균형 최적화형)
개발 프로그램 조합	소형 오피스텔(60%) 공유 오피스(15%) F&B 특화상가(15%) 개방형 중정(10%)
예상 분양수익	1,420억 원
공공기여 면적	10.5%
청년층 유입 매력도	92점
AI 종합 평가	수익성을 크게 희생하지 않으면서도, 청년층에게 매력적인 공간 구성을 통해 지역 활성화에 기여하는 최적의 균형점이다.

3) **결론:** 인간 개발자는 '개발안 C'를 통해, 단순히 수익성만 좇는 대신 F&B 특화상가와 개방형 중정을 통해 청년들을 끌어 모으는 '힙플레이스'를 조성함으로써 건물의 장기적인 자산가치를 극대화하는 전략적 선택을 할 수 있게 된다. 이는 인간의 직관만으로는 찾기 어려운, 데이터 기반의 창의적 해법인 것이다.

■ 가상사례 2: 낡은 공업단지의 변신, 미래 도시를 그리다(대규모 도시재생)

1) **현안 과제:** 도시 외곽의 폐쇄된 대규모 공장 부지. 막대한 부지 규모와 토양 오염 정화 비용 때문에 개발 방향을 정하기 어려운 상황이다. 생성형 AI에게 더욱 복잡하고 거시적인 질문을 제시했다.

(1) **주요 목표:** ① 장기 자산가치 극대화(30년 운영 기준), ② 탄소 배출량 최소화(ESG 경영), ③ 양질의 일자리 창출 효과 극대화

(2) 주요 제약: ① 총 사업비 5조 원 이내, ② 토양 정화 비용 5,000억 원 반영, ③ 기존 공장 건축물 일부 보존(산업유산)

2) 시뮬레이션 결과: AI는 스마트물류, R&D, 친환경 주거, 상업, 대규모 공원 등 도시 스케일의 프로그램들을 조합하고, 각 조합이 만들어낼 미래의 현금 흐름과 사회적 가치를 시뮬레이션 하여 다음과 같은 대안들을 도출했다.

■ **대규모 공업단지 재생 프로그램 AI 추천 안 비교**

AI 추천 개발안	개발 안 A(경제성 집중형)
개발 프로그램 조합	스마트물류센터(40%) 데이터센터(20%) 지식산업센터(40%)
30년 후 예상 자산가치	12조 원
연간 예상 탄소배출량	5만 톤
예상 일자리 창출	3만 개
AI 종합 평가	단기적인 일자리 창출과 자산가치 상승은 가장 높으나, 에너지 소비가 많아 탄소 배출량이 많고 도시의 쾌적성은 낮다.

AI 추천 개발안	개발 안 B(친환경 기술형)
개발 프로그램 조합	R&D 캠퍼스(30%) 에너지자립주택(40%) 대규모 중앙공원(30%)
30년 후 예상 자산가치	9조 원
연간 예상 탄소배출량	0.5만 톤
예상 일자리 창출	1.2만 개
AI 종합 평가	탄소 배출을 획기적으로 줄이는 미래지향적 모델이나, 초기 투자비가 높고 직접적인 일자리 창출 효과는 상대적으로 낮다.

AI 추천 개발안	개발 안 C(스마트 융복합형)
개발 프로그램 조합	스마트물류(20%) R&D 캠퍼스(20%) 복합주거단지(30%체험형 상업시설(15%) 에너지 파크(15%)
30년 후 예상 자산가치	13조 원
연간 예상 탄소배출량	1.5만 톤
예상 일자리 창출	2.5만 개
AI 종합 평가	각 프로그램의 시너지를 통해 자산가치를 극대화하고, 기술과 자연, 일과 삶이 조화를 이루는 지속가능한 도시 모델을 제시하는 최적안이다.

3) 결론 및 시사점: '개발 안 C'는 AI가 아니었다면 상상하기 어려운 복잡하고 유기적인 도시 생태계를 제시한다. 개발자는 이 안을 통해 단순한 부동산 개발을 넘어, 도시의 미래를 바꾸는 혁신적인 스마트시티 프로젝트의 청사진을 얻게 된다. 생성형 AI는 이처럼 도시 개발의 가능성을 무한히 확장하는 환상적인 파트너가 되는 것이다.

주제 4

AI 도시부동산 개발의 2번째 단계: "개발타당성 분석"에서 어떤 분석과정을 거치나?

1. "AI 기반 개발타당성 분석 단계에서는 도시부동산 분야의 이종 빅데이터 통합 및 미래 시장 수요 예측 모델을 구축한다"와 가상사례

1.1. 도시부동산 분야의 이종 빅데이터 통합 및 미래 시장 수요 예측 모델

과거의 개발타당성분석이 안개 낀 유리창 너머로 미래를 어렴풋이 짐작하는 과정이었다면, AI 기반의 타당성분석은 우주에서 행성의 대기를 분석하듯, 도시의 미래를 구성하는 모든 데이터 입자를 포착하여 초고해상도의 '미래 예측 지도'를 그리는 작업이다. 전통적인 분석이 부동산 등기부등본, 인구통계, 과거 실거래가 등 박제된 '정형 데이터'에 의존했다면, AI는 여기에 도시의 살아있는 숨결, 즉 '이종 빅데이터'를 융합 시킨다.

AI의 분석 테이블 위에는 다음과 같은 이질적인 데이터들이 동시에 오른다.

1) 소셜 미디어 데이터: 사람들이 특정 동네에 대해 어떤 해시태그(#)를 달고, 어떤 감정을 이야기하는가?

2) 신용카드 매출 데이터: 어느 골목에서, 어떤 시간대에, 어떤 연령대

의 사람들이 지갑을 여는가?

3) **모빌리티 데이터:** 배달 오토바이는 어느 동네로 가장 많이 향하며, 사람들은 네비게이션에 어떤 목적지를 입력하는가?

4) **검색 쿼리 데이터:** 특정 지역과 연관되어 검색 량이 급증하는 키워드는 무엇인가?('루프탑 카페', '애견 동반 식당' 등)

■ **AI 분석 시 활용되는 이종 데이터의 유형별 목표, 방법, 역할, 장단점, 분석 도구 및 도시부동산 활용 예시**

구분	소셜 미디어 데이터	신용카드 매출 데이터	모빌리티 데이터	검색 쿼리 데이터
목표	특정 지역이나 장소에 대한 대중의 인식, 감성, 관심사를 정성적으로 파악한다.	상권의 실질적인 경제적 활력도와 소비 패턴을 정량적으로 측정하고 분석한다.	사람들의 이동 패턴, 유동인구의 동선, 공간적 상호작용을 분석하여 도시의 동적 구조를 이해한다.	특정 지역과 관련된 대중의 잠재적 수요와 미래 관심사를 선제적으로 파악한다.
분석 방법 및 기술	- 자연어 처리(NLP) - 감성 분석(Sentiment Analysis) - 토픽 모델링(Topic Modeling)	- 시계열 분석(Time Series Analysis) - 통계적 군집 분석(Clustering) - 이상치 탐지(Anomaly Detection)	- 공간 정보 분석(Geospatial Analysis, GIS) - 기종점(OD) 분석 - 핫스팟 분석(Hotspot Analysis)	- 트렌드 분석(Trend Analysis) - 연관 규칙 분석(Association Rule Mining) - 급상승 키워드 분석
역할	지역의 '매력도'나 '브랜드 이미지' 등 정성적 가치를 측정하는 보조 지표 역할을 수행한다.	상권 가치 평가의 핵심적인 정량 지표로, 경제적 성과를 직접적으로 증명한다.	도시 공간의 물리적 연결성과 동적 활력도를 설명하는 지표로 활용된다.	시장 변화를 가장 먼저 감지하는 선행 지표(Leading Indicator)로서 미래 수요를 예측하는 역할을 한다.
장점	- 실시간 트렌드 및 여론 신속 파악 - 사용자의 생생하고 자발적인 의견 수집	- 실제 거래 기반으로 신뢰도 높음 - 업종, 시간, 연령대 등 세부 분석 가능	- 실제 이동 경로 기반의 객관적 데이터 - 광역적 도시 구조 분석에 용이	- 실제 행동 이전에 나타나는 관심사 포착 - 잠재 수요를 가장 빠르게 파악 가능

단점	- 데이터의 편향성 및 노이즈 존재 - 긍정/부정의 이유 등 깊이 있는 분석의 한계	- 개인정보보호 제약으로 데이터 제약 - 현금 거래 미반영, 소비의 동기 파악 불가	- 이동의 구체적인 목적 파악 어려움- 데이터 소스(통신사, 내비게이션 등)에 따른 편향성	- 검색이 실제 행동으로 이어진다는 보장 없음 - 미디어나 광고 등 외부 요인에 의한 왜곡 가능성
분석 도구	- Python 라이브러리(KoNLPy, Scikit-learn, TensorFlow) - 소셜 리스닝 플랫폼(Brandwatch, Sprinklr)	- 통계 분석 소프트웨어(R, SPSS) - 데이터 처리 라이브러리(Pandas, NumPy) - 시각화 도구(Tableau, Power BI)	- GIS 소프트웨어(QGIS, ArcGIS) - 공간 데이터 분석 라이브러리(GeoPandas, Shapely)	- 검색 트렌드 분석 플랫폼(Google Trends) - 데이터 분석 언어(Python, R)
도시부동산 활용 예시	'#망리단길' 해시태그와 긍정 감성 분석을 통해 신흥 상권의 성장 가능성을 예측하고, 투자 및 개발의 정성적 근거로 활용한다.	강남역 특정 골목의 시간대별/연령대별 매출 데이터를 분석하여 상업용 부동산의 임대료 수준을 예측하거나 최적의 입지를 선정한다.	배달 데이터와 내비게이션 경로를 분석하여 물류센터의 최적 입지를 선정하거나, 특정 지역의 실질적인 생활권 범위를 정의한다.	'판교, 애견 동반 식당' 검색량 증가를 파악하여 해당 지역에 펫 프렌들리 오피스텔이나 상업 시설(MD)을 기획하는 근거로 삼는다.

AI 예측 모델은 이종 빅데이터의 홍수 속에서 인간의 눈으로는 결코 발견할 수 없는 의미 있는 패턴과 상관관계를 찾아낸다. 예를 들어, '특정 지역의 배달앱 주문량 증가'와 '온라인 커뮤니티의 1인 가구 라이프스타일 언급량 증가'가 2년 뒤 소형 오피스텔 수요 급증으로 이어진다는 숨겨진 공식을 도출하는 것이다. 이는 더 이상 '감'이나 '경험'이 아닌, 데이터가 증명하는 과학적 예측의 영역이다. 이제, AI가 어떻게 보이지 않는 미래의 수요를 발굴하여 사업의 운명을 바꾸는지, 두 가지 짜릿한 가상 사례를 통해 살펴보자.

1.2. 도시부동산 분야의 이종 빅데이터 통합 및 미래 시장 수요 예측 모델과 가상사례

■ 가상사례 1: 잠자는 골목길의 재발견, 데이터로 미래 상권을 그리다

골목길 안전하고 단정하게! 불광동 일대 '서울가꿈주택' 정비 현장
[https://mediahub.seoul.go.kr]

1) **현안 과제:** 서울의 한적한 구도심 골목. 전통적인 타당성 분석으로는 낮은 임대료와 정체된 유동인구 때문에 상업적 매력이 없다고 평가되었다. 그러나 AI는 이 골목의 잠재력을 완전히 다르게 해석했다.

2) **분석:** AI는 지난 3년간 이 지역과 관련된 수십억 개의 이종 빅데이터를 통합하여 미래 상권 활성화 가능성을 예측했다.

■ **AI의 이종 빅데이터 기반 상권 수요 예측 모델**(가상수치)

AI 예측 모델	시장 분석
정형 데이터 분석	- 과거 임대료: 보합세 - 주변 인구: 소폭 감소
이종 빅데이터 분석	- 소셜 데이터: '#레트로', '#숨은맛집' 버즈량 300% 증가 - 모빌리티 데이터: 주말 도보 방문객(20-30대) 150% 증가
AI의 종합 해석	전통적 지표는 정체 상태이나, 젊은 층 중심의 새로운 문화적 관심이 자생적으로 형성되고 있는 초기 단계이다.
3년 후 미래 예측 (신뢰도 88%)	- 유동인구: 250% 증가 - 특화업종 임대료: 30% 프리미엄 형성

AI 예측 모델	수요 예측
정형 데이터 분석	- 배후지 수요: 제한적
이종 빅데이터 분석	- 카드 데이터: 외지인의 F&B, 편집샵 결제 비중 40% 돌파 - 검색 데이터: '(지역명) +독립서점' 검색량 500% 증가
AI의 종합 해석	목적성을 가진 외부 방문객이 유입되는 '목적형 상권'으로의 전환 가능성이 매우 높다. 이는 잠재된 고부가가치 상업 수요를 의미한다.
3년 후 미래 예측 (신뢰도 88%)	- 핵심 수요층: 20-30대 문화 향유층 - 유망 업종: F&B, 라이프스타일 편집샵

3) **결론 및 시사점:** AI는 이 골목이 단순한 동네 상권이 아니라, 고유한 감성을 찾아오는 "'목적형 상권'"으로 진화할 것이라 예측했다. 개발사는 이 분석을 바탕으로 대형 프랜차이즈 대신, 독립서점, 디자이너 편집샵, 특색 있는 F&B 등 젊은 층의 취향에 맞는 MD(상품기획)로 구성된 상업시설을 기획함으로써, 3년 뒤 서울의 가장 '힙한' 골목길을 탄생시키는 성공 신화를 쓰게 되는 것이다.

- **가상사례 2: 신도시의 미래를 읽다, 보이지 않는 주거 수요를 찾아서**

1) **현안 과제:** 30-40대 가족 중심의 대규모 아파트 단지로 구성된 판교 신도시. 이미 공급이 포화상태라고 여겨져 추가적인 주택 개발은 무의미하다고 판단되었다. AI는 기존과 다른 차원의 질문에 대

광교신도시 상가 월세, 판교와 격차 더 커졌다는데
[https://www.ebn.co.kr]

한 답을 찾기 시작했다. "판교 주민들은 어떤 집에서 살고 싶어 하는가?"

2) 분석: AI는 판교 주민들의 실제 라이프스타일을 보여주는 이종 빅데이터를 통해, 표준화된 아파트 상품 이면에 숨겨진 새로운 주거 수요를 채굴했다.

■ **AI의 라이프스타일 데이터 기반 미래 주거 수요 예측 모델**(가상수치)

분석 및 예측	라이프스타일 분석
정형 데이터 분석	- 가구 구성: 3-4인 가구(65%) - 주택 유형A: 84㎡ 아파트(70%)
이종 빅데이터 분석	- E-커머스: 홈짐, 펫용품, 홈가드닝 용품 구매율 전국 평균 대비 180% - 커뮤니티 앱: 재능교환(베이킹, 악기), 반려동물 산책 모임 활동 활발
AI의 종합 해석	획일화된 주거 형태 속에서 반려동물, 취미, 건강 등 개인화되고 다각화된 라이프스타일을 영위하려는 욕구가 매우 강하게 나타난다.
차세대 주거 상품 기회 예측(신뢰도 92%)	- 주요 잠재 수요: ①펫 프렌들리, ②취미 공유, ③실내 웰니스

분석 및 예측	상품 수요예측
정형 데이터 분석	- 기존 수요: 방 3개, 학군
이종 빅데이터 분석	- 소셜 데이터: '#판교맘' 키워드 연관어 '층간소음', '알파룸', '테라스' 급증 - 검색 데이터: '방음 시공', '홈 라이브러리' 검색량 250% 증가
AI의 종합 해석	표준 평면을 넘어, 라이프스타일을 담을 수 있는 특화 공간 및 서비스에 대한 명확한 잠재 수요가 존재하며, 이는 추가적인 지불 의향으로 연결될 것이다.
차세대 주거 상품 기회 예측(신뢰도 92%)	- 유망 상품: ① 펫케어 서비스 연계 주택(가치 +15%) ② 방음/취미 특화 알파룸 제공 주택(가치 +10%)

3) 결론 및 시사점: AI는 판교가 더 이상 '아이 키우기 좋은 도시'에 머무르지 않고, '어른들의 다채로운 삶을 담는 도시'로 진화하고 있음

을 증명했다. 이 예측에 기반하여 건설사는 판교에 펫 전용 샤워 시설, 방음 처리된 악기 연습실, 입주민 재능교환 커뮤니티 시설을 갖춘 차세대 아파트를 공급한다. 이는 시장의 잠재된 수요를 정확히 저격하여, 공급 과잉 우려 속에서도 압도적인 청약 경쟁률을 기록하는 새로운 성공 사례가 되는 것이다.

2. "AI 기반 개발타당성 분석 단계에서는 도시부동산의 GIS 기반 입지 잠재력 분석 및 최적 부지를 평가한다."와 가상사례

2.1. 도시부동산의 GIS 기반 입지 잠재력 분석 및 최적 부지 평가 방법

도시부동산 개발에서 입지(Location)는 곧 운명이다. 과거의 전문가들이 종이 지도와 발 품, 그리고 수십 년간 축적된 경험적 직관에 의존해 '명당'을 찾았다면, 오늘날 AI는 도시 전체를 한 손에 올려놓고 잠재력의 흐름을 읽어내는 '디지털 지리학자'의 역할을 수행한다. 그 핵심 무기가 바로 "지리정보시스템(GIS)"과 결합된 AI 분석 모델이다.

AI에게 도시는 단순히 땅과 건물의 집합이 아니다. 수백, 수천 개의 투명한 "데이터 레이어(Data Layer)"가 겹쳐진 거대한 입체 지도와 같다. AI는 이 레이어들을 자유자재로 쌓고, 분석하고, 가중치를 부여하며 각 필지가 가진 잠재력의 총합을 계산해 낸다. 예를 들어, AI가 쌓아 올리는 데이터 레이어는 다음과 같다.

1) **물리적 레이어:** 지가, 용도지역, 경사도, 고도 등 땅의 기본적인 정보
2) **접근성 레이어:** 반경 500m 내 지하철역, 버스정류장 수, 주요 도로망과의 연결성
3) **사회적 레이어:** 시간대별 유동인구, 연령 및 소득 수준 분포, 1인 가구 비율

4) **편의성 레이어:** 스타벅스, 대형마트, 병원, 공원, 학교까지의 도보 거리

AI는 이러한 수많은 레이어를 중첩(Overlay) 시켜, 우리가 개발하려는 프로젝트의 목적에 맞게 각 필지의 '잠재력 점수'를 매긴다.

예를 들어 '2030세대를 위한 공유 오피스'를 짓는다면, 지하철 접근성과 유동인구 레이어에 높은 가중치를 부여하는 식이다. 그 결과, 도시 전체가 잠재력의 높낮이에 따라 붉은색과 푸른색으로 채색된 거대한 '기회 영역 히트맵(Opportunity Heatmap)'으로 시각 화된다. 이제 개발자는 더 이상 어림짐작으로 부지를 물색하는 것이 아니라, AI가 과학적으로 증명한 가장 붉게 빛나는 최적의 기회 지점을 향해 움직이면 되는 것이다. 두 가지 가상 사례를 통해 AI가 어떻게 도시의 숨겨진 잠재력을 발굴하는지 직접 확인해 보자.

2.2. GIS 기반 입지 잠재력 분석 및 최적 부지 평가 방법 가상사례

■ 가상사례 1: 청년 스타트업 허브를 위한 황금 입지를 찾아라

1) **현안 과제:** 한 투자사가 대한민국 최고의 '청년 스타트업 복합 허브(코워킹+코리빙)'를 짓고자 한다. 단순히 교통이 편리한 곳이 아닌,

청년의 온전한 삶을 꿈꾸는 코리빙, 우리가 배울 수 있는 것은?
[https://www.snunews.com]

창의적인 인재들이 모여들고 시너지를 낼 수 있는 최적의 입지를 서울에서 찾아야 하는 과제를 AI에게 부여했다.

2) **분석:** AI는 '스타트업 생태계'라는 복합적인 개념을 수십 개의 GIS 데이터 레이어로 분해하고, 각 후보지의 잠재력을 정량적으로 평가했다.

■ **AI의 GIS 기반 스타트업 허브 최적 부지 평가 모델(가상수치)**

후보지 유형	후보지 A(성수동 일대)
교통 접근성(30%) (2호선·신분당선 등)	85점
인재 밀집도(25%) (20-30대 IT인구)	90점
산업 생태계(20%) (IT기업·VC 밀집도)	95점
생활 매력도(15%) (특색 있는 F&B·문화공간)	98점
지가 수준(10%) (상대적 저렴함)	70점
종합 잠재력 점수	88.8점
AI 최종 평가	강남의 접근성과 판교의 생태계, 그리고 독보적인 문화적 매력을 모두 갖춘 최적의 입지이다.

후보지 유형	후보지 B(강남역 일대)
교통 접근성(30%) (2호선·신분당선 등)	98점
인재 밀집도(25%) (20-30대 IT인구)	95점
산업 생태계(20%) (IT기업·VC 밀집도)	90점

생활 매력도(15%) (특색 있는 F&B·문화공간)	80점
지가 수준(10%) (상대적 저렴함)	50점
종합 잠재력 점수	87.8점
AI 최종 평가	접근성과 인재 밀집도는 최고 수준이나, 높은 지가와 상대적으로 부족한 생활 매력도가 장기적 경쟁력을 저해할 수 있다.

후보지 유형	후보지 C(마곡지구 일대)
교통 접근성(30%) (2호선·신분당선 등)	80점
인재 밀집도(25%) (20-30대 IT인구)	88점
산업 생태계(20%) (IT기업·VC 밀집도)	85점
생활 매력도(15%) (특색 있는 F&B·문화공간)	70점
지가 수준(10%) (상대적 저렴함)	85점
종합 잠재력 점수	82.3점
AI 최종 평가	R&D 중심의 생태계와 지가 경쟁력은 우수하나, 타 지역과의 연결성 및 생활·문화 인프라가 아직 미흡한 상태이다.

3) **결론 및 시사점:** 인간의 직관으로는 '강남'이 최우선 후보지였을 것이다. 그러나 AI는 GIS 데이터를 통해 성수동이 가진 '산업 생태계'와 '생활 매력도'의 독보적인 가치를 정량적으로 증명해 냈다. AI의 분석은 스타트업 허브의 성공은 단순히 출퇴근의 편리함을 넘어, 창의적인 영감을 주고받는 '자생적 커뮤니티' 형성에 달려있음을 보여주는 것이다.

■ 가상사례 2: 미래형 실버타운, 최적의 안식처를 설계하다

월 700만원에도 1년이상 줄선다, 럭셔리 실버타운 베스트
[https://www.chosun.com]

1) **현안 과제**: 한 건설사가 활동적인 시니어들을 위한 도심 근교의 '프리미엄 헬스케어 실버타운' 개발을 계획 중이다. 성공의 관건은 시니어들의 복합적인 니즈를 만족시키는 최적의 입지를 찾는 것이다.

2) **분석**: AI는 '성공적인 노년의 삶'이라는 정성적인 목표를 GIS 데이터 기반의 정량적 평가 모델로 전환하여 수도권 내 최적 부지를 탐색했다.

■ **AI의 GIS 기반 프리미엄 실버타운 최적 부지 평가 모델**(가상수치)

후보지 유형	후보지 A(과천시 일대)
의료 접근성(40%) (상급종합병원 10분 내)	95점
자연환경(30%) (대규모 공원·녹지 인접)	98점
생활 편의성(20%) (마트·은행 등 도보 권)	85점
자녀 접근성(10%) (주요 업무지구 30분 내)	90점
종합 잠재력 점수	93.5점

AI 최종 평가	최상급 의료 및 자연환경을 동시에 누리면서 자녀 세대와의 교류도 용이한, 모든 조건을 만족하는 최적의 입지이다.

후보지 유형	후보지 B(성북구 일대)
의료 접근성(40%) (상급종합병원 10분 내)	80점
자연환경(30%) (대규모 공원·녹지 인접)	90점
생활 편의성(20%) (마트·은행 등 도보 권)	95점
자녀 접근성(10%) (주요 업무지구 30분 내)	95점
종합 잠재력 점수	88.5점
AI 최종 평가	도심 접근성과 생활 편의성은 매우 우수하나, 핵심 요소인 최상급 의료 시설과의 거리가 다소 멀다는 약점이 존재한다.

후보지 유형	후보지 C(하남 미사 일대)
의료 접근성(40%) (상급종합병원 10분 내)	75점
자연환경(30%) (대규모 공원·녹지 인접)	85점
생활 편의성(20%) (마트·은행 등 도보 권)	90점
자녀 접근성(10%) (주요 업무지구 30분 내)	80점
종합 잠재력 점수	83.5점
AI 최종 평가	쾌적한 신도시 환경을 갖추고 있으나, 핵심 수요층이 가장 중시하는 의료 접근성과 자녀 세대의 직장 접근성에서 경쟁력이 낮다.

3) **결론 및 시사점:** AI의 GIS 분석은 실버타운의 입지 평가에서 전통적인 부동산 가치(도심과의 거리 등) 보다 '의료 서비스'와 '자연환경'이라는 특정 수요층의 핵심 니즈가 훨씬 중요하다는 사실을 명확

히 보여준다. 이처럼 AI는 개발 프로젝트의 목표와 수요층의 특성에 맞춰 도시를 완전히 새로운 관점으로 해석하고, 수많은 데이터 속에서 보석 같은 최적의 부지를 찾아내는 환상적인 나침반이 되는 것이다.

3. "AI 기반 개발타당성 분석 단계에서는 도시부동산 분야의 확률론적 재무 모델링을 통해 리스크를 정량화하고 시뮬레이션 한다."와 가상사례

3.1. 사업타당성을 확률론적 재무 모델링을 통해 리스크를 정량화하고 시뮬레이션 하는 방법

도시부동산 개발은 미래에 대한 거대한 베팅이다. 전통적인 재무 분석은 마치 "내일 날씨는 맑음, 기온은 25도"라고 단정적으로 예보하는 것과 같았다. 미래의 공사비, 금리, 임대료 등 수많은 변수를 고정된 단 하나의 값으로 가정하고, '예상 수익률 15%'라는 단 하나의 고정된 과녁을 향해 화살을 쏘는 방식이었다.

하지만 현실의 미래는 결코 고정되어 있지 않다. 수많은 변수들이 안개처럼 불확실하게 출렁인다. 만약 공사비가 급등하거나, 금리가 예상보다 더 오르거나, 시장이 침체되어 임대수요가 줄어든다면 어떻게 될까? 고정된 과녁은 순식간에 신기루처럼 사라질 수 있다. AI는 이러한 재무 분석의 패러다임을 '단정적 예보'에서 '확률적 예보'로 근본적으로 전환시킨다. AI는 "내일 맑을 확률 70%, 구름 낄 확률 20%, 소나기가 올 확률 10%"라고 예보하는 기상 슈퍼컴퓨터와 같다. 즉, 미래에 발생 가능한 모든 시나리오의 범위와 그 가능성을 보여주는 것이다.

AI는 '몬테카를로 시뮬레이션(Monte Carlo Simulation)'이라는 강력한 확률론적 기법을 사용한다. 이는 불확실한 미래 변수들(공사비, 금리 등)에 대해 발생 가능한 값의 범위와 확률 분포를 부여한 뒤, 이 변수들을 무작위로 수만, 수십만 번 조합하여 사업의 결과를 시뮬레이션 하는 것이다.

마치 수만 개의 다른 미래를 미리 살아보는 것과 같은 이 과정을 통해, AI는 '예상 수익률 15%'라는 단 하나의 점이 아닌, "'수익률의 전체 확률 분포 곡선'"이라는 입체적인 지도를 그려낸다. 이 지도 위에서 우리는 비로소 다음과 같은 핵심적인 질문에 대한 과학적인 답을 얻을 수 있다. "이 사업으로 돈을 잃을 확률은 정확히 몇 퍼센트인가?", "우리가 목표한 수익률 10% 이상을 달성할 확률은 얼마나 되는가?" 리스크는 더 이상 막연한 두려움이 아닌, 관리 가능한 '확률'의 영역으로 들어오게 되는 것이다. 이제 AI가 어떻게 불확실성의 안개를 걷어내고 사업의 진짜 모습을 드러내는지, 두 가지 가상 사례를 통해 생생하게 경험해 보자.

3.1.1. 확률론적 재무 모델링을 통한 도시부동산 리스크 정량화 방법론

도시부동산 프로젝트의 미래를 단 하나의 고정된 시나리오가 아닌, 발생 가능한 모든 시나리오의 집합으로 보고 리스크를 과학적으로 측정하는 확률론적 재무 모델링은 크게 세 단계로 구성된다. 이는 리스크의 원천을 정의하는 '불확실성 변수 식별 및 확률분포 정의' 단계, 가능한 모든 미래를 컴퓨터로 살아보는 '몬테카를로 시뮬레이션 실행' 단계, 그리고 그 결과를 바탕으로 리스크를 숫자로 명확히 제시하는 '결과 분석 및 리스크 정량화' 단계이다.

■ 확률론적 재무 모델링을 통해 도시부동산 프로젝트의 리스크를 정량화하고 시뮬레이션 하는 방법 별 목표, 분석방법 및 기술, 역할, 장단점, 도시부동산 활용예시

구분	불확실성 변수 식별 및 확률분포 정의	몬테카를로 시뮬레이션 실행	결과 분석 및 리스크 정량화
목표	프로젝트의 재무 결과에 영향을 미치는 주요 불확실성 변수(공사비, 금리 등)를 식별하고, 각 변수가 미래에 가질 수 있는 값의 범위와 발생 확률을 통계적 확률분포로 정의하는 것을 목표로 한다.	정의된 확률분포에 따라 각 불확실성 변수의 값을 무작위로 추출·조합하는 과정을 수만 번 반복 실행함으로써, 미래에 발생 가능한 모든 재무 결과의 전체 시나리오 집합을 생성하는 것을 목표로 한다.	시뮬레이션 결과 데이터의 통계적 분포를 분석하여, 프로젝트의 평균 기대수익과 변동성을 파악하고, '손실 발생 확률', '목표수익 달성 확률' 등 핵심 리스크 지표를 구체적인 수치로 정량 화하는 것을 목표로 한다.
분석 방법 및 기술	- 민감도 분석(Sensitivity Analysis) - 전문가 델파이 조사 - 과거 데이터 기반 통계적 분포 추정 - 정규분포, 삼각분포 등 확률분포 이론	- 난수 생성(Random Number Generation) 알고리즘 - 반복 계산(Iteration) 자동화 기술 - 재무 모델(DCF 등) 연동 - 클라우드 기반 병렬 처리	- 히스토그램, 확률밀도 함수(PDF), 누적분포함수(CDF) 등 통계적 시각화 - VaR(Value at Risk) 분석 - 토네이도 차트(Tornado Chart) 분석
역할 (AI/시스템과 인간)	인간(주도): 경험과 시장 이해를 바탕으로 핵심 불확실성 변수 목록을 작성하고, 각 변수에 가장 적합한 확률분포의 형태와 범위를 결정한다. 시스템(보조): 과거 데이터를 분석하여 적합한 통계적 분포를 추천하거나, 분포의 파라미터(평균, 표준편차)를 계산한다.	시스템(주도): 설정된 확률분포에 따라 변수 값을 무작위로 추출하고 재무 모델에 대입하여 결과를 계산하는 과정을 고속으로 수만 번 반복 실행하고, 결과 데이터를 저장한다. 인간(보조): 시뮬레이션의 반복 횟수를 설정하고, 재무 모델의 논리적 정확성을 검증하며, 실행 과정을 감독·관리한다.	시스템(주도): 방대한 결과 데이터를 바탕으로 수익률 분포 그래프, 누적 확률 곡선 등을 자동으로 생성하여 시각화하고, 평균, VaR 등 핵심 통계치를 계산한다. 인간(주도): AI가 제시한 통계 그래프와 리스크 지표를 해석하여, '손실 확률 15%'와 같은 의사결정용 통찰력을 도출하고 리스크 관리 전략을 수립한다.

장점	- 프로젝트 리스크의 원천을 명확하게 구조화할 수 있다. - '모든 것을 안다'는 비현실적 가정에서 벗어나, '무엇을 모르는지'를 정의하는 과학적 접근이 가능하다.	- 복잡한 변수들 간의 상호작용을 모두 고려한, 현실에 가까운 미래 결과의 전체 스펙트럼을 얻을 수 있다. - 분석가의 편견이 배제된 객관적인 결과 도출이 가능하다.	- 리스크를 '높다/낮다'와 같은 모호한 표현이 아닌, '손실 확률 15%'와 같이 명확하고 객관적인 숫자로 표현하여 합리적인 의사결정을 지원한다. - 어떤 변수가 리스크에 가장 큰 영향을 미치는지 파악할 수 있다.
단점	- 확률분포의 정의가 분석가의 주관적 판단에 크게 의존할 수 있다. - 과거 데이터가 없는 새로운 유형의 리스크는 분포로 정의하기 어렵다.	- 신뢰도 높은 결과를 위해 많은 반복 계산이 필요하며, 이는 상당한 컴퓨팅 자원을 소모할 수 있다. - 재무 모델 자체가 잘못 설계되면 시뮬레이션 결과 또한 무의미하다.	- 확률적 결과는 미래를 확정하는 것이 아니므로, 결과에 대한 맹신은 위험하다. - 복잡한 통계 지표에 대한 이해가 부족할 경우 잘못된 해석을 할 수 있다.
도시부동산 활용 예시	상업용 부동산 개발 시, 미래 '공실률'을 단일 값 5%로 가정하는 대신, 과거 데이터와 전문가 의견을 종합하여 '최소 3%, 최빈 6%, 최대 15%의 삼각분포'를 따르는 불확실성 변수로 정의한다.	AI 시스템이 정의된 공실률, 임대료, 공사비, 금리 변수의 확률분포에 따라 랜덤 값을 조합하여 프로젝트의 순현재가치(NPV)를 계산하는 작업을 10만 번 반복 실행하고, 10만 개의 각기 다른 NPV 결과값을 생성한다.	10만 개의 NPV 결과값을 히스토그램으로 시각화하고, NPV가 0 이하인 결과의 비율을 계산하여 '프로젝트 손실 발생 확률이 18.5%'임을 도출한다. 또한 하위 5% 지점의 NPV를 찾아 '최악의 경우 750억 원의 손실이 발생할 수 있다(VaR)'고 리스크를 보고한다.

3.2. 확률론적 재무 모델링을 통해 도시부동산 프로젝트의 리스크를 정량화하고 시뮬레이션 하는 방법 가상사례

■ 가상사례 1: 첨단 오피스 빌딩의 불확실성 줄타기

1) 현안 과제: 한 개발사가 최첨단 친환경 기술을 적용한 프라임급 오피스 빌딩 개발을 추진 중이다. 기대수익은 높지만, 친환경 자재 가

[분양 NOW] "서울의 반값"…청라 프라임급 오피스 뜬다 - 매일경제
[https://www.mk.co.kr]

격의 변동성, 미래 금리 인상 가능성, 재택근무 확산에 따른 공실률 증가 등 불확실성 또한 매우 높은 상황이다.

2) **분석:** AI는 주요 불확실성 변수들에 확률 분포를 적용하여 10만 번의 재무 시뮬레이션을 실행하고, 프로젝트의 진짜 수익 구조를 입체적으로 분석했다.

■ **AI의 확률론적 재무 모델링: 첨단 오피스 프로젝트(가상수치)**

분석 항목	입력(Input)	결과(Output)
주요 불확실성 변수	- 총 공사비 변동률A - 준공 후 금리 변동폭 - 준공 후 평균 공실률	예상 자기자본수익률(ROE)
전통적 단일 값 예측	+5% +1.0% p 5%	14.5%
AI의 확률 분포 설정	정규분포(평균 5%, 표준편차 3%) 삼각분포(최소 0.5, 최빈 1.0, 최대 2.5) 정규분포(평균 7%, 표준편차 2.5%)	
시뮬레이션 결과 (10만 회 실행)		- 예상 ROE 분포: -8.5% ~ +27.2% - 평균 ROE: 13.8% - 손실(ROE<0) 발생 확률: 18.5% - 목표수익률(10%) 달성 확률: 72.0%

3) 결론 및 시사점: 전통적인 분석으로는 14.5%라는 매우 매력적인 단일 수익률만 보였을 것이다. 그러나 AI의 확률론적 분석은 약 18.5%라는 결코 무시할 수 없는 손실 확률이 숨어있음을 명확히 보여준다. 이 결과를 바탕으로 개발사는 프로젝트를 포기하는 대신, 공사비의 30%를 선도 계약으로 고정하고, 준공 전 우량 임차인을 40% 이상 확보하여 공실률 리스크를 낮추는 등, 데이터가 지목한 약점을 보완하는 구체적인 리스크 관리 전략을 수립하게 되는 것이다.

■ 가상사례 2: 도시재생 프로젝트의 여러 갈래 미래

원당역 일대 도시재생 '런던 킹스크로스 모델' 꿈꾼다
[https://www.mygoyang.com]

1) 현안 과제: 낙후된 지역의 활성화를 위한 대규모 복합용도(주거, 상업, 문화) 도시재생 프로젝트이다. 사업의 성패가 시장 변수 뿐만 아니라, 정부의 인허가 속도, 보조금 지급 여부, 주변 상권의 활성화 속도 등 예측하기 어려운 '이벤트'에 크게 좌우된다.

2) 분석: AI는 이러한 이벤트 기반 리스크들의 발생 확률과 재무적 영향을 시나리오별로 시뮬레이션 하여, 프로젝트의 전체 순현재가치(NPV) 분포를 예측했다.

■ **AI의 이벤트 리스크 시뮬레이션: 도시재생 프로젝트(가상수치)**

분석 항목	입력(Input)	결과(Output)
주요 이벤트 리스크	- 정부 인허가 - 정부 보조금 - 주변 상권 활성화	프로젝트 순현재가치(NPV)
리스크 시나리오	- 인허가 1년 지연 - 보조금 50% 삭감 - 활성화 2년 지연	기본(Base) 시나리오: 2,500억 원
발생 확률	30% 20% 40%	
NPV에 미치는 영향	-800억 원 -500억 원 -1,200억 원	- 최악 시나리오(상위 5%): -750억 원 - 기본 시나리오(중앙값): 2,100억 원 - 최선 시나리오(하위 5%): 4,800억 원 - 목표 NPV(1,500억) 달성 확률: 68.0%
종합 NPV 예측 분포 (10만 회 실행)		

3) **결론 및 시사점:** AI 시뮬레이션은 이 프로젝트의 가장 큰 리스크가 시장의 불확실성이 아닌, “‘정부의 인허가 지연’”임을 명확하게 보여준다. 단일 값 분석으로는 NPV가 2,500억 원으로 보였지만, 모든 리스크를 고려한 확률적 NPV 중앙값은 2,100억 원이며, 최악의 경우 750억 원의 손실까지 가능하다는 사실을 알려준다. 이 분석을 통해 개발사는 프로젝트의 우선순위를 ‘설계’나 ‘마케팅’이 아닌, 지자체와의 긴밀한 협의를 통한 ‘인허가 리스크 관리’에 집중하게 된다. 이처럼 AI는 우리에게 미래를 단정하는 수정 구슬이 아닌, 수많은 미래의 가능성을 비추며 가장 현명한 항해를 돕는 정교한 등대를 제공하는 것이다.

4. "AI 기반 개발타당성 분석 단계에서는 도시부동산 분야의 법규 및 규제 환경의 제약 조건을 자동으로 분석하고 검토한다." 와 가상사례

4.1. 도시부동산 분야의 법규 및 규제 환경 제약 조건의 자동 분석 및 검토

도시부동산 개발의 역사는 '법규'라는 보이지 않는 미로(Maze)와의 끝없는 싸움이었다. 개발자와 건축가는 국토계획법, 건축법, 주차장법, 그리고 각 지역의 지구단위계획 등 수백, 수천 페이지에 달하는 법규 조항들을 일일이 뒤져가며, 마치 낡은 지도를 들고 출구를 찾듯 힘겨운 탐험을 해야만 했다. 인간의 실수로 단 하나의 조항이라도 놓치게 되면, 사업은 좌초되거나 막대한 손실로 이어지기 일쑤였다.

그러나 AI는 이 지난한 법규의 미로를 단숨에 완벽하게 꿰뚫어 보는 '마스터 네비게이터'로 등장했다. AI에게 법규는 더 이상 난해한 텍스트의 나열이 아니다. 자연어 처리(NLP) 기술을 통해 법률 문서를 '읽고 이해'한 AI는, 모든 법규 조항을 'IF(만약 A지역이라면) - THEN(THEN 용적률은 B% 이하)'와 같은 명쾌한 논리적 규칙(Rule)으로 변환하여 거대한 디지털 법규 데이터베이스를 구축한다.

이제 개발자가 특정 부지의 주소만 입력하면, AI는 해당 부지에 적용되는 모든 상위법과 하위 법, 그리고 특별 조례까지 단 몇 초 만에 스캔하여 적용 가능한 모든 규칙을 불러온다. 여기서 AI의 진정한 마법이 시작된다. AI는 단순히 규칙을 나열하는 데 그치지 않고, 서로 다른 법규들이 충돌할 경우 어떤 법이 우선 적용되는지(상위 법 우선의 원칙 등)를 자동으로 판단하여 최종 적용 기준을 확정한다.

더 나아가, AI는 '수동적인 검토자'를 넘어 '능동적인 가이드' 역할을 수행한다. 건축가가 설계를 변경하면, AI는 실시간으로 그 설계가 법규에 적합한지 검토하고, 만약 위반된다면 즉시 경고하며 법이 허용하는 최대치의 대안을 제시한다. 이는 마치 24시간 내내 최고의 법률 전문가가 곁에서 설계를 돕는 것과 같다. 이제 개발자는 법규라는 장애물에 갇히는 대신, AI라는 강력한 네비게이터와 함께 법이 허용하는 최대치의 잠재력을 탐험하는 창의적인 항해를 시작하게 되는 것이다.

4.2. 도시부동산 분야의 법규 및 규제 환경 제약 조건의 자동 분석 및 검토

■ 가상사례 1: 도심 속 자투리땅의 숨은 용적률 찾기

자투리땅에 세워진 모두를 위한 건축물 [https://www.ancnews.kr]

1) **현안 과제:** 서울 도심, 모양이 불규칙한 작은 자투리땅에 상업용 건물을 짓고자 한다. 이 부지는 일반상업지역에 속해 있지만, 동시에 지구단위계획구역과 역사문화미관지구로 중복 지정되어 있어 적용 법규가 매우 복잡하고 상충되는 상황이다.

2) **분석:** AI는 해당 부지에 적용되는 모든 법규를 자동으로 스캔하고, 상충되는 규제들을 조정한 뒤, 최종적으로 적용될 '개발 가능 범위(Building Envelope)'를 명확히 제시했다.

■ AI의 자동 법규 검토: 도심 자투리땅 개발(가상수치)

주요 법규 제약조건	적용 법규 및 조항	AI 자동 분석 내용	상충 규제 자동 조정	최종 적용 기준
용도지역 (Zoning)	「국토계획법」	- 용도: 일반상업 지역 - 용적률: 800% 이하	지구단위계획이 용도 지역보다 우선 적용 된다.	용적률 700% 이하
지구단위계획	「서울시 지구 단위계획」	- 허용 용도: 업무, 판매시설 - 기준/허용 용적 률: 500%/700%	역사문화미관지구의 높이 제한이 우선이 다.	높이 50m 이하
역사문화미관 지구	「서울시 도시 계획 조례」	- 건축물 높이: 50m 이하		
일조권 사선 제한	「건축법」	- 정북방향 높이 제한	지구단위계획에서 해 당 조항을 배제하도 록 지정되어 있다.	적용 배제

3) 결론 및 시사점: 인간 전문가가 며칠간 검토해야 할 복잡한 법규의 상충 관계를 AI는 단 몇 분 만에 완벽하게 정리했다. 특히, AI는 지구단위계획 세부 지침 속에 숨어있던 '보행통로 조성 시 용적률 10% 인센티브' 조항을 발견해 냈다. 개발자는 이 정보를 바탕으로 설계를 최적화하여, 법의 테두리 안에서 건물의 사업성을 합법적으로 극대화하는 '신의 한 수'를 둘 수 있게 된 것이다.

■ 가상사례 2: 친환경 스마트 아파트의 인센티브 사냥

1) 현안 과제: 한 대형 건설사가 용인시의 한 부지에 단순한 아파트를 넘어, 친환경 및 스마트 기술을 도입한 명품 단지를 짓고자 한다. 다양한 법규에는 친환경, 공개공지, 지능형 건축물 등에 대한 용적률 인센티브 조항이 흩어져 있다. 문제는 어떤 인센티브를, 얼마의 비용을 들여, 어떻게 조합해야 가장 효율적인지를 찾는 것이다.

용인시 처인구 마평동 단독주택 단지 조성 조감도 [https://www.saerahousing.co.kr]

2) **분석**: AI는 관련 법규의 모든 인센티브 조항을 분석하고, 각 인센티브를 얻기 위한 추가 비용과 그로 인해 확보되는 용적률의 사업적 가치를 비교하는 '비용-편익 시뮬레이션'을 실행했다.

■ AI의 인센티브 최적화 시뮬레이션: 스마트 아파트(가상수치)

적용 가능 인센티브	친환경 건축물 인증
관련 법규 및 조건	「녹색건축물 조성 지원법」(에너지효율 1등급)
획득 가능 용적률	기준 용적률의 6%
추가 발생 비용	200억 원
AI의 편익 (Benefit-Cost) 분석	150억 원 이익(용적률 가치 350억 - 비용 200억)
최적 조합 추천	채택 [Benefit 〉 Cost]

적용 가능 인센티브	지능형 건축물 인증
관련 법규 및 조건	「지능형건축물 인증기준」(홈네트워크 1등급)
획득 가능 용적률	기준 용적률의 4%
추가 발생 비용	180억 원
AI의 편익 (Benefit-Cost) 분석	-40억 원 손실(용적률 가치 140억 - 비용 180억)
최적 조합 추천	기각 [Benefit 〈 Cost]

적용 가능 인센티브	공개공지 설치
관련 법규 및 조건	「건축법」 (대지면적의 10% 이상)
획득 가능 용적률	기준 용적률의 20%
추가 발생 비용	500억 원 (토지 가치)
AI의 편익 (Benefit-Cost) 분석	200억 원 이익(용적률 가치 700억 - 비용 500억)
최적 조합 추천	채택 [Benefit 〉 Cost]

적용 가능 인센티브	AI 최종 제안
최적 조합 추천	'친환경 건축물 인증'과 '공개공지 설치'를 동시에 추진하는 것이 최적의 조합이다. 총 26%의 용적률 인센티브를 확보하여 사업 가치를 극대화할 수 있다.

3) **결론 및 시사점:** AI는 단순히 법규를 검토하는 것을 넘어, '법규를 활용한 최적의 경영 전략가' 역할을 수행했다. 어떤 인센티브가 '빛 좋은 개살구'이고, 어떤 것이 진짜 '황금알을 낳는 거위'인지를 데이터로 명확히 증명한 것이다. 이 분석을 통해 건설사는 막연한 추측이 아닌, 철저한 계산을 통해 투입 비용 대비 최대의 사업적 가치를 창출하는, 가장 스마트한 의사결정을 내릴 수 있게 된다. 이처럼 AI는 복잡한 법규를 개발의 장애물이 아닌, 새로운 가치를 창출하는 기회의 발판으로 바꾸어 놓는 것이다.

주제 5

AI 도시부동산 개발의 3번째 단계: "예비설계"에서 AI는 어떻게 단지 및 건물을 제안하는가?

1. "AI 기반 예비설계 단계에서는 도시부동산 프로젝트의 생성형 AI 디자인을 통해 다수의 초기 매스(Mass) 모델을 탐색한다."와 가상사례

1.1. 예비설계 단계에서 생성형 AI 디자인을 통해 다수의 초기 매스(Mass) 모델 탐색

도시의 스카이라인을 결정하는 건축물의 거대한 형태, 즉 "매스(Mass)"는 지금까지 소수의 천재 건축가들이 가진 영감과 경험의 산물이었다. 건축가는 주어진 대지 위에서 법규와 사업성을 고려하며 몇 가지(많아야 서너 개)의 스케치를 통해 최적의 형태를 찾아내는, 고독하고 지난한 과정을

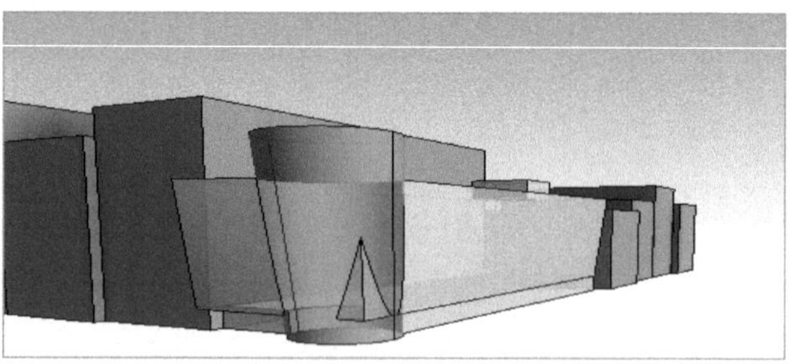

Massing Studies | Autodesk [https://help.autodesk.com]

거쳐야만 했다. 하지만 만약, 수천 명의 건축가가 동시에 각기 다른 아이디어를 쏟아내고, 그중 최고의 안을 순식간에 골라낼 수 있다면 어떨까? 생성형 AI(Generative AI)는 바로 이 환상적인 상상을 현실로 만들고 있다.

예비설계 단계에서 생성형 AI는 마치 디지털 조각가처럼 작동한다. 인간 건축가는 더 이상 직접 건물의 형태를 그리지 않는다. 대신, AI에게 '설계의 목표(Goals)'와 '지켜야 할 규칙(Constraints)'이라는 '설계 DNA'를 부여한다.

1) **설계 목표(Goals):** "바다 조망을 최대한 많이 확보하라", "모든 세대가 하루 4시간 이상 햇빛을 받게 하라", "공사비를 최소화하라" 등 프로젝트의 성공을 정의하는 핵심 목표들이다.
2) **설계 규칙(Constraints):** 앞서 AI 법규 검토 시스템이 분석한 용적률, 건폐율, 높이 제한, 일조권 사선제한 등 절대로 어겨서는 안 되는 법적, 물리적 한계선이다.

이 '설계 DNA'를 입력 받은 AI는 "유전 알고리즘(Genetic Algorithms)"과 같은 진화적 기법을 통해, 마치 생명체가 진화하듯 수천, 수만 개의 서로 다른 매스 모델을 '생성(Generate)'하고 '평가(Evaluate)'하기 시작한다.

무작위로 생성된 초기 매스 모델들 중, 설정된 목표를 더 잘 달성한 모델들이 '선택'되어 서로의 장점을 교배(Crossover) 하고, 약간의 돌연변이(Mutation)를 거쳐 다음 세대의 더 우수한 모델들을 탄생시킨다. 이 과정이 수백, 수천 세대 반복되면, 최종적으로 주어진 환경(목표와 규칙)에 가장 잘 적응한, 즉 가장 최적화된 매스 모델들이 살아남게 되는 것이다.

AI는 우리에게 단 하나의 완벽한 정답을 제시하지 않는다. 대신, 각기 다른 목표를 극대화하는 다양한 '최적의 대안들'을 파노라마처럼 펼쳐 보여준다. 이를 통해 인간 건축가는 이전에 상상조차 못 했던 혁신적인 형태를 발견하고, 각 대안이 가진 장단점과 상충 관계를 명확히 이해하며, 최종적으로 프로젝트의 비전을 실현할 가장 위대한 디자인을 선택하는 '창조적 지휘자'의 역할을 수행하게 된다.

1.2. 예비설계 단계에서 생성형 AI 디자인을 통해 다수의 초기 매스(Mass) 모델 탐색 가상사례

■ 가상사례 1: 해안가 리조트의 조망권 최적화

해운대, 부산 5성급 특급 호텔 [https://www.expedia.co.kr]

1) **현안 과제**: 부산 해운대 앞바다, 최고의 조망을 자랑하는 부지에 5성급 리조트를 설계한다. 사업의 성패는 '오션뷰 객실'을 얼마나 많이 확보하는가에 달려있다. 하지만 객실 수를 늘리기 위해 건물을 높고 빽빽하게 지으면, 오히려 서로의 조망을 가리거나 수영장에 그늘이 지는 문제가 발생한다.

2) **분석**: AI에게 '오션뷰 객실 비율 최대화', '총 객실 수 최대화', '수영장 일조 시간 확보'라는 상충되는 목표를 주고, 최적의 매스 모델 탐색을 지시했다.

■ **생성형 AI의 리조트 매스 모델 최적화 탐색(가상수치)**

AI 생성 모델	모델 A(선형 타워형)
오션뷰 객실 비율	55%
총 객실 수	450실
수영장 일조 시간(일평균)	2.5 시간
예상 공사비 지수	95
AI 종합 평가	총 객실 수는 가장 많으나, 핵심 가치인 오션뷰 확보 비율이 낮아 리조트의 등급을 저해할 수 있다.

AI 생성 모델	모델 B(계단식 테라스형)
오션뷰 객실 비율	95%
총 객실 수	320실
수영장 일조 시간(일평균)	5.5 시간
예상 공사비 지수	130
AI 종합 평가	조망과 일조 조건은 최상이나, 총 객실 수가 너무 적고 복잡한 구조로 인해 공사비가 과도하게 높은 단점이 있다.

AI 생성 모델	모델 C(분절된 U자형)
오션뷰 객실 비율	88%
총 객실 수	410실
수영장 일조 시간(일평균)	4.8 시간
예상 공사비 지수	105
AI 종합 평가	총 객실 수를 크게 희생하지 않으면서도 압도적인 오션뷰를 확보하는, 사업성과 상품성의 최적 균형을 이룬 모델이다.

3) **결론 및 시사점:** AI가 최종적으로 제안한 '분절된 U자형' 모델은 인간 건축가가 쉽게 떠올리기 어려운 비정형적 형태였다. AI는 이 독특한 매스가 어떻게 객실 간의 간섭을 최소화하면서도 중앙의 수영장으로 햇빛을 끌어들이는지 3차원 시뮬레이션으로 증명했다. 개발자는 이 혁신

적인 매스 모델을 채택함으로써, 경쟁 리조트보다 30% 이상 많은 오션뷰 객실을 확보하여 압도적인 상품 경쟁력을 갖추게 되는 것이다.

■ 가상사례 2: 고밀도 주상복합의 일조권 전쟁

1) **현안 과제:** 주변에 높은 건물이 빽빽이 들어선 서울의 한 상업지역에 주상복합 건물을 짓는다. 가장 큰 난관은 법적으로 정해진 '일조권'을 확보하는 것이다. 즉, 새로 짓는 건물의 세대는 물론, 인접한 주변 건물의 세대에도 최소한의 햇빛을 보장해야만 한다.

2) **분석:** AI에게 '총 분양 면적 최대화'와 '자체 및 인접 대지 일조 기준 100% 만족'이라는 극도로 까다로운 목표를 부여하고, 이를 해결할 창의적인 매스 모델 생성을 명령했다.

■ **생성형 AI의 도심 주상복합 매스 모델 최적화 탐색**(가상수치)

AI 생성 모델	모델 A(단순 박스형)
총 분양 면적	15,000㎡
일조 기준 만족 세대 비율	65%
인접 대지 일조 침해율	35%
저층부 상가 활성화 지수	70점
AI 종합 평가	분양 면적은 최대화되나, 일조권 법규를 심각하게 위반하여 건축 허가가 불가능한 안이다.

AI 생성 모델	모델 B(상부 비대칭형)
총 분양 면적	13,000㎡
일조 기준 만족 세대 비율	100%
인접 대지 일조 침해율	15%
저층부 상가 활성화 지수	75점

AI 종합 평가	자체 세대의 일조권은 해결했으나, 여전히 인접 대지에 짙은 그림자를 드리워 법규 위반 및 민원 발생 소지가 크다.

AI 생성 모델	모델 C('ㄱ'자 꺾임형)
총 분양 면적	13,800㎡
일조 기준 만족 세대 비율	100%
인접 대지 일조 침해율	0%
저층부 상가 활성화 지수	95점
AI 종합 평가	일조권 침해를 피하기 위해 매스를 'ㄱ'자로 꺾는 동시에, 그로 인해 생긴 전면 공간을 햇살이 가득한 선큰(Sunken) 광장으로 만들어 상업 가치까지 극대화한 최적의 솔루션이다.

3) 결론 및 시사점: 생성형 AI는 'ㄱ'자 꺾임형이라는 기하학적 해법을 통해, 일조권이라는 제약 조건을 오히려 새로운 가치 창출의 기회로 전환시켰다. AI는 단순히 그림자를 피하기 위해 건물을 깎아내는 소극적 방식을 넘어, 매스의 형태를 창의적으로 변형하여 햇살 가득한 광장을 만들고, 이를 통해 저층부 상가의 가치를 극적으로 끌어올리는 놀라운 전략을 제시한 것이다. 이처럼 AI는 복잡한 도시의 제약 속에서 최고의 건축적 해법을 찾아내는 환상적인 파트너가 된다.

2. "AI 기반 예비설계 단계에서는 도시부동산 프로젝트의 AI 공간 프로그램의 자동 배치 및 동선 효율성을 검증한다."와 가상사례

2.1. 예비설계 단계에서 AI 공간 프로그램의 자동 배치 및 동선 효율성 검증

웅장하고 아름다운 건축 매스(Mass)가 탄생했다면, 이제 그 내부에 생

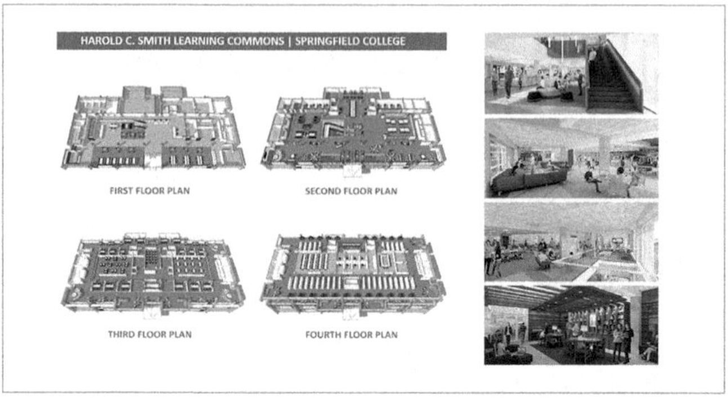

Space Programming - ICON Architecture [https://www.iconarch.com]

명을 불어넣을 차례이다. 건물 내부의 각 공간, 즉 '공간 프로그램(Spatial Program)'들을 어떻게 배치하고 연결하는 가는 건물의 기능적 성패를 좌우하는 핵심 과제이다. 과거의 건축가들은 수많은 트레이싱 페이퍼 위에서 마치 복잡한 직소 퍼즐을 맞추듯, 경험과 직관에 의존하여 수많은 공간 조각들(사무실, 회의실, 복도, 로비 등)을 배치하고 지우기를 반복했다. 이는 지난한 과정이었고, 그렇게 완성된 도면이 과연 가장 효율적인지에 대한 객관적인 증명은 불가능했다.

AI는 이 공간 배치 문제를 '최적화'라는 과학의 영역으로 끌어들였다. AI는 단순히 공간을 배치하는 것을 넘어, 그 공간 속에서 살아갈 사람들의 움직임, 즉 '동선(Circulation)'을 수만 번 시뮬레이션 하여 가장 효율적인 해답을 찾아낸다.

공간 배치 최적화는 '공간 프로그램의 자동 배치'와 '동선 효율성 시뮬레이션'의 두 주요 단계로 구성된다. 각 단계는 뚜렷한 목표와 기술을 가지며, 상호 보완적으로 작용하여 최종적인 공간의 성능을 극대화한다.

■ 공간 배치 '최적화 단계 별 목표, 분석방법 및 기술, 역할, 장단점, 분석도구 도시부동산 활용예시

구분	공간 프로그램의 자동 배치	동선 효율성 시뮬레이션
목표	주어진 조건(면적, 인접 관계, 채광 등)을 만족하는 최적의 공간 구획안을 신속하게 생성 및 탐색하는 것을 목표로 한다.	특정 공간 배치안에서 발생하는 사용자의 움직임을 가상으로 예측하여, 공간의 효율성, 안전성, 쾌적성을 검증하고 개선점을 도출하는 것을 목표로 한다.
분석 방법 및 기술	생성적 설계(Generative Design), 유전 알고리즘(Genetic Algorithm), 파라메트릭 모델링(Parametric Modeling) 등의 기술을 활용하여 수많은 배치 대안을 자동으로 생성하고 평가한다.	행위자 기반 모델링(Agent-Based Modeling, ABM), 공간 구문론(Space Syntax), 네트워크 분석(Network Analysis) 등을 기반으로 하여 개인 혹은 집단의 움직임을 시뮬레이션 한다.
역할	설계 초기 단계에서 다양한 가능성을 탐색하고 정량적 기준에 부합하는 최적의 기본 레이아웃(Test-fit)을 도출하는 역할을 수행한다.	설계안이 구체화된 후, 해당 공간의 성능을 정량적으로 평가하고 잠재적 문제점(병목현상 등)을 사전에 파악하여 설계안을 개선하는 검증 역할을 맡는다.
장점	- 설계 시간의 획기적 단축 - 인간의 편견을 배제한 수많은 대안 탐색 가능 - 복잡한 제약 조건 하에서의 최적해 도출에 용이하다.	- 데이터 기반의 객관적인 공간 성능 평가 - 잠재적 병목 현상 및 비효율적 동선 예측 - 사용자 경험 및 안전성(피난 등)을 사전에 검토하여 질적 향상을 꾀할 수 있다.
단점	- 정성적, 심미적, 문화적 맥락 반영의 한계 - 초기 조건 설정(Constraints)이 복잡하고 결과에 큰 영향을 미침 - 결과물이 비현실적이거나 창의성이 부족할 수 있다.	- 시뮬레이션 시나리오(사용자 행태) 설정의 어려움 - 대규모 공간의 경우 과도한 컴퓨팅 자원 요구 - 결과 해석 및 설계 반영을 위한 전문성이 필요하다.
주요 분석 도구	Autodesk Forma(구 Spacemaker), TestFit, Rhino(Grasshopper + Galapagos/Wallacei), Revit(Dynamo)	DepthmapX, AnyLogic, MassMotion, SimWalk, PathFinder
도시부동산 활용 예시	(오피스 빌딩 사업성 검토) 신축 오피스 빌딩의 기준층에 대해 법규, 임대 면적 효율 등을 조건으로 설정하여, 최대 임대수익을 창출할 수 있는 최적의 임대 유닛 조합 및 배치안을 자동으로 생성하고 사업성을 신속하게 검토한다.	(복합 쇼핑몰 설계 검증) 대형 복합 쇼핑몰 설계안에 대해 주말 피크 시간대 방문객 동선을 시뮬레이션 한다. 이를 통해 주요 매장(앵커 테넌트)의 최적 위치를 선정하고, 푸드코트의 혼잡도를 예측하여 적정 규모를 산출한다.

결과적으로 AI는 우리에게 가장 높은 효율성 점수를 획득한, 즉 가장 적은 시간과 에너지를 낭비하며 가장 쾌적하고 논리적으로 움직일 수 있는 최적의 공간 배치안을 과학적 데이터와 함께 제시한다. 이제 인간은 더 이상 막연한 감으로 최선을 추측하는 것이 아니라, 데이터가 증명하는 최적의 공간 구조를 선택하고 창조하게 되는 것이다.

2.2. AI 공간 프로그램의 자동 배치 및 동선 효율성 검증의 가상사례

■ 가상사례 1: 1초가 생명을 좌우하는 스마트 병원 설계

2,700병상 국내 최대 규모 병원 탄생 [https://www.medworld.co.kr]

1) **현안 과제:** 천 개 병상 규모의 대형 종합병원을 설계한다. 병원에서 의료진의 동선 효율성은 곧 환자의 생명과 직결되는 매우 중요한 문제이다. 간호사가 하루에 걷는 거리를 1km만 줄여도, 그 시간은 환자를 돌보는 데 쓰일 수 있다.

2) **분석:** AI에게 '의료진의 이동 거리 최소화'와 '응급 환자의 핵심 시설(응급실→수술실→중환자실) 접근 시간 최소화'를 최우선 목표로 부여하고, 최적의 공간 배치 및 동선 시스템 설계를 지시했다.

■ **AI 기반 병원 공간 배치 및 동선 효율성 검증(가상수치)**

설계안	인간 전문가 초기안 (중앙 복도식)
핵심 공간 배치 구조	중앙 복도를 중심으로 각 부서를 나열하는 전통적인 선형 구조
간호사 일평균 이동 거리	7.2 km
응급환자 이송 시간 (응급실→수술실)	4분 30초
주요 병목 현상 구간	중앙 엘리베이터 홀, 약제실 앞
AI 종합 평가	기능적으로는 문제가 없으나, 의료진의 피로도를 가중시키고 응급 상황 시 동선이 교차될 위험이 상존하는 비효율적 구조이다.

설계안	AI 최적화안 (클러스터형)
핵심 공간 배치 구조	응급센터, 수술센터, 영상의학센터 등 연관 기능들을 묶은 '클러스터(Cluster)'를 구성하고 이를 순환형 동선으로 연결
간호사 일평균 이동 거리	4.5 km
응급환자 이송 시간 (응급실→수술실)	1분 50초
주요 병목 현상 구간	없음
AI 종합 평가	의료진의 불필요한 이동을 38% 감소시키고, 응급 환자의 골든 타임을 확보하는 최적의 공간 배치이다. 동선 분리를 통해 감염 관리에도 유리하다.

3) 결론 및 시사점: AI는 10만 명의 에이전트 시뮬레이션을 통해, 전통적인 중앙 복도 방식이 특정 시간대에 심각한 병목 현상을 일으킴을 증명했다. AI가 제안한 '클러스터형 배치'는 관련 부서들을 한 덩어리로 묶어 동선을 극단적으로 단축시켰다. 이는 단순히 편리한 병원을 넘어, 더 많은 생명을 살릴 수 있는, 데이터가 설계한 '최적의 치유 공간'을 탄생시킨 것이다.

■ 가상사례 2: 길을 잃지 않는 복합 쇼핑몰의 비밀

한국 대형 몰의 비밀 - 온큐레이션 [https://oncuration.com]

1) **현안 과제**: 연면적 30만㎡에 달하는 초대형 복합 쇼핑몰을 설계한다. 쇼핑몰의 성공은 고객들이 길을 잃지 않고, 최대한 많은 매장을 둘러보며, 즐겁게 머무르게 하는 '고객 경험'에 달려 있다.

2) **분석**: AI에게 '고객의 평균 체류 시간 최대화'와 '전체 매장 방문 율(가시성) 극대화'를 목표로 부여하고, 수만 명의 가상 쇼핑객을 동원한 동선 시뮬레이션을 진행했다.

■ AI 기반 복합 쇼핑몰 동선 시뮬레이션 및 효율성 검증(가상수치)

설계안	전통적 격자형 설계안
주요 동선 구조	주 출입구에서 뻗어 나가는 직선 복도들이 교차하는 격자 구조
고객 평균 체류 시간	1시간 45분
전체 매장 방문율	55%
고객 동선 이탈률 (길찾기 포기)	15%
AI 종합 평가	명확해 보이지만, 실제로는 막다른 길과 유사한 경로가 많아 고객의 혼란을 유발한다. 특히 비주류 매장의 고립 현상이 심각하다.

설계안	AI 최적화 순환형 설계안
주요 동선 구조	주요 앵커 테넌트(백화점, 영화관)를 중심으로 자연스러운 순환 동선을 유도하는 유기적인 루프(Loop) 구조
고객 평균 체류 시간	2시간 30분
전체 매장 방문율	2%
고객 동선 이탈률 (길찾기 포기)	2%
AI 종합 평가	고객이 길을 잃을 확률을 최소화하고, 자연스럽게 쇼핑몰 전체를 경험하도록 유도한다. 모든 매장에 공평한 노출 기회를 제공하여 전체 매출 상승을 견인하는 구조이다.

3) **결론 및 시사점**: AI 시뮬레이션은 인간의 직관과 달리, 반듯한 격자형 동선이 오히려 고객을 길 잃게 만든다는 사실을 밝혀냈다. AI가 제안한 '유기적 순환형 동선'은 고객들이 무의식적으로 전체 공간을 둘러보게 만들어, 우연한 발견과 예상치 못한 소비를 촉진한다. 이는 건물의 평면도를 고객의 지갑을 여는 '최적의 경험 지도'로 설계한 것이다. 이처럼 AI는 보이지 않는 사람들의 움직임을 가시화하고, 그 흐름을 최적화하여 공간의 가치를 극대화하는 환상적인 능력을 보여주는 것이다.

3. "AI 기반 예비설계 단계에서는 도시부동산 프로젝트의 개략적인 공사비 및 사업성을 실시간으로 예측한다."와 가상사례

3.1. AI 기반 예비설계 단계에서 개략적인 공사비 및 사업성의 실시간으로 예측

전통적인 건축 설계 과정에서 가장 큰 비극은, 수개월에 걸쳐 완성한 눈부시게 아름다운 설계안이 "예산을 초과하여 건설 불가"라는 차가운

판정을 받는 순간이다. 이는 건축가와 사업성 분석팀이 서로 다른 시간과 공간에서 일하는 단절된 구조 때문이었다. 건축가는 창의성의 세계에서, 분석팀은 숫자의 세계에서 각자의 일을 한 뒤 에야 비로소 결과를 맞혀보는 식이었다. 이러한 시간적, 공간적 단절은 막대한 시간 낭비와 재설계 비용을 유발하는 고질적인 문제였다.

AI는 이 분절된 세계를 '실시간'이라는 마법으로 완벽하게 통합한다. AI 기반 설계 플랫폼은 건축가의 곁에 앉아있는 '재무적 파트너(Financial Co-pilot)'와 같다. 건축가가 마우스로 건물의 형태를 조금 바꾸거나, 외장재를 유리에서 테라코타로 변경하거나, 층수를 한 층 높이는 순간, AI는 그 변화가 프로젝트의 총공사비와 예상 수익률에 어떤 영향을 미치는지 0.1초 만에 계산하여 화면에 보여준다.

이것이 가능한 이유는 AI가 과거 수천, 수만 개의 유사 프로젝트 데이터(BIM 모델, 최종 공사비 내역, 자재 정보 등)와 현재 시장의 실시간 자재 가격 및 인건비 데이터를 모두 학습하여 정교한 '파라메트릭 비용 추정(Parametric Cost Estimation)'모델을 구축했기 때문이다. AI는 건물의 형태와 규모, 자재 등 핵심 '파라미터(Parameter)'가 변할 때마다, 이것이 전체 비용 구조에 미치는 복잡한 연관관계를 순식간에 계산해 낸다.

3.1.1. 파라메트릭 비용 추정(Parametric Cost Estimation) 모델의 개요

파라메트릭 비용 추정 모델은 소수의 핵심 변수(Parameter)를 사용하여 전체 비용을 예측하는 통계적 접근 방식으로, AI 기술과 결합하여 도시부동산 개발 초기 단계의 의사결정 속도와 정확성을 획기적으로 향상시킨다.

■ '파라메트릭 비용 추정(Parametric Cost Estimation)'모델의 목표, 분석방법 및 기술, 역할, 장단점, 도시부동산 활용예시

구분	파라메트릭 비용 추정(Parametric Cost Estimation) 모델의 개요
목표	프로젝트의 초기 설계 단계에서, 건물의 주요 물리적 특성(파라미터)과 비용 간의 통계적 관계를 모델링하여, 상세한 설계 정보 없이도 개략적인 공사비를 신속하고 객관적으로 예측하는 것을 목표로 한다.
분석 방법 및 기술	과거 다수의 유사 프로젝트로부터 축적된 데이터(BIM 정보, 공사비 내역 등)를 활용한다. '회귀 분석(Regression Analysis)'이 핵심 기술이며, 건물의 주요 파라미터(예: 연면적, 층수, 외벽 면적, 창호 비율 등)를 독립변수로, 총공사비를 종속변수로 설정하여 비용 예측 함수(Cost Estimating Relationship, CER)를 도출한다. 최근에는 머신 러닝/딥러닝 알고리즘을 적용하여 비 선형적이고 복잡한 관계까지 학습한다.
역할 (AI와 인간)	AI/시스템: 방대한 과거 프로젝트 데이터를 학습하여 파라미터와 비용 간의 통계적 관계 모델(비용 예측 함수)을 구축한다. 새로운 설계안의 파라미터가 입력되면, 구축된 모델을 이용해 실시간으로 총공사비를 자동 계산한다. 인간(분석가/설계자): 비용에 영향을 미치는 핵심 파라미터가 무엇인지 정의하고, 과거 데이터의 품질을 검증하여 AI의 학습 데이터셋을 구축한다. AI가 예측한 비용의 타당성을 검토하고, 이를 바탕으로 설계안을 수정하는 등 최종 의사결정을 내린다.
장점	신속성: 상세한 설계 도면이나 물량 산출 없이, 소수의 핵심 파라미터만으로 비용을 매우 신속하게 예측할 수 있다. 객관성: 과거 데이터에 기반한 통계 모델을 사용하므로, 추정자의 주관적 경험이나 편견을 배제한 일관되고 객관적인 비용 예측이 가능하다. 설계 연동성: 설계 변경에 따른 비용 변화를 실시간으로 확인할 수 있어, 초기 단계에서 비용을 고려한 최적 설계(Cost-Aware Design)를 지원한다.
단점	데이터 의존성: 예측 모델의 정확성은 학습에 사용된 과거 데이터의 양과 질, 그리고 유사성에 크게 좌우된다. 정확성의 한계: 개산 견적이므로, 상세한 내역 기반의 견적 방식에 비해 정확도가 상대적으로 낮다. 특수성 반영의 어려움: 매우 독특하거나 혁신적인 설계, 특수한 공법이 적용되는 프로젝트의 비용을 예측하는 데는 한계가 있다.
도시부동산 활용 예시	오피스 빌딩 예비설계 단계에서, 건축가가 BIM 소프트웨어로 건물의 매스 모델을 디자인한다. 건축가가 건물의 높이를 100m에서 120m로 변경하는 순간, 파라메트릭 비용 추정 모델이 '높이', '연면적', '외벽면적' 등의 파라미터 변화를 즉시 감지한다. AI는 학습된 비용 예측 함수(예: 총공사비 = a × 연면적 + b × 높이 + c × 외벽면적 + ...)를 이용해, 변경된 설계안의 총공사비가 3,000억 원에서 3,500억 원으로 증가할 것이라고 0.1초 만에 화면에 예측치를 제시한다.

이제 설계 과정은 더 이상 막연한 예술 활동이 아니다. 모든 디자인적 선택이 곧바로 재무적 결과로 이어지는, 지극히 전략적인 '실시간 가치 탐색' 과정으로 진화한다. 건축가는 자신의 창의성이 예산의 제약을 넘어서는지 실시간으로 확인하며 스스로 설계를 조율할 수 있게 된다. 이는 마치 최고의 전투기 조종사가 비행 시뮬레이터 안에서 수많은 비행 경로를 시험하며 최적의 항로를 찾아내듯, 건축가가 가장 창의적이면서도 가장 사업성 높은 설계의 '스위트 스폿(Sweet Spot)'을 찾아내는 환상적인 여정이 되는 것이다.

3.2. 예비설계 가상사례

■ 가상사례 1: 초고층 빌딩의 형태와 수익률의 실시간 변주곡

뉴욕 맨해튼에 다양한 초고층 타워 디자인을 제시하다 [https://blog.naver.com]

1) **현안 과제:** 뉴욕 맨해튼에 들어설 초고층 랜드마크 빌딩을 설계한다. 건축가는 도시의 스카이라인을 바꿀 역동적인 '트위스트' 형태의 디자인을 구상했다. 그러나 이 비 정형적인 형태가 과연 사업적으로 실현 가능한지가 최대의 관건이다.

2) **분석:** 건축가는 AI 설계 플랫폼 위에서 다양한 매스 모델을 디자인

했고, AI는 각 모델의 예술성과 경제성을 실시간으로 예측하여 보여주었다.

3) **AI의 실시간 사업성 예측:** 마천루 디자인 탐색(가상수치)

(1) **초기 디자인**(단순 박스형)

- 개략 공사비: 8,500억 원
- 예상 분양가(3.3㎡당): 1억 2,000만 원
- 예상 자기자본수익률(ROE): 12.5%
- AI 코멘트: 경제성은 확보되나, 랜드마크 로서의 상징성과 건축적 가치가 부족하여 최고 분양가 확보에 한계가 있다.

(2) **건축가 제안**(유선형 트위스트형)

- 개략 공사비: 1조 4,500억 원
- 예상 분양가(3.3㎡당): 1억 8,000만 원
- 예상 자기자본수익률(ROE): -5.5%(사업 손실)
- AI 코멘트: 건축적 가치는 최상이나, 외장 커튼 월 제작 비용이 기하급수적으로 증가하여 사업성을 확보할 수 없다.

(3) **AI 최적화 제안**(다면체 트위스트형)

- 개략 공사비: 9,800억 원
- 예상 분양가(3.3㎡당): 1억 7,000만 원
- 예상 자기자본수익률(ROE): 18.2%
- AI 코멘트: 유선형의 미학을 유지하면서도, 외장을 표준화된 평면 유리 조합(다면체)으로 바꾸어 공사비를 획기적으로 절감했다. 예술성과 사업성을 모두 만족시키는 최적의 대안이다.

4) **결론 및 시사점:** AI의 실시간 피드백은 건축가의 창의성을 꺾는 것이 아니라, 오히려 현실에 발 딛게 하여 더 높은 차원으로 이끌었

다. 건축가는 AI와의 실시간 협업을 통해, 자신의 예술적 비전과 프로젝트의 재무적 성공을 모두 성취하는 '다면체 트위스트'라는 제3의 혁신적인 대안을 찾아낼 수 있었다. 이는 창의성과 경제성 사이의 고통스러운 줄다리기를 끝내는 기술적 진보인 것이다.

■ 가상사례 2: 아파트 단지의 실시간 가치 공학(Value Engineering)

아파트단지에 마당·골목길 | 중앙일보 [https://www.joongang.co.kr]

1) **현안 과제:** 약 1,000세대 규모의 아파트 단지를 설계한다. 제한된 예산 안에서 입주민의 만족도와 사업성을 동시에 높여야 한다. '전세대 발코니 확장'과 '지하주차장 1개 층 추가'라는 두 가지 설계 변경 안을 두고 고민에 빠졌다.

2) **분석:** 설계팀은 AI 플랫폼에서 각 시나리오를 실시간으로 시뮬레이션 하여, 어떤 선택이 프로젝트의 가치를 진정으로 높이는지 즉각적으로 확인했다.

3) **AI의 실시간 사업성 예측:** 아파트 설계 변경 시나리오(가상수치)

(1) 시나리오 1: 기본 설계 안

- 총 공사비: 3,000억 원
- 총 분양수익: 4,000억 원

• 총 사업이익: 1,000억 원

(2) **시나리오 2:** 전 세대 발코니 확장 적용

• 공사비 변화: +100억 원(증가)

• 분양수익 변화: +300억 원(증가, 실사용 면적 증가에 따른 분양가 상승)

• 총 사업이익: 1,200억 원(기본 안 대비 +200억 원)

• AI 코멘트: 추가 비용보다 분양수익 상승 효과가 월등히 크다. 사업성을 높이는 매우 효과적인 결정이다.

(3) **시나리오 3:** 지하주차장 1개 층 추가

• 공사비 변화: +400억 원(증가, 토목공사비 급증)

• 분양수익 변화: +150억 원(증가, 주차 편의성 증대에 따른 분양가 상승)

• 총 사업이익: 750억 원(기본 안 대비 -250억 원)

• AI 코멘트: 주차 편의성 증대 효과보다 과도한 토목공사비 증가로 인해 오히려 전체 사업성이 악화된다.

3) **결론 및 시사점:** 과거에는 몇 주에 걸쳐 분석해야 했던 설계 변경의 사업성을, AI는 단 몇 초 만에 명쾌하게 비교 분석해 주었다. 설계팀은 이 결과를 바탕으로 '발코니 확장'은 채택하고, '지하주차장 추가' 대신 비용 효율적인 '지상 주차 타워'를 일부 도입하는 새로운 대안을 즉각적으로 모색할 수 있었다. 이처럼 AI는 설계의 모든 단계에서 가장 경제적이고 가치 있는 선택을 하도록 돕는, 프로젝트의 수익을 극대화하는 가장 스마트한 조력자인 것이다.

4. “AI 기반 예비설계 단계에서는 도시부동산 프로젝트의 법규적 한계 분석을 통해 설계의 제약 조건을 시각화 한다.”와 가상사례

4.1. AI 기반 예비설계 단계에서 법규적 한계 분석과 설계의 제약 조건 시각화

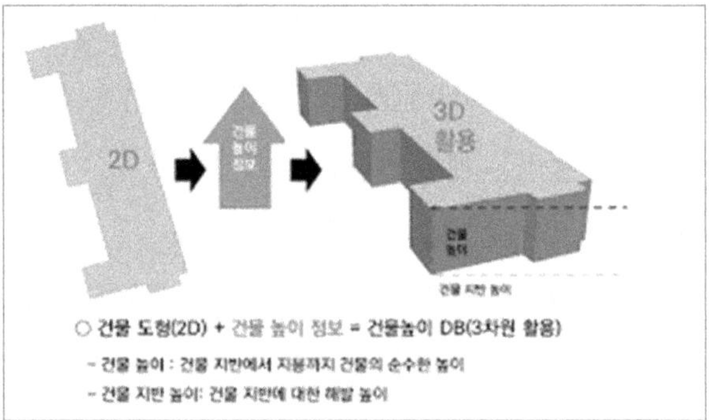

3차원 건물 모형 디지털 트윈 [https://www.google.com]

모든 땅에는 눈에 보이지 않는 ‘법규의 감옥’이 존재한다. 용적률, 건폐율, 높이 제한, 일조권, 공개공지 등 수많은 법규 조항들은 건축가가 마음껏 창의력을 발휘할 수 있는 대지를 사실상의 보이지 않는 감옥처럼 옥죄고 있다. 전통적인 방식에서 건축가는 이 감옥의 형태를 알지 못한 채, 설계를 하고 법규를 검토하는 ‘시행착오’의 과정을 반복해야만 했다. 마치 어둠 속에서 벽을 더듬으며 출구를 찾는 것과 같은 비효율적인 과정이었다.

AI는 이 보이지 않는 법규의 감옥에 환한 빛을 비추어, 그 형태를 모든 사람이 볼 수 있는 ‘3차원 건축가능영역(Buildable Envelope)’으로 시각화한다. 이는 마치 SF 영화 에서처럼, 특정 대지 위에 AR(증강현실) 안경을 쓰고 바라보면 법규가 허용하는 최대치의 건물이 3D 홀로그램처럼 떠오르는 것과 같다.

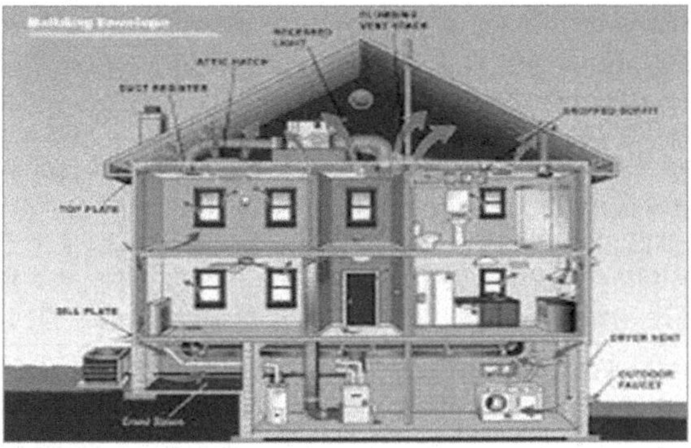

The Importance of the Building Envelope | Eco Spray Insulation
[https://ecosprayinsulation.ca]

AI가 법규의 한계를 시각 화하는 과정은, 추상적인 법규 텍스트를 3차원 공간 언어로 바꾸는 '법규의 기하학적 번역' 단계와, 이렇게 번역된 개별 공간 언어들을 하나로 통합하여 최종적인 형태를 완성하는 '제약조건의 중첩 및 통합' 단계로 구성된다.

■ **3차원 건축가능영역(Buildable Envelope)으로 시각화하는 과정의 목표, 분석방법 및 기술, 역할, 장단점, 도시부동산 활용예시**

구분	법규의 기하학적 번역	제약조건의 중첩 및 통합
목표	용적률, 높이 제한, 이격 거리 등 추상적인 법규 텍스트를 3차원 공간에서 해석 가능한 명시적인 기하학적 객체(면, 선, 부피)로 변환하여, 각 법규가 공간에 미치는 물리적 한계를 정의하는 것을 목표로 한다.	개별적으로 번역된 모든 기하학적 제약조건들을 3차원 공간상에서 중첩 시키고, 이들의 교집합(Intersection)에 해당하는 공간, 즉 모든 법규를 동시에 만족시키는 유일한 '최종 건축가능영역(Final Buildable Envelope)'을 도출하는 것을 목표로 한다.
분석 방법 및 기술	- 자연어 처리(NLP): 법규 텍스트에서 '최대 높이 50m'와 같은 핵심 파라미터를 추출한다. - 절차적 모델링(Procedural Modeling): 추출된 파라미터를 기반으로 3D 평면, 솔리드 등 기하학적 형상을 자동으로 생성하는 기술을 활용한다.	- 3D 불리언 연산(Boolean Operations): 특히 교집합(Intersection) 연산이 핵심 기술이다. - GIS 중첩 분석(Overlay Analysis): 다수의 기하학적 객체들이 겹치는 영역을 정밀하게 계산하는 기술을 3차원 공간으로 확장하여 활용한다.

역할 (AI와 인간)	AI(주도): 법규 텍스트를 해석하여 '높이 50m의 수평면', '대지경계선에서 3m 이격된 수직면' 등 3D 기하학적 제약 조건으로 자동 변환한다. 인간(보조): AI가 법규 텍스트를 올바르게 해석하고 기하학적으로 변환했는지 검수하며, 해석이 모호한 법규에 대해서는 규칙을 명확히 정의해 주는 역할을 수행한다.	AI(주도): 변환된 수십 개의 3D 제약 조건들을 대상으로 복잡한 기하학적 연산을 자동으로 수행하여, 이들이 모두 교차하는 최종적인 단일 3D 볼륨(Solid) 모델을 생성한다. 인간(보조): AI가 도출한 최종 건축가능영역의 타당성을 검토하고, 이를 바탕으로 인센티브 적용 등 창의적인 설계 전략을 수립한다.
장점	- 복잡하고 모호한 법규의 공간적 의미를 명확하고 직관적으로 이해할 수 있게 한다. - 인간의 해석 오류나 누락 가능성을 획기적으로 줄일 수 있다.	- 건축가가 설계를 시작하기 전에 활용 가능한 공간의 최대 범위를 한눈에 명확하게 파악할 수 있다. - 복잡한 규제들 간의 상호작용 결과를 직관적으로 이해하고 설계에 반영할 수 있다.
단점	- 법규의 모든 예외 조항이나 복잡한 맥락을 완벽하게 알고리즘으로 변환하는 데는 한계가 있다. - 법규 개정 시 지속적인 모델 업데이트가 필요하다.	- 제약조건의 수가 많아질수록 기하학적 연산이 매우 복잡 해져 높은 컴퓨팅 파워를 요구할 수 있다. - 최종 결과물이 매우 비 정형적일 경우, 실제 설계로 구현하는 데 어려움이 있을 수 있다.
도시부동산 활용 예시	AI가 건축법의 '정북방향 일조권 사선제한' 조항을 읽고, 정북쪽 인접대지 경계선으로부터 일정 각도로 뻗어 나가는 거대한 3차원 '대각선 평면(Diagonal Plane)'을 자동으로 생성하여, 이 평면 위로는 건물을 지을 수 없음을 시각적으로 정의한다.	AI가 '최대 높이'라는 수평면 제약, '일조권'이라는 대각선 평면 제약, '용적률'이라는 부피 제약을 모두 중첩 연산한다. 그 결과, 위는 비스듬하고 옆면은 계단 형태를 띠는 복잡한 형태의 최종 3D 건축가능영역 모델을 생성하여 건축가에게 제시한다.

그 결과, 건축가는 설계를 시작하기도 전에 자신이 활용할 수 있는 공간의 최대 범위를 명확하게 인지하게 된다. 더 이상 법규라는 어둠 속의 벽에 부딪힐까 두려워할 필요가 없다. AI가 명확하게 밝혀준 '건축가능영역'이라는 환한 무대 위에서, 건축가는 오롯이 최고의 공간을 창조하는 창의적인 안무가로서 춤을 추기만 하면 되는 것이다.

4.2. AI 기반 예비설계 단계에서 법규적 한계 분석과 설계의 제약 조건 시각화

■ 가상사례 1: 그림자와의 전쟁, 일조권 최적화

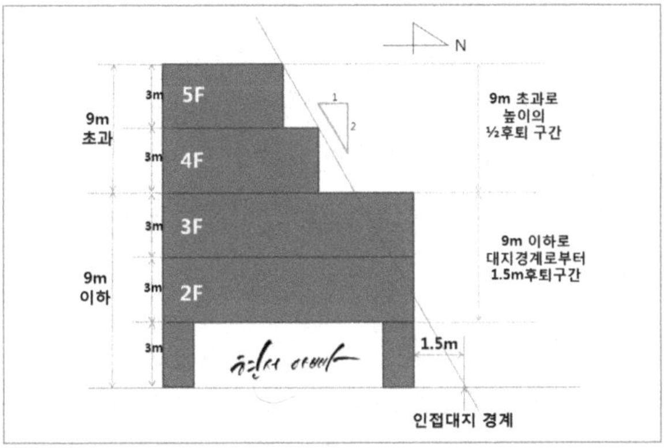

일조권 사선제한의 정리와 건축물에의 적용 기준 [https://blog.naver.com]

1) **현안 과제:** 서울의 한 다세대주택 밀집 지역. 북쪽에 위치한 이웃 건물의 일조권을 보장해야 하는 엄격한 '정북방향 일조권 사선제한' 규정이 적용되는 부지이다. 법규를 만족시키면서 분양 면적을 최대화하는 것이 프로젝트의 성패를 좌우한다.

2) **분석:** AI는 해당 부지에 적용되는 복잡한 일조권 규정들을 3차원 기하학으로 변환하여, 눈에 보이지 않는 그림자의 경계, 즉 '건축의 한계선'을 시각적으로 명확하게 제시했다.

3) **AI의 법규 제약조건 시각화:** 일조권 분석(가상수치)

(1) **적용 법규 1:** 정북방향 일조권 사선제한

• AI 시각화: AI는 정북방향 대지경계선으로부터 이격 거리에 따라 건물의 높이가 제한되는 거대한 '대각선 평면'을 3D로 시

각 화한다. 이 평면이 건물의 북측 상부를 비스듬히 잘라내는 형태를 보여준다.

- AI 분석: 법규에 따라 확보해야 할 최대 분양 가능 면적은 이론상 용적률(200%) 보다 15% 감소한 "170%"가 한계임을 계산한다.

(2) **적용 법규 2:** 인접대지 채광창 기준

- AI 시각화: AI는 동쪽에 위치한 이웃 건물의 거실 창문 위치를 자동으로 인식하고, 해당 창문으로 햇빛이 들어가는 것을 보장해야 하는 규정에 따라 깔때기 모양의 '채광 보장 영역'을 3D 공간에 시각 화한다.
- AI 분석: 이 영역을 침범하지 않기 위해 건물의 동쪽 모서리 일부를 추가로 깎아내야 함을 보여준다. 이로 인해 용적률이 5% 추가로 손실된다.

(3) **최종 건축가능영역**(Final Buildable Envelope)

- AI 시각화: AI는 위 두 가지 제약조건(대각선 평면, 깔때기 모양

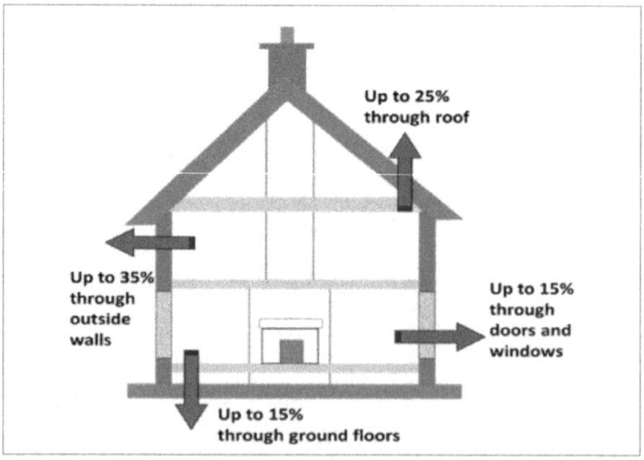

Energy-Efficient Building Envelope [https://www.sciencedirect.com]

영역)을 모두 반영하여, 최종적으로 건축 가능한 비 정형적인 다면체 형태의 3D 모델을 생성한다.

- AI 결론: 이 부지에서 법적으로 실현 가능한 최대 용적률은 "165%"이다.

4) **결론 및 시사점:** AI가 시각화한 3D 건축가능영역 덕분에, 건축가는 더 이상 복잡한 사선제한 계산에 머리를 싸맬 필요가 없게 되었다. 오히려, AI가 보여준 비스듬히 잘려 나간 공간을 낭비하는 대신, 하늘을 향해 열린 '계단식 테라스'로 창의적으로 디자인하여, 분양 면적 손실을 만회하고도 남을 압도적인 상품 가치를 창출하게 된 것이다.

■ 가상사례 2: 복합 역세권의 숨겨진 잠재력 잠금 해제

남양주시, 28만㎡ 규모 GTX 복합 역세권 개발 추진 | 연합뉴스
[https://www.yna.co.kr]

1) **현안 과제:** 신설되는 GTX 역세권의 대규모 부지. 일반상업지역이지만, 역세권 특별계획, 공공보행통로 확보 규정, 인근 문화재 조망권 확보 규정 등 여러 정책적 규제가 거미줄처럼 얽혀 있다.

2) **분석:** AI는 흩어져 있는 모든 규제들을 통합하여, 제약 조건과 인센

티브를 동시에 보여주는 '통합적 3D 건축가능영역'을 생성했다.

3) AI의 법규 제약조건 시각화: 복합 역세권 분석(가상수치)

(1) 제약조건 1: 역세권 특별계획

- AI 시각화: 최대 높이 120m를 제한하는 '수평적 뚜껑'과, 1층부의 20%를 상업시설로 채워야 하는 '용도 지정 영역'을 시각화한다.

(2) 제약조건 2: 조망 권 확보(View Corridor)

- AI 시각화: 인근 문화재의 조망을 가리지 않도록, 부지의 중앙을 대각선으로 가로지르는 거대한 '통로 형태의 빈 공간'을 시각화하여, 이 부분에는 건물을 지을 수 없음을 명확히 보여준다.

4) 기회요인: 공공보행통로 확보 인센티브

- AI 시각화: 부지 내에 폭 8m 이상의 공공보행통로를 조성할 경우, 기준 용적률(800%)의 1.2배까지 인센티브를 받을 수 있다는 조항을 분석한다. 그리고 이 통로를 어디에 배치할 때 조망 권 확보 영역과 중첩되어 토지 손실을 최소화하는지 시뮬레이션 하여 최적의 위치를 추천한다.

5) 최종 건축가능영역(Final Buildable Envelope)

- AI 시각화: 위의 모든 제약조건과 기회요인을 통합한 최종 3D 모델을 생성한다. 조망권 때문에 중앙이 비어 있지만, 공공보행통로 인센티브 덕분에 양쪽 건물의 용적률이 높아져 전체 사업성이 오히려 향상되는 결과를 보여준다.
- AI 결론: 이 부지의 최종 실현 가능 용적률은 조망 권 손실에도 불구하고 인센티브를 통해 "960%"까지 가능하다.

6) **결론 및 시사점:** AI는 복잡한 규제들을 단순히 '제약'으로만 보여주지 않고, 그 속에 숨어있는 '기회(인센티브)'까지 발굴하여 시각 화했다. 개발자는 AI가 제시한 3D 모델을 통해, 조망 권 확보라는 공공적 가치와 공공보행통로 확보를 통한 사업성 증대라는 두 마리 토끼를 동시에 잡는 최적의 전략을 한눈에 파악하고 의사결정을 내릴 수 있게 된다. 이처럼 AI는 법규의 미로를 탐험하는 가장 완벽한 안내자인 것이다.

주제 6

AI 도시부동산 개발의 4번째 단계: "기본설계와 BIM": AI가 읽는 디지털 설계 데이터

1. "AI 기반 기본설계 단계에서는 도시부동산 프로젝트의 BIM 데이터와 AI를 결합하여 설계 정확도를 향상시킨다."와 가상사례

1.1. AI 기반 기본설계 단계에서 BIM 데이터와 AI를 결합하여 설계 정확도 제고

예비설계 단계에서 AI가 수천 개의 창의적인 '덩어리(Mass)'를 탐색했다면, 이제 그 덩어리 내부에 뼈와 근육, 혈관과 신경을 채워 넣는 기본설계 단계로 나아갈 차례이다. 이 단계에서 AI의 가장 강력한 파트너는 바로 'BIM(Building Information Modeling)', 즉 살아있는 디지털 건축물 모델이다.

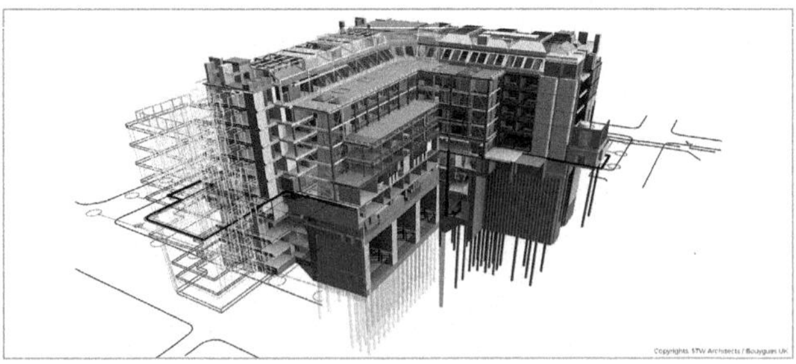

빌딩 정보 모델링(BIM) | WSP [https://www.wsp.com/ko-kr]

BIM을 단순히 3차원 스케치로 생각해서는 안 된다. BIM은 건물의 '디지털 쌍둥이(Digital Twin)'이다. BIM 모델 안의 모든 기둥, 모든 벽, 심지어 눈에 보이지 않는 배관 하나하나까지도 단순한 그림이 아니라, '정보'를 담고 있는 객체이다. 예를 들어, 특정 기둥을 클릭하면 그 기둥의 재료, 강도, 가격, 제조업체 정보까지 모두 담겨있는 것이다. 이는 건물이 실제로 지어지기 전에, 컴퓨터 안에 모든 정보가 완벽하게 구현된 가상의 건물을 먼저 짓는 것과 같다.

하지만 이토록 정교한 BIM 모델도 그 자체만으로는 수동적인 데이터베이스에 불과하다. 수십만 개의 부재와 정보로 이루어진 복잡한 모델 속에서, 인간의 눈만으로 모든 오류와 비효율성을 찾아내는 것은 거의 불가능에 가깝다. 바로 이 지점에서, BIM이라는 잘 짜인 '신체'에 AI라는 '지능적인 두뇌'가 결합되는 환상적인 순간이 펼쳐진다.

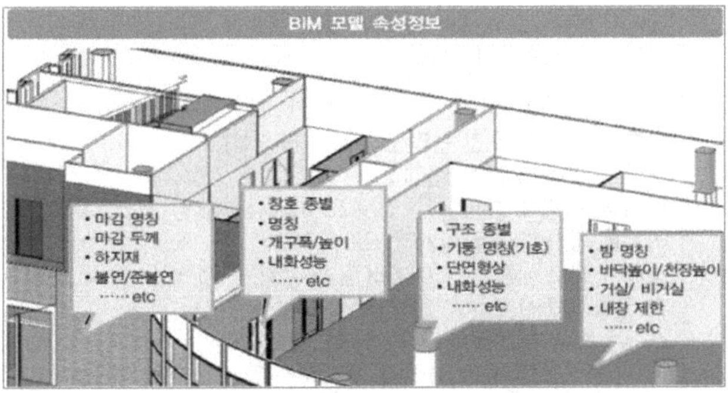

BIM이란 무엇인가? [https://www.ancnews.kr]

BIM은 단순히 3차원 그래픽을 넘어, 건축물의 전 생애주기에 걸친 모든 정보를 담고 있는 지능형 디지털 모델이다. 이는 AI가 건축물을 분석하고 최적화하기 위한 가장 핵심적인 데이터 기반이 된다. AI는 인간과 비교할 수 없는 속도와 정확성으로 BIM 모델의 모든 구석구석을 스캔하고 분석하여, 설계의 정확도를 극한으로 끌어올린다.

■ **BIM 모델의 목표, 분석방법 및 기술, 역할, 장단점, 도시부동산 활용예시**

구분	BIM(Building Information Modeling) 모델
목표	건축물의 기획, 설계, 시공, 유지관리, 폐기에 이르는 전 생애주기에 걸쳐 발생하는 모든 정보를 하나의 일관된 3차원 디지털 모델에 통합하여, 정보의 손실이나 왜곡 없이 모든 이해관계자가 투명하게 정보를 공유하고 협업하여 의사결정의 효율성과 정확성을 극대화하는 것을 목표로 한다.
분석 방법 및 기술	3차원 객체 기반 파라메트릭 모델링(Object-based Parametric Modeling) 기술이 핵심이다. 모든 건축 부재(기둥, 보, 벽, 창호 등)는 단순한 그래픽이 아닌, 고유한 정보(재료, 규격, 비용, 공정 등)를 속성으로 가지는 '객체(Object)'로 생성된다. 이러한 객체들 간의 상호 관계와 규칙이 정의되어 있어, 한 요소가 변경되면 관련된 다른 요소들이 자동으로 업데이트되는 지능형 모델링 방식을 사용한다.
역할(모델 자체의 역할)	단일 진실 공급원(Single Source of Truth): 프로젝트의 모든 정보가 통합된 중앙 저장소로서, 모든 참여자가 항상 동일하고 최신 버전의 정보를 기반으로 작업하도록 보장하는 역할을 수행한다. 시뮬레이션 플랫폼: AI가 수행하는 간섭 검토, 에너지 효율, 구조 해석, 공정 시뮬레이션(4D), 비용 시뮬레이션(5D) 등 다양한 가상 실험을 통해 설계안을 사전에 검증하고 최적화하는 플랫폼 역할을 한다. 정보 데이터베이스: 건축물의 모든 물리적, 기능적 정보가 담긴 생애주기 데이터베이스로서, 시공 단계의 물량 산출은 물론, 완공 후 유지관리 및 자산관리에 필요한 핵심 정보를 제공한다.
장점	협업 증진: 모든 이해관계자가 동일한 3D 모델을 공유하므로, 의사소통 오류를 줄이고 부서 간 협업 효율성을 극대화한다. 오류 및 재작업 감소: 설계 단계에서 3차원 간섭 검토(Clash Detection)를 통해 시공 중에 발생할 수 있는 오류를 사전에 발견하고 수정하여, 재시공 비용과 공기 지연을 획기적으로 줄인다. 정확한 정보 산출: 모델로부터 공사 물량, 면적, 비용 등의 정보를 자동으로 정확하게 산출하여 견적의 신뢰도를 높인다. 생애주기 관리 효율화: 완공 후에도 BIM 모델은 건물의 '디지털 매뉴얼'로서 시설물 교체, 공간 관리 등 유지보수 업무의 효율성을 높인다.
단점	초기 투자 비용: 고가의 소프트웨어 도입, 하드웨어 업그레이드, 전문가 교육 등에 상당한 초기 투자 비용이 발생한다. 전문 인력 부족: BIM 모델을 효과적으로 구축하고 활용할 수 있는 숙련된 전문 인력이 아직 부족하다. 표준 및 협업 체계: 다양한 소프트웨어 간의 데이터 호환성 문제나, 발주처-설계사-시공사 간의 BIM 기반 협업 프로세스가 표준화되지 않은 경우가 많아 효율성이 저하될 수 있다.

도시부동산 활용 예시	대규모 복합 쇼핑몰 개발 프로젝트에서, 초기 설계 단계부터 단일 BIM 모델을 구축한다. AI는 이 BIM 모델을 기반으로 건축 구조체와 설비 배관 간의 "간섭(Clash)"을 자동으로 수천 건 찾아내어 설계 오류를 수정한다. 또한, 각 매장의 면적에 따른 필요 공조 용량이 적절한지 설계 유효성을 검증하고, 거대한 아트리움의 철골 트러스를 설치하는 시공 과정을 시뮬레이션 하여 잠재적 위험을 제거한다. 공사 중에는 모델과 연동된 공정 관리(4D)를 통해 공기를 단축하고, 완공 후에는 이 BIM 모델을 유지관리팀에 이관하여 시설물 교체 및 공간 임대 관리를 위한 '디지털 자산'으로 활용한다.

1.2. BIM 데이터와 AI를 결합 가상사례

■ 가상사례 1: 보와 파이프의 교향곡, AI 지휘자가 조율하다

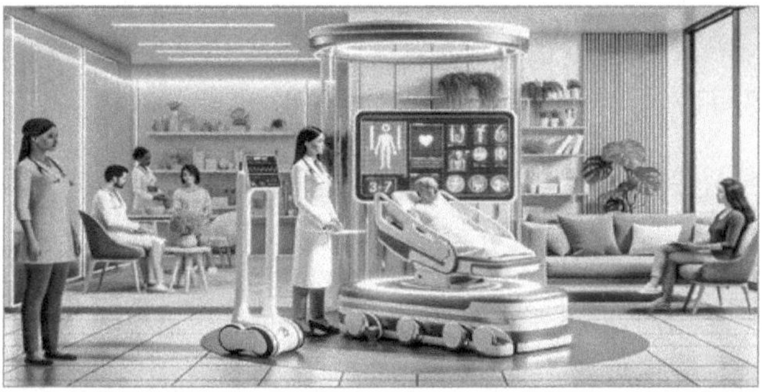

Smart Hospital [https://www.shutterstock.com]

1) **현안 과제:** 수술실, MRI실 등 복잡한 설비가 밀집된 최첨단 스마트 병원을 설계한다. 천장 속 공간은 구조보, 공조 덕트, 상하수도 배관, 의료용 가스관, 전력 케이블 등이 거미줄처럼 얽히는, 그야말로 '설비의 전쟁터'이다. 여기서 단 하나의 배관 간섭(Clash)이라도 발생하면, 공사 중단과 막대한 재시공 비용으로 이어진다.

2) **분석:** 건축, 구조, 기계설비(MEP) 팀이 각자 완성한 BIM 모델을 하나로 통합한 뒤, AI 기반 설계 검증 시스템을 통해 단 하룻밤 만에 전체 모델의 오류를 분석했다.

■ **AI 기반 BIM 설계 검증: 스마트 병원 프로젝트**(가상수치)

구분	인간 전문가 검토 설계안	AI 자동 검증 설계안
검토 방식	각 분야 전문가 10명이 2주간 수동 검토	AI 시스템이 8시간 동안 자동 검증
발견된 주요 간섭 (Major Clash)	28건	157건
발견된 경미한 간섭 (Minor Clash)	115건	842건
예상 재시공 비용	약 55억 원	약 3억 원(95% 절감)
설계 검토 소요 시간	14일	8시간(97% 단축)
AI 종합 평가	인간의 눈으로는 발견하기 어려운 수백 개의 잠재적 충돌 지점이 여전히 존재하여, 시공 단계에서 심각한 공기 지연 및 비용 상승 리스크를 내포하고 있다.	AI는 수백 개의 잠재적 오류를 사전에 식별하고 최적의 우회 경로까지 제안함으로써, '시공 무오류'에 가까운 완벽한 설계도를 완성했다. 이는 프로젝트의 안정성을 극대화하는 것이다.

3) **결론 및 시사점:** AI는 인간 전문가 팀이 2주 동안 찾아낸 것보다 5배 이상 많은 설계 간섭 지점을 단 8시간 만에 발견했다. 이는 AI가 인간보다 뛰어나다는 것을 넘어, 인간이 인지할 수 없는 복잡성의 영역을 AI가 해결해 줌을 의미한다. 책상 위 디지털 화면에서 찾아낸 오류 하나가, 건설 현장의 수십억 원의 손실과 수개월의 공기 지연을 막는, 그야말로 환상적인 가치 창출인 것이다.

■ 가상사례 2: 초고층 모듈러 빌딩의 조립 시뮬레이션

1) **현안 과제:** 공장에서 제작한 거대한 '모듈(Module)'을 현장에서 레고처럼 조립하는 방식으로 초고층 오피스 빌딩을 짓는다. 공기는 획기적으로 단축되지만, 단 하나의 모듈이라도 현장에서 조립되지 않는다면 프로젝트 전체가 멈추는 치명적인 리스크가 있다.

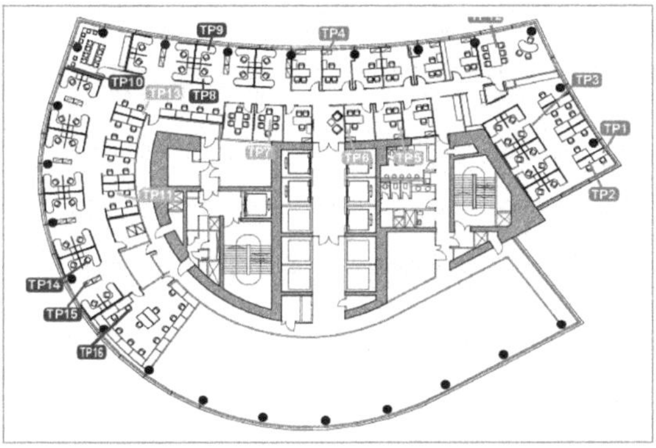

Floor plan of the floor in an office building with test points
[https://www.researchgate.net]

2) 분석: AI는 BIM 모델을 활용하여, 실제 현장에서의 모듈 조립 과정을 마치 게임처럼 수천 번 시뮬레이션 하는 '시공성 분석'을 수행했다.

■ **AI 기반 BIM 시공성 분석: 모듈러 빌딩 프로젝트(가상수치)**

분석 항목	AI 시뮬레이션 발견 문제점	AI 추천 해결 방안	예상 공기 단축 및 비용 절감 효과
코너 모듈 운송 및 양중	35층 코너 모듈의 크기가 타워크레인의 회전 반경 및 최대 양중 무게를 5% 초과하여 현장 설치가 불가능함을 발견했다.	해당 코너 모듈을 현장에서 조립 가능한 2개의 더 작은 모듈로 분할하여 제작하도록 설계를 자동 변경할 것을 추천한다.	공기 지연 3주 방지, 약 30억 원 비용 절감
주요 설비(MEP) 연결	모듈 간 공조(HVAC) 설비 연결부의 작업 공간이 협소하여, 작업자가 안전하게 접근하고 공구를 사용할 수 없음을 발견했다.	설비 연결부의 위치를 모듈 측면에서 전면으로 재배치하고, 작업자가 발을 딛고 설 수 있는 '서비스 발코니'를 설계에 추가할 것을 제안한다.	재작업 비용 15억 원 절감, 안전사고 발생 위험 감소
외장 패널 부착	특정 곡면 구간의 외장 패널을 부착할 때, 바로 아래층에 설치된 돌출형 차양과 간섭이 발생하여 시공 순서상 문제가 있음을 발견했다.	외장 패널을 먼저 부착한 뒤, 후(後) 공정으로 차양을 설치하는 방식으로 시공 순서를 변경할 것을 제안하고, 변경된 순서에 맞는 새로운 공정표를 생성한다.	공기 지연 1주 방지, 약 5억 원 비용 절감

3) 결론 및 시사점: AI는 '설계도' 속에 숨어있는 '시공의 함정'들을 미리 찾아내는 가상 현실의 현장소장 역할을 수행했다. AI의 시공성 분석 덕분에, 개발자는 수백억 원을 들여 제작한 모듈이 현장에서 조립되지 않는 최악의 악몽을 피할 수 있었다. 이처럼 BIM과 AI의 결합은 단순히 아름다운 설계를 넘어, 그 설계가 현실에서 가장 빠르고, 저렴하며, 안전하게 지어질 수 있도록 보증하는 가장 강력한 기술적 진보인 것이다.

2. "AI 기반 기본설계 단계에서는 도시부동산 프로젝트의 전생애주기비용(LCC) 분석을 통해 자재 및 설비 시스템을 최적화한다."와 가상사례

2.1. AI 기반 기본설계 단계에서 전생애주기비용(LCC) 분석을 통해 자재 및 설비 시스템의 최적화

우리가 자동차를 살 때, 단순히 차량 가격만 보는 사람은 현명한 소비자가 아니다. 연비는 어떤 지, 수리비는 얼마나 나올지, 즉 차량을 소유하는 '전체 기간' 동안 들어갈 총비용을 따져본다. 그런데 이상하게도, 수

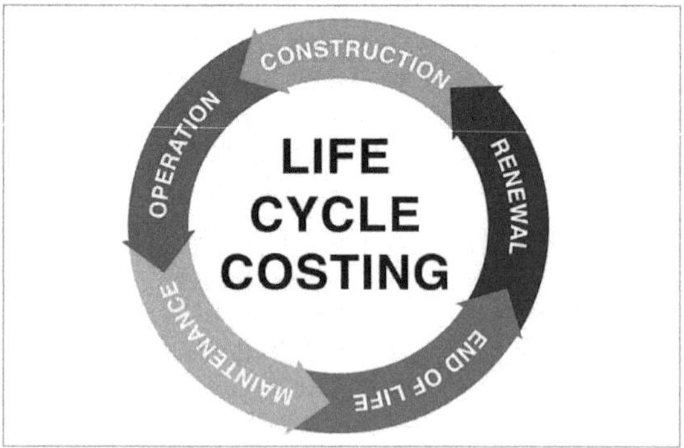

Life Cycle Costing [https://garlanduk.com]

천억 원이 오가는 거대한 도시부동산 프로젝트에서는 눈앞의 '초기 공사비'라는 빙산의 일각에만 집중하는 우를 범하곤 했다.

그 결과, 당장은 저렴하지만 에너지를 많이 소비하고 고장이 잦은 자재나 설비를 선택하여, 완공 후 수십 년간 막대한 운영 및 유지보수 비용을 건물 소유주와 입주자에게 전가시키는 일이 비일비재했다.

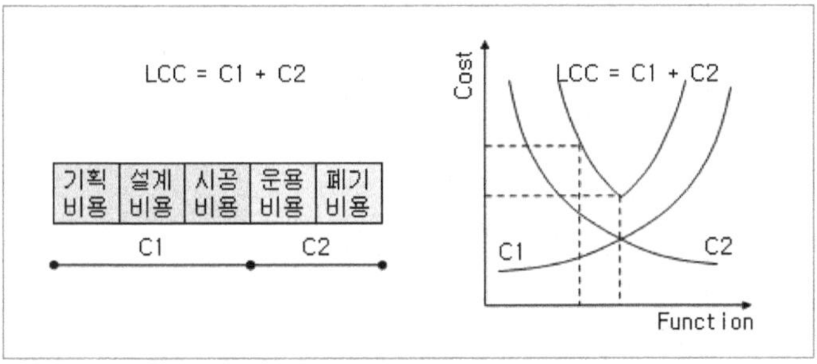

https://www.gigumi.com

AI는 이러한 근시안적 의사결정의 함정을 극복하는 '재무적 타임머신(Financial Time Machine)'의 역할을 수행한다. AI는 BIM 모델에 담긴 모든 자재와 설비 시스템 정보를 기반으로, 건물의 미래 30년, 50년 후까지의 모든 비용을 시뮬레이션 하는 '전생애주기비용(LCC, Life Cycle Cost) 분석'을 수행한다.

LCC = 초기 투자비 + 운영비(에너지, 인력 등) **+ 유지보수비**(수리, 교체) **+ 폐기비**

AI는 BIM 모델을 미래 에너지 가격, 자재 수명 데이터, 유지보수 주기 등 방대한 데이터베이스와 연결한다. 그리고 건물이 완공된 미래로 시간 여행을 떠나, A 창호 시스템을 선택했을 때의 30년간의 총 난방비와, B

창호 시스템을 선택했을 때의 총 난방비를 미리 계산해서 보여준다. 또한, C 냉동기는 15년마다 대규모 교체 비용이 발생하지만, D 냉동기는 30년간 큰 수리 없이 사용할 수 있다는 미래의 유지보수 일기까지 미리 알려준다.

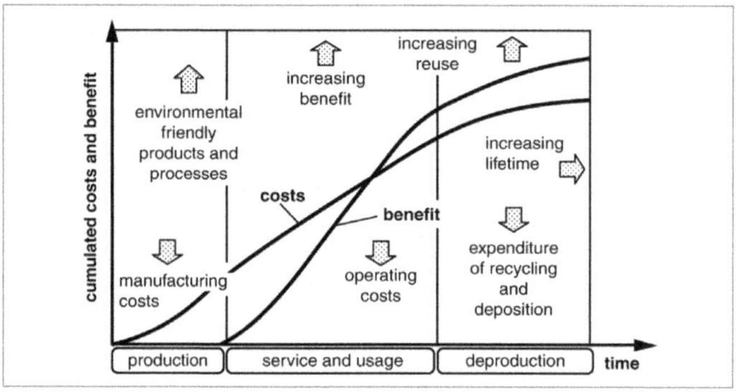

Life Cycle Cost | SpringerLink [https://link.springer.com]

이러한 모든 미래의 비용들은 '현재가치(Net Present Value)'로 할인되어, 시간의 가치까지 고려한 공정한 비교가 이루어진다. 결국 AI 기반 LCC 분석은 개발자와 설계자에게 미래를 내다보는 혜안을 제공한다. 이를 통해 '가장 싼 것'을 선택하는 과거의 관행에서 벗어나, 건물의 전 생애에 걸쳐 '가장 경제적인 것'을 선택하는, 현명하고 지속가능한 의사결정을 내리게 되는 것이다.

■ **전생애주기비용(LCC, Life Cycle Cost) 분석의 목표, 분석방법 및 기술, 역할, 장단점, 분석도구, 도시부동산 활용예시**

구분	상세 내용
목표	프로젝트의 초기 투자비용 뿐만 아니라, 완공 후 운영, 유지보수, 폐기에 이르는 전 과정에서 발생하는 모든 비용을 종합적으로 분석하여, 건물의 전 생애에 걸쳐 총비용이 가장 경제적인 최적의 대안(자재, 설비, 공법 등)을 선택하는 것을 목표로 한다.
분석 방법 및 기술	BIM 모델에 입력된 자재, 설비 등의 정보를 기반으로, 미래 에너지 가격, 자재 수명, 유지보수 주기 등의 데이터베이스와 연동한다. 미래 현금 흐름 추정을 통해 수십 년 간의 운영비와 유지보수비를 시뮬레이션하고, 이를 현재가치(NPV, Net Present Value) 할인법을 적용하여 모든 비용을 현재 시점으로 환산하여 비교 평가하는 기술을 활용한다.
역할(AI와 인간)	AI/시스템: BIM 모델과 외부 데이터베이스를 연동하여, 정의된 기간(예: 30년, 50년) 동안의 에너지비, 수리비, 교체 비 등 미래에 발생할 모든 비용을 자동으로 시뮬레이션하고 현재가치로 계산하는 역할을 수행한다. 인간(개발자/설계자): 분석할 대안(예: A 창호와 B 창호)을 설정하고, 분석 기간, 할인율 등 주요 변수를 결정한다. AI가 제시한 LCC 분석 결과를 바탕으로, 단기적 비용과 장기적 가치를 종합적으로 고려하여 최종 의사결정을 내린다.
장점	총 소유비용(TCO) 절감: 눈앞의 초기 공사비가 아닌, 숨겨진 미래의 운영 및 유지보수 비용까지 고려하므로 건물의 전 생애에 걸친 총비용을 최소화할 수 있다. 합리적 의사결정 지원: 초기 투자비가 높더라도 장기적으로 더 경제적인 고효율 자재나 설비를 선택할 수 있는 객관적이고 정량적인 근거를 제공한다. 자산 가치 증대: 에너지 효율이 높고 유지보수 비용이 적게 드는 건물은 장기적으로 자산 가치와 임대 경쟁력이 높아진다.
단점	미래 예측의 불확실성: 미래의 에너지 가격, 물가상승률, 기술 발전 등 장기적인 변수 예측에 의존하므로, 실제 발생하는 비용과 차이가 있을 수 있다. 데이터 확보의 어려움: 자재 및 설비의 정확한 수명, 수리 주기, 고장률 등에 대한 신뢰도 높은 데이터베이스를 구축하는 데 어려움이 있다. 분석의 복잡성: 다양한 변수와 시나리오를 고려해야 하므로 분석 과정이 복잡하고 초기 모델 구축에 시간과 비용이 소요될 수 있다.
분석 도구	BIM 소프트웨어(Revit, ArchiCAD 등)를 기본 플랫폼으로 활용한다. 여기에 연동되는 LCC 전문 분석 소프트웨어, 에너지 시뮬레이션 툴(EnergyPlus, IESVE), 그리고 엑셀 등 경제성 분석 도구를 함께 사용한다.

도시부동산 활용 예시	오피스 빌딩의 냉방 시스템 선정 시, 초기 투자비가 50억 원으로 저렴한 '시스템 A'와 70억 원으로 비싼 고효율 '시스템 B'를 비교한다. AI가 30년간의 LCC를 분석한 결과, 시스템 B가 매년 1억 원의 에너지 비용을 절감하여 30년간 총 30억 원을 절약하고, 주요 부품 교체 주기도 길어 유지보수비가 10억 원 더 적게 드는 것으로 나타났다. AI는 미래 비용을 현재가치로 할인하여, 초기 투자비 20억 원 차이에도 불구하고 시스템 B의 총 LCC가 15억 원 더 저렴하다는 분석 결과를 제시, 최종적으로 시스템 B를 채택하게 한다.

2.2. 전생애주기비용(LCC, Life Cycle Cost) 분석 가상사례

■ 가상사례 1: 유리 외벽의 선택, 30년 후를 내다보다

프라임 오피스란? 기준, 장점, 권역별 대표 빌딩 살펴보기 [https://smatch.kr]

1) **현안 과제:** 서울의 중심업무지구(CBD)에 프라임 급 오피스 빌딩을 설계한다. 설계팀은 건물의 미관을 위해 전면 유리 외벽(커튼 월)을 제안했다. 문제는 창호 시스템의 선택이다. 초기 투자비가 저렴한 '일반 복층유리'와, 20% 더 비싸지만 단열 성능이 뛰어난 '고효율 삼중유리(Low-E)'사이에서 고민에 빠졌다.

2) **분석:** AI는 두 가지 창호 시스템을 적용했을 경우, 향후 30년간 건물의 총 소유 비용이 어떻게 달라지는지를 LCC 분석을 통해 명쾌하게 비교했다.

■ AI 기반 LCC 분석: 오피스 외벽 창호 시스템 비교(30년 기준, 가상수치)

구분	시스템 A: 일반 복층유리	시스템 B: 고효율 삼중유리	비고
초기 투자비	100억 원	120억 원	시스템 B가 20억 원 더 비싸다.
30년간 총 에너지 비용(냉난방비)	300억 원	150억 원	시스템 B가 압도적인 단열 성능으로 에너지 비용을 50% 절감한다.
30년간 총 유지 보수비(결로, 코팅 등)	30억 원	10억 원	시스템 B의 내구성이 뛰어나 유지보수 발생 빈도가 낮다.
30년 총 생애주기비용 (LCC) (초기비+운영비+유지비)	430억 원	280억 원	초기 투자비 차이에도 불구하고, 시스템 B가 장기적으로 150억 원 더 경제적이다.

3) **결론 및 시사점:** AI의 분석이 없었다면, 개발사는 눈앞의 20억 원을 아끼기 위해 '시스템 A'를 선택했을 가능성이 높다. 그러나 AI라는 재무적 타임머신을 통해 30년 후를 내다본 결과, '시스템 B'에 20억 원을 더 투자하는 것이 미래에 150억 원의 가치로 돌아오는, 압도적으로 현명한 투자임을 명확히 인지하게 되었다. 이는 건물의 가치를 장기적으로 보존하고 ESG 경영 목표까지 달성하는 합리적인 의사결정이다.

■ 가상사례 2: 건물의 심장, 냉난방(HVAC) 시스템 최적화

1) **현안 과제:** 대규모 복합 쇼핑몰의 핵심 설비인 냉난방(HVAC) 시스템을 선정해야 한다. 초기 설치비가 상대적으로 저렴한 '일반 중앙 공조 시스템'과, 초기 투자비는 훨씬 높지만 에너지 효율이 높고 수명이 긴 '지열 히트펌프 시스템'이 최종 후보에 올랐다.

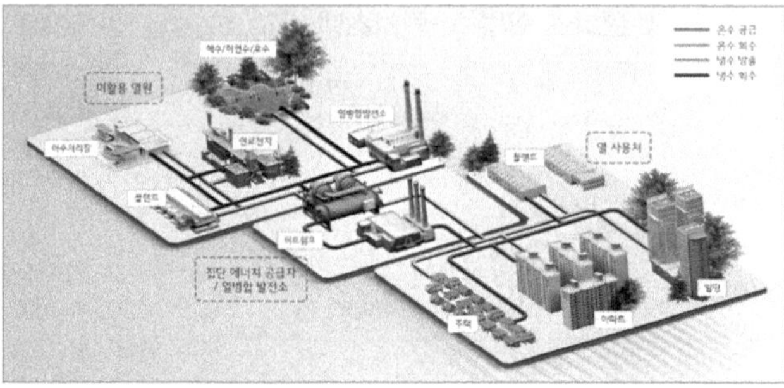

냉난방공조(HVAC), AI 시대 필수 기술 [https://www.mydailybyte.com]

2) **분석:** AI는 두 시스템의 50년 생애주기비용을 에너지 비용 뿐만 아니라, 중간에 발생하는 대규모 교체 비용까지 모두 고려하여 시뮬레이션 했다.

■ **AI 기반 LCC 분석: 복합 쇼핑몰 HVAC 시스템 비교**(50년 기준, 가상수치)

구분	시스템 A: 일반 중앙공조 시스템	시스템 B: 지열 히트펌프 시스템	비고
초기 투자비	500억 원	800억 원	시스템 B가 300억 원 더 비싸다.
50년간 총 에너지 비용	1,500억 원	400억 원	신재생에너지를 활용하는 시스템 B의 에너지 비용이 70% 이상 저렴하다.
50년간 총 유지보수비 (주요 장비 교체 포함)	600억 원 (25년차 주요 장비 전면 교체)	100억 원 (주요 부품 교체)	시스템 A는 25년차에 대규모 교체 비용이 발생하나, 시스템 B는 내구성이 높아 부분 수리만 필요하다.
50년 총 생애주기비용(LCC) (초기비+운영비+유지비)	2,600억 원	1,300억 원	초기 투자비가 높음에도 불구하고, 지열 시스템이 장기적으로 2배 더 경제적인 압도적인 결과를 보여준다.

3) **결론 및 시사점:** AI의 LCC 분석은 '일반 중앙공조 시스템'의 저렴한 초기 비용 이면에 숨겨진 '25년 후의 대규모 교체 비용'이라는 거대

한 미래의 덫을 명확하게 보여주었다. 개발사는 이 분석을 통해 단기적인 비용 절감의 유혹을 뿌리치고, 건물의 50년, 100년 가치를 내다보는 지속가능한 투자를 결정할 수 있게 된다. 이처럼 AI는 보이지 않는 시간의 가치와 리스크를 정량 화하여, 도시부동산을 단순한 구조물이 아닌 살아있는 장기적 자산으로 바라보게 만드는 환상적인 지혜를 제공하는 것이다.

3. "AI 기반 기본설계 단계에서는 도시부동산 프로젝트의 공법, 자재, 비용 등을 AI가 자동 비교·선택한다."와 가상사례

3.1. 기본설계 단계에서 프로젝트의 공법, 자재, 비용 등을 AI가 자동 비교·선택

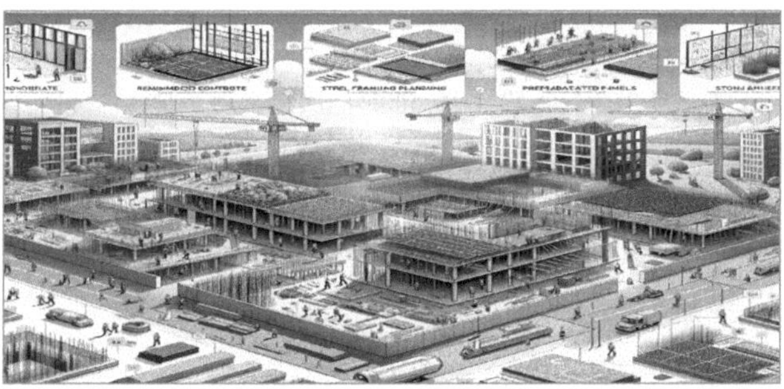

현대 건축의 혁신: 5가지 주목해야 할 첨단 건축공법: 모듈러 건축, 3D프린팅 건축, 프리패브 건축, 스마트 건축(IoT + AI), 친환경 건축 [https://brunch.co.kr]

위대한 건축가가 아무리 환상적인 설계도를 그려낸다 한들, 그것을 실제로 구현할 수 있는 최적의 '건설 레시피'를 찾지 못한다면 청사진은 종이 위에 잠자는 꿈에 불과하다. 어떤 공법으로 뼈대를 세우고, 어떤 자재로 마감하며, 그 결과 비용은 얼마나 들고 공기는 얼마나 걸릴 것인가?

이 복잡다단한 조합의 문제를 푸는 것은 지금까지 소수 전문가의 경험과 제한된 정보에 의존하는, 매우 아날로그 적인 영역이었다. 이는 마치 수만 개의 레고 블록이 담긴 상자에서, 늘 사용하던 몇 종류의 블록만으로 작품을 만드는 것과 같았다.

AI는 이 '건설 레시피'를 찾는 과정을, 수십만 개의 변수가 얽힌 '다차원 최적화 문제'로 전환시킨다. AI는 BIM 모델에 담긴 건물의 모든 기하학적 형태와 정보를 바탕으로, 세상에 존재하는 거의 모든 공법과 자재에 대한 방대한 데이터베이스를 실시간으로 탐색한다.

■ **기본설계 단계에서AI 기반 공법 및 자재 데이터베이스 유형별 목표, 분석방법 및 기술, 역할, 장단점, 분석도구, 도시부동산 활용예시**

구분	공법 데이터베이스	자재 데이터베이스	비용 데이터베이스
목표	철근콘크리트(RC), 철골(Steel Frame), 모듈러 등 다양한 건설 공법의 기술적 특성, 적용 조건, 공사 기간 등을 체계적으로 데이터 화하여, 특정 프로젝트에 가장 적합한 공법을 객관적으로 비교·선택할 수 있는 기반 제공을 목표로 한다.	건축 자재의 기술적 특성(강도, 내구성), 경제적 정보(시장 가격, 공급망), 환경적 영향(내재 탄소량)을 정량적 데이터로 구축하여, 다각적인 기준에서 최적의 자재를 선택할 수 있도록 지원하는 것을 목표로 한다.	변동성이 큰 자재비, 지역별 인건비, 장비 임대료 등 공사비 구성 요소를 실시간으로 수집·관리하여, 설계 변경 및 공법/자재 선택에 따른 비용 변화를 즉각적이고 정확하게 예측하는 것을 목표로 한다.
분석 방법 및 기술	- 4D BIM(공정) 시뮬레이션 - 공법별 표준 공기 산정 모델 - 생산성 및 리스크 매트릭스 분석 - 온톨로지(Ontology) 기반 지식 구조화	- 전과정평가(LCA)를 통한 환경 부하 분석 - 자재 물성 데이터 분석 - 공급망 관리(SCM) 분석 - 머신 러닝 기반 신소재 성능 예측	- 5D BIM(비용) 통합 모델링 - 웹 스크레이핑을 통한 실시간 가격 수집 - 시계열 분석을 통한 가격 예측 - 공사비 산출 자동화 (Automated Quantity Take-off)

역할 (AI와 인간)	AI: BIM 모델을 인식하여, 각 공법 적용 시의 예상 공기, 필요 인력, 리스크 등을 자동으로 시뮬레이션하고 비교 리포트를 생성한다. 인간: 프로젝트의 최우선 목표(공기, 비용 등)를 설정하고, AI의 비교 데이터를 바탕으로 최종 공법을 선택한다.	AI: 설계 목표(예: '내재 탄소량 최소화')를 입력받으면, 데이터베이스를 탐색하여 예산과 성능을 만족시키는 최적의 자재 조합을 자동으로 추천한다. 인간: AI가 추천한 자재의 심미성 등 정성적 요소를 평가하고, 실제 수급 가능성을 검토하여 최종 자재를 확정한다.	AI: BIM 모델에서 물량을 자동 산출하고, 실시간 DB와 연동하여 총 공사비를 즉시 계산한다. 설계 변경 시 비용 변화를 실시간으로 제시한다. 인간: AI가 산출한 공사비의 타당성을 검토하고, 관리적 요소를 반영하여 최종 예산을 확정한다.
장점	- 경험적 편향을 배제하고, 데이터 기반으로 최적의 공법을 선택할 수 있다. - 공사 기간과 투입 자원을 사전에 정확하게 예측할 수 있다.	- 비용, 성능, 친환경성 등 다중 목표를 동시에 고려한 최적의 자재 선택이 가능하다. - 잘 알려지지 않은 혁신적인 신소재를 발굴하고 적용할 기회를 제공한다.	- 설계 변경에 따른 비용 영향을 실시간으로 파악하여, 예산 범위 내에서 최적의 설계를 유도할 수 있다. - 시장 가격 변동을 신속하게 반영하여 견적의 정확성을 높인다.
단점	- 신기술이나 비정형 공법에 대한 데이터가 부족할 수 있다. - 작업자 숙련도, 기후 등 현장의 비정량적 요인을 완벽히 반영하기 어렵다.	- 자재 시장 가격과 공급망 정보는 변동성이 커 실시간으로 정확한 데이터를 유지하기 어렵다. - 자재의 장기적인 성능이나 내구성에 대한 데이터 축적에 오랜 시간이 걸린다.	- 실시간으로 정확한 가격 정보를 수집하고 검증하는 데 높은 기술력과 지속적인 관리가 필요하다. - 계약 조건이나 협상 등 정성적인 비용 요소를 반영하는 데는 한계가 있다.
분석 도구	- 4D BIM 시뮬레이션 소프트웨어(Navisworks) - 공정 관리 소프트웨어(Primavera P6) - 지식 그래프 데이터베이스	- 자재 라이브러리 소프트웨어(Material Bank) - LCA 분석 소프트웨어(Gabi, SimaPro) - BIM 연동 자재 정보 플랫폼	- 5D BIM 소프트웨어(CostX, Navisworks) - 웹 스크레이핑 툴 - 실시간 가격 정보 API/ERP 시스템

도시부동산 활용 예시	도심 초고층 빌딩 프로젝트에서, AI가 RC, 철골, PC 공법을 각각 적용한 4D 시뮬레이션을 실행하여, PC 공법이 총 공사 기간을 6개월 단축할 수 있다는 데이터를 제시, 최종 공법으로 채택하게 한다.	ESG 경영을 목표로 하는 오피스 빌딩에서, AI가 구조용 자재로 '일반 콘크리트'와 '구조용 집성재(CLT)'를 비교하여, CLT가 내재 탄소량은 70% 낮추면서 비용 증가는 10% 내외라는 분석 결과를 제시하여 최종 자재로 선택하도록 돕는다.	아파트 예비설계 중, 외장재를 '일반 석재'에서 '고급 테라코타 패널'로 변경하자, AI가 실시간 비용DB를 조회하여 총 공사비가 35억 원 증가할 것이라는 예측을 즉시 제시하여, 예산 범위 내에서 디자인 결정을 내리도록 한다.

인간이 프로젝트의 목표, 즉 '최소 비용', '최단 공기', '최고 품질', '최저 탄소배출' 등 우선순위를 설정하면, AI는 이 목표들을 기준으로 수천, 수만 가지의 '공법-자재-비용' 조합을 시뮬레이션 한다. 그리고 각 조합의 장단점을 명쾌한 데이터로 비교하여, 마치 최고의 컨설턴트처럼 가장 현명한 길을 추천한다. 이제 개발자는 더 이상 익숙한 관행에 기대는 것이 아니라, 데이터가 증명하는 최적의 건설 전략을 선택하는 과학적 의사결정자가 되는 것이다.

3.2. 공법, 자재, 비용 등을 AI가 자동 비교·선택 가상사례

- 가상사례 1: 시간과의 싸움, 초고층 오피스의 최적 공법 찾기

블록 쌓듯 조립하여 고층 건물 세운다 [https://www.sciencetimes.co.kr]

1) **현안 과제:** 서울 도심 한복판에 50층 규모의 프라임 급 오피스를 건설한다. 하루라도 빨리 완공하여 임대 수익을 창출하는 것이 프로젝트의 가장 중요한 목표, 즉 '공기 단축'이 최우선 과제이다.

2) **분석:** AI에게 BIM 모델과 '공기 단축 최우선'이라는 목표를 입력하고, 이 건물을 짓는 가장 빠르고 합리적인 구조 공법을 찾아내도록 지시했다. AI는 주요 구조 공법별로 총 공사 기간과 비용, 현장 리스크 등을 종합적으로 시뮬레이션 했다.

■ **AI 기반 공법 자동 비교·선택: 초고층 오피스 프로젝트**(가상수치)

구분	전통적 철근콘크리트 (RC) 공법	철골(Steel Frame) 공법	PC(Precast Concrete) 공법
총 공사 기간	30개월	28개월	26개월
총 공사비	5,000억 원	6,200억 원	5,500억 원
현장 작업 인력	약 500명/일	약 350명/일	약 250명/일
탄소 배출량 지수	120	110	100
AI 종합 추천	비용은 가장 저렴하나, 공사 기간이 가장 길어 최우선 목표인 '공기 단축'에 부합하지 않는다.	공기는 빠르지만, 과도한 공사비 증가로 인해 사업성이 저하되는 단점이 있다.	초기 비용은 RC 공법보다 다소 높지만, 공장에서 부재를 사전 제작하여 현장 작업을 최소화함으로써 가장 빠른 공기를 달성하고, 현장 안전 및 품질 관리에도 가장 유리한 최적의 대안이다.

3) **결론:** AI의 다각적 분석은 '가장 빠르면서도 합리적인 비용'이라는 두 마리 토끼를 잡을 수 있는 최적의 공법으로 PC(프리캐스트 콘크리트) 공법을 명확히 지목했다. 이 데이터 기반 추천 덕분에, 개발사는 단순히 익숙하다는 이유로 전통적 RC 공법을 선택하는 관성에서 벗어나, 10개월의 공기 단축과 수백억 원의 임대수익 조기 확보라

는 엄청난 사업적 가치를 얻게 되는 것이다.

■ 가상사례 2: 탄소중립 데이터센터의 친환경 자재 탐색

가비아 통합 사옥·데이터센터 데일리e뉴스 [http://www.dailyenews.co.kr]

1) **현안 과제:** 한 글로벌 IT 기업이 ESG 경영의 일환으로, 건설 과정에서부터 탄소 배출을 최소화하는 '탄소중립 데이터센터'를 짓고자 한다. 최우선 목표는 건물의 '내재 탄소량(Embodied Carbon)'을 최소화하는 것이다.

2) **분석:** AI에게 구조적 안정성과 예산을 만족시키면서, 건물의 전 생애주기에 걸쳐 탄소 발자국이 가장 적은 최적의 '자재 조합'을 찾아내도록 명령했다.

■ **AI 기반 친환경 자재 자동 비교·선택: 데이터센터 프로젝트(가상수치)**

구분	A안: 일반 자재 조합	B안: 저탄소 자재 조합	C안: AI 추천 최적 조합
주요 구조 자재	일반 철근콘크리트	고로슬래그 시멘트 콘크리트	구조용 집성재(CLT)
주요 외장 자재	알루미늄 복합패널	재활용 벽돌 타일	고단열 삼중유리
총 내재 탄소량	5,000톤	3,500톤	1,200톤

총 자재 비용	800억 원	920억 원	980억 원
구조 안정성 등급	우수	우수	최우수
AI 종합 추천	가장 저렴하지만, 프로젝트의 핵심 목표인 '탄소중립'을 달성하기에 가장 부적합한 선택지이다.	일반 자재 대비 탄소 배출량을 줄일 수 있으나, 더 혁신적인 대안이 존재한다.	초기 자재 비용은 가장 높지만, 내재 탄소량을 76% 감축하여 프로젝트의 ESG 목표를 완벽하게 달성한다. 또한, 목구조의 경량성 덕분에 기초 공사비를 절감하여 전체 공사비 증가분은 10% 내외로 통제 가능한 최적의 친환경 솔루션이다.

3) 결론 및 시사점: AI는 수천 개의 자재 데이터를 비교 분석하여, 일반인에게는 생소할 수 있는 "구조용 집성재(CLT, Cross-Laminated Timber)"라는 혁신적인 목재를 최적의 대안으로 제시했다. AI는 CLT가 콘크리트보다 탄소 발자국이 현저히 낮을 뿐만 아니라, 공장에서 정밀하게 제작되어 시공 품질과 속도까지 높일 수 있다는 사실을 데이터로 증명했다. 이는 AI가 단순한 비용 계산기를 넘어, 지속가능한 미래 건축을 위한 창의적인 해결책을 제시하는 '녹색 건축 컨설턴트'의 역할을 수행함을 보여주는 환상적인 사례인 것이다.

4. "AI 기반 기본설계 단계에서는 AI가 도시부동산 프로젝트의 사용자 맞춤형 공간 레이아웃을 제안한다."와 가상사례

4.1. 기본설계 단계에서 AI 기반의 사용자 맞춤형 공간 레이아웃 제안

지금까지 우리는 '84㎡ A타입', '59㎡ B타입'처럼, 표준화된 몇 개의 '틀'에 우리의 삶을 맞추며 살아왔다. 이는 건설사 입장에서 대량생산에

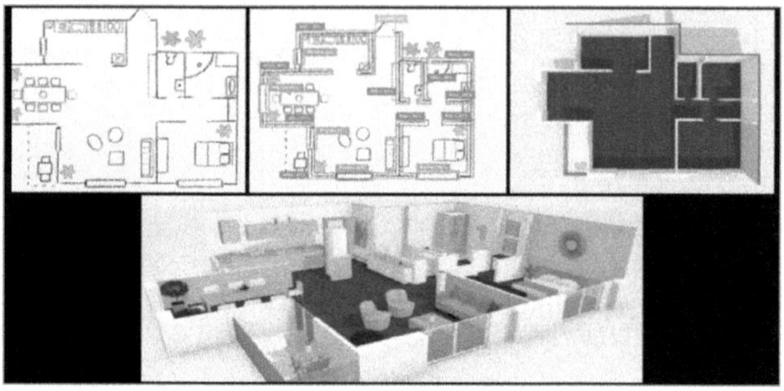

AI를 이용한 디자인 시대: 네이버 블로그 [https://m.blog.naver.com]

용이한 방식이었지만, 재택근무를 하는 프리랜서, 어린 자녀를 둔 맞벌이 부부, 반려동물과 함께 사는 1인 가구 등 천차만별인 우리의 다채로운 삶을 담아 내기에는 턱없이 부족한 그릇이었다. 이는 마치 모든 사람에게 똑같은 사이즈의 기성복을 입으라고 하는 것과 같았다.

AI는 이러한 '공간의 획일성'에 종언을 고하고, '공간의 대량맞춤(Mass Customization)'시대를 여는 마스터 테일러(Master Tailor)의 역할을 수행한다. AI는 더 이상 평균적인 인간을 위한 표준화된 도면을 그리지 않는다. 대신, 그 공간을 사용할 사람들의 라이프스타일 데이터를 깊이 학습하여, 마치 개인의 신체 치수를 재어 맞춤 정장을 만들듯, 각자의 삶에 최적화된 수백, 수천 가지의 서로 다른 공간 레이아웃을 제안한다.

1) **사용자 페르소나 분석:** AI는 잠재 수요자들의 라이프스타일 설문 데이터(재택근무 빈도, 취미, 자녀 유무, 선호하는 인테리어 스타일 등)를 클러스터링(Clustering) 알고리즘으로 분석한다. 이를 통해 '육아에 집중하는 영유아 자녀 가족', '일과 삶의 분리를 중시하는 재택근무 전문가', '반려동물과의 교감을 중시하는 딩크족' 등 유의미한 사용자 그룹, 즉 '페르소나(Persona)'를 자동으로 정의한다.

2) **생성형 공간 배치:** AI는 각 페르소나가 가장 필요로 하는 공간적 요구사항을 '목표 함수'로 설정한다. 그리고 주어진 평면 위에서, 이 목표를 극대화하는 수천 개의 공간 배치(방, 거실, 주방 등의 위치와 크기) 조합을 생성형 디자인 기술로 탐색한다. '아이의 안전한 놀이 공간 확보'가 최우선 목표인 페르소나와, '집중할 수 있는 방음 홈오피스'가 최우선인 페르소나에게는 완전히 다른 최적의 공간 레이아웃이 제안되는 것이다.

이제 건물은 더 이상 똑같은 방들의 집합이 아니다. 각기 다른 삶의 이야기를 담아내는, 살아있는 맞춤형 플랫폼으로 진화한다. 이는 건축이 비로소 인간의 삶과 완벽하게 조응하기 시작했음을 알리는 환상적인 신호탄이다.

4.2. AI 기반의 사용자 맞춤형 공간 레이아웃 가상사례

■ 가상사례 1: 당신에게 꼭 맞는 아파트, AI가 만들어주다

1) **현안 과제:** 한 건설사가 1,000세대 규모의 신축 아파트를 분양한다. 과거처럼 3~4개의 획일적인 평면을 제공하는 대신, AI를 통해 잠

1000세대 이상 랜드마크 '대단지 아파트', 높은 미래가치로 주목
[https://www.khan.co.kr]

재 계약자들의 라이프스타일을 분석하고, '선택 가능한 100가지 평면'이라는 혁신적인 컨셉을 도입하고자 한다.

2) **분석:** AI는 5,000명의 잠재 수요자 설문 데이터를 분석하여, 가장 대표적인 3개의 페르소나를 정의하고, 각 페르소나를 위한 최적의 맞춤형 공간 레이아웃을 생성했다.

■ **AI 기반 사용자 페르소나별 주거 공간 레이아웃 최적화**(가상수치)

구분	페르소나 A: 어린 자녀를 둔 맞벌이 부부	페르소나 B: 재택근무 프리랜서	페르소나 C: 은퇴 후 취미생활을 즐기는 노부부
주요 라이프 스타일 니즈	- 아이의 안전한 놀이 공간 확보 - 부족한 수납공간 - 부모의 휴식 공간	- 일과 삶의 완벽한 분리 - 집중을 위한 방음 - 화상회의를 위한 배경	- 부부 각자의 독립된 취미 공간 - 손님맞이를 위한 넓은 거실 - 반려동물 케어 공간
AI 추천 공간 레이아웃 특징	- 거실과 연결된 '맘스 오피스 겸 키즈 스터디룸' - 대형 팬트리 및 현관 클린룸 - 안방 내 미니 서재 공간	- 현관 옆에 배치된 '독립형 방음 홈오피스' - 별도의 출입문 설계 - 조명 및 배경 최적화	- 2개의 방을 각각 '서재'와 '작업실'로 - 가변형 벽체를 활용한 확장형 거실 - 발코니 내 '펫 샤워 존' 및 텃밭
사용자 만족도 예측 점수	95점 (표준 평면 대비 +25점)	98점 (표준 평면 대비 +30점)	92점 (표준 평면 대비 +22점)
추가 분양가 가치(프리미엄)	+ 8%	+ 12%	+ 7%

3) **결론 및 시사점:** AI의 페르소나 기반 맞춤형 설계는 '우리 집에 내 서재 하나 없는' 아빠, '아이 때문에 집이 늘 어수선한' 엄마의 숨겨진 불만을 정확히 해결해 주었다. 개발사는 이 혁신적인 접근을 통해, 주변 단지보다 높은 분양가에도 불구하고 이례적인 청약 완판을 기록한다. 이는 아파트가 더 이상 사는(Buy) 곳이 아닌, 나의 삶

을 담는(Live) 공간으로 진화했음을 보여주는 상징적인 사건이 되는 것이다.

■ 가상사례 2: 생각하고 적응하는 오피스, AI 공간 전략가

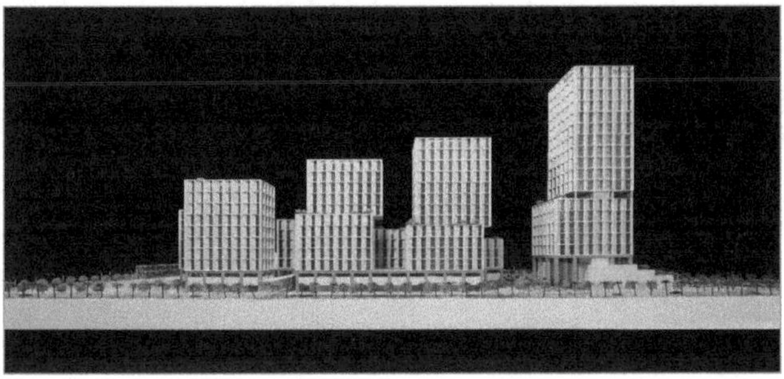

섹션 모델 아키텍처: 설계, 기술 및 응용 프로그램 [https://www.qzymodels.com]

1) **현안 과제:** 한 IT 기업이 포스트 코로나 시대에 맞는 새로운 사옥을 설계한다. 더 이상 오피스는 개인 업무 공간이 아닌, '협업'과 '혁신', '문화'를 위한 공간이 되어야 한다. 각기 다른 업무 패턴을 가진 팀들의 생산성을 극대화하는 것이 지상 최대의 과제이다.

2) **분석:** AI는 각 팀의 업무 데이터(회의 빈도, 협업 네트워크, 집중 업무 시간 등)를 분석하여, 팀의 특성에 맞는 최적의 공간 조합과 레이아웃을 제안하는 'AI 공간 전략가'의 역할을 수행했다.

■ **AI 기반 팀 특성별 오피스 공간 레이아웃 최적화**(가상수치)

구분	A팀: 소프트웨어 개발팀	B팀: 마케팅팀	C팀: 신사업기획팀
주요 업무 패턴	- 장시간의 고도의 개인 집중 업무(80%) - 소규모 기술 회의(20%)	- 빈번한 브레인스토밍(40%) - 자유로운 소셜 및 네트워킹(30%) - 개별 업무(30%)	- 높은 수준의 보안이 요구되는 회의(50%) - 장기 프로젝트를 위한 팀 공간(30%) - 개별 리서치(20%)

AI 추천 공간 조합	- 완전 몰입형 '개인 포커스룸'(70%) - 2-4인용 소규모 '테크 허들룸'(20%) - 휴게 공간(10%)	- 개방형 '아이데이션 라운지'(40%) - 카페형 '소셜 허브'(30%) - 자율 좌석존(30%)	- 보안 등급 최상의 '시크릿 미팅룸'(50%) - 장기 전용 '프로젝트룸(War Room)'(30%) - 자료실 및 개인 좌석(20%)
예상 협업 빈도 증가율	+ 15% (필요한 협업만 증가)	+ 60% (자유로운 협업 극대화)	+ 40% (집중적 협업 강화)
예상 업무 생산성 향상률	+ 25%	+ 18%	+ 22%

3) **결론 및 시사점:** AI는 '모두를 위한 하나의 오피스'라는 낡은 개념을 파괴했다. 대신, 각 팀의 고유한 업무 DNA에 맞는 다양한 공간들이 유기적으로 결합된 '오피스 생태계(Office Ecosystem)'를 창조했다. 개발자들은 소음 없는 포커스룸에서 최고의 코드를 작성하고, 마케터들은 아이데이션 라운지에서 자유롭게 아이디어를 교환한다. 이는 공간이 단순한 배경이 아니라, 기업의 혁신과 생산성을 이끄는 가장 강력한 도구가 될 수 있음을 증명하는 환상적인 사례인 것이다.

주제 7

AI 도시부동산 개발의 5번째 단계: "인허가 전략"에서 AI를 도입하는 방법

1. "AI 기반 인허가 전략수립 단계에서는 도시부동산 프로젝트의 인허가 프로세스 시뮬레이션 및 최적 경로를 탐색한다."와 가상사례

1.1. AI 기반 인허가 전략수립 단계에서 인허가 프로세스 시뮬레이션 및 최적 경로의 탐색

도시부동산 개발이라는 거대한 여정에서 가장 험난하고 예측 불가능한 밀림 지대를 꼽으라면, 단연 '인허가' 과정일 것이다. 건축허가, 교통영향평가, 환경영향평가, 문화재 심의 등 수십 개의 관문과 수백 종류의 서류로 이루어진 이 과정은, 마치 출구 없는 관료주의의 정글과도 같다. 어떤 서류를 먼저 제출해야 하는지, 어떤 심의가 가장 오래 걸릴지, 어떤 부서가 핵심적인 결정권을 쥐고 있는지에 대한 명확한 지도 없이, 개발자는 그저 관행과 경험에 의존해 한 걸음씩 나아갈 뿐이었다. 이 정글에서 길을 잃고 헤매는 시간은 곧 수백, 수천억 원의 금융비용(이자) 손실로 직결되었다.

AI는 이 어둡고 복잡한 인허가의 정글을 완벽하게 해독한 '마스터 내비게이션'의 역할을 수행한다. AI는 과거 수만 건의 유사 프로젝트 인허가 데이터를 학습하여, 도시 전체의 인허가 프로세스를 하나의 거대한 디지털 지도로 구축한다. 이 지도에는 다음과 같은 정보가 모두 담겨있다.

1) **프로세스 맵(Process Map)**: 어떤 허가를 받기 위해 어떤 절차를 거쳐야 하는지, 각 절차 간의 선후관계 및 의존성은 무엇인지에 대한 전체 흐름도이다.

2) **소요 시간 예측**: 각 심의 단계별로 과거 데이터를 분석하여, '최소, 평균, 최장' 소요 시간을 확률적으로 예측한다.(예: 교통영향평가는 평균 6개월이 소요되나, 최악의 경우 1년까지 지연될 확률이 15%이다.)

3) **리스크 식별**: 어떤 심의 단계가 가장 반려될 확률이 높거나, 가장 예측 불가능하게 지연되는 '병목 구간'인지를 사전에 경고한다.

이 디지털 지도를 기반으로, AI는 특정 프로젝트의 인허가 과정을 수만 번 시뮬레이션 한다. 마치 수만 명의 선발대가 각기 다른 경로로 정글을 탐험하듯, AI는 서류를 순차적으로 제출했을 때, 병렬적으로 제출했을 때 등 가능한 모든 경로를 탐색하여, 최종 목적지(착공 허가) 까지 도달하는 "가장 빠르고 안전한 '최적 경로(Optimal Path)'"를 찾아내어 우리에게 제시한다.

1.2. 인허가 프로세스 시뮬레이션 및 최적 경로의 탐색 가상사례

■ 가상사례 1: 도심 재개발 프로젝트, 인허가 시간과의 싸움

1) **현안 과제**: 서울 도심의 대규모 복합 재개발 프로젝트. 사업 부지 매입에 막대한 금융 대출(PF)이 투입되어, 인허가 기간이 한 달 지연될 때마다 수십억 원의 이자 비용이 추가로 발생한다. 교통, 환경, 문화재 등 관련 부서가 복잡하게 얽혀 있어, 인허가 기간 최소화가 사업의 사활을 건 과제이다.

공덕8구역, 서울 도심재생의 교차점, 주택정비형 재개발사업 [https://www.jjmagazin.com]

2) **분석:** AI에게 프로젝트의 모든 인허가 단계를 입력하고, 전체 프로세스를 1만 번 시뮬레이션 하여 최적의 진행 경로와 핵심 병목 구간을 분석하도록 했다.

■ **AI 기반 인허가 프로세스 시뮬레이션 및 최적 경로 탐색(가상수치)**

구분	전통적 순차 진행 방식	AI 추천 병렬 진행 방식
핵심 프로세스 경로	건축 심의 → 교통영향평가 → 환경영향평가 → 문화재 심의	건축 심의 준비와 동시에 교통/환경영향평가 착수 → 건축 심의 후 즉시 문화재 심의 상정
예상 총 인허가 기간 (90% 신뢰구간)	18개월 ~ 26개월(평균 22개월)	12개월 ~ 19개월(평균 15개월)
AI가 식별한 핵심 병목 구간	문화재 현상변경 심의(최대 8개월 지연 가능성, 확률 30%)	문화재 현상변경 심의(리스크 동일하나, 사전 대응으로 지연 최소화 가능)
시간 단축에 따른 금융비용 절감액	기준	약 350억 원
AI 종합 평가	각 단계를 순차적으로 진행하여 안정적이지만, 전체 기간이 길어져 막대한 금융비용 손실이 발생한다. 특히 후반부의 문화재 심의 리스크에 무방비로 노출된다.	선후 관계가 없는 심의들을 병렬적으로 추진하여 총 인허가 기간을 평균 7개월 단축하는 최적의 경로이다. 또한, 가장 큰 리스크인 문화재 심의를 조기에 인지하고, 관련 서류를 미리 준비하는 등 선제 적 리스크 관리가 가능하다.

3) **결론 및 시사점:** AI의 시뮬레이션은 과거 관행처럼 모든 심의를 순서대로 진행하는 것이 얼마나 비효율적인지를 명확히 증명했다. AI는 교통영향평가와 환경영향평가를 건축 심의 준비와 동시에 진행하는 것만으로 약 7개월을 단축할 수 있다는 최적의 경로를 제시했다. 또한, 가장 큰 지뢰밭인 '문화재 심의'를 사전에 경고함으로써, 프로젝트팀이 해당 심의에 자원을 집중하여 선제적으로 대응하게 만드는, 현명한 전략가의 역할을 수행한 것이다.

■ 가상사례 2: 친환경 건축물 인센티브, 최적의 신청 전략

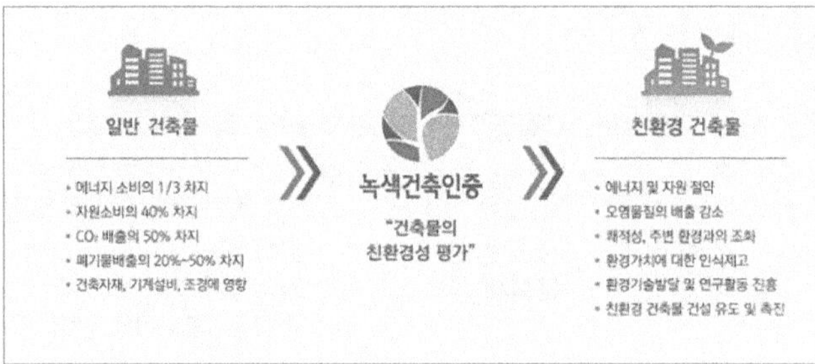

용적률 혜택 '녹색건축인증' 뜯어보니...신재생에너지 100% 건물
[https://www.hankookilbo.com]

1) **현안 과제:** 한 건설사가 아파트 단지를 건설하며, 용적률 인센티브를 받기 위해 '녹색건축인증(G-SEED)'과 '제로에너지건축물(ZEB) 인증'을 동시에 추진하고자 한다. 두 인증은 제출 서류와 심사 기관, 소요 기간이 모두 달라, 어떤 순서로 어떻게 진행해야 가장 빠르고 확실하게 최대의 인센티브를 받을 수 있는지 알기 어려운 상황이다.

2) **분석:** AI는 두 인증의 모든 절차와 상호 의존성을 분석하고, 가능한 모든 신청 경로를 시뮬레이션 하여 '최대 인센티브-최단 기간'을 달성하는 최적의 전략을 수립했다.

■ AI 기반 인허가 전략 수립: 친환경 인센티브 최적화(가상수치)

구분	전략 A: G-SEED 우선 신청	전략 B: ZEB 우선 신청	전략 C: AI 추천 통합 전략
신청 프로세스	G-SEED 인증(6개월) 완료 후, ZEB 인증(8개월) 신청	ZEB 인증(8개월) 완료 후, G-SEED 인증(6개월) 신청	ZEB 인증 신청과 동시에, 중복 제출이 가능한 서류를 활용하여 G-SEED 예비 인증 진행
예상 총 인증 기간	14개월	14개월	9개월
총 획득 용적률 인센티브	12%	12%	12%
인증 획득 성공 확률	90%	85%	95%
AI 종합 평가	두 인증을 별개로 진행하여 시간이 오래 걸리고 비효율적이다.	ZEB 인증의 난이도가 높아, 선행할 경우 프로젝트 전체 일정이 지연될 리스크가 크다.	ZEB 인증의 난이도가 높다는 점을 인지하고 해당 절차를 가장 먼저 시작하여 리스크를 관리한다. 동시에 G-SEED의 예비 인증을 병행하여 전체 기간을 5개월 단축하는, 가장 효율적이고 안정적인 최적의 전략이다.

3) **결론 및 시사점:** AI는 두 인증 절차에 필요한 수십 종류의 서류 중 60%가 중복된다는 사실을 간파하고, 이를 동시에 준비하고 제출하는 '통합 전략'을 제시했다. 또한, ZEB 인증의 반려 확률이 더 높다는 과거 데이터에 기반하여, 가장 어려운 관문을 먼저 공략하여 전체 프로젝트의 불확실성을 조기에 해소하는 현명한 길을 안내했다. 이는 AI가 단순한 정보 제공자를 넘어, 복잡한 규제 환경 속에서 가장 높은 보상을 가장 안전하게 얻어내는 '최고의 전략가'임을 증명하는 환상적인 사례인 것이다.

2. "AI 기반 인허가 전략수립 단계에서는 도시부동산 프로젝트의 필수 제출 도서 및 서류의 자동 생성과 정합성을 검증한다."와 가상사례

2.1. AI 기반 인허가 전략수립 단계에서는 필수 제출 도서 및 서류의 자동 생성과 정합성을 검증

하나의 거대한 도시부동산 프로젝트를 위해 관공서에 제출해야 하는 설계 도서와 서류는 적게는 수십, 많게는 수백 종에 달한다. 건축도면, 구조계산서, 에너지절약계획서, 소방설계도서 등 각각의 서류들은 저마다 다른 전문가들이 작성하지만, 결국 하나의 동일한 건축물을 설명해야만 한다. 전통적인 방식에서 이 과정은, 각기 다른 필경사들이 거대한 원본 두루마리(설계도)의 일부를 제각각 베껴 쓰는 것과 같았다.

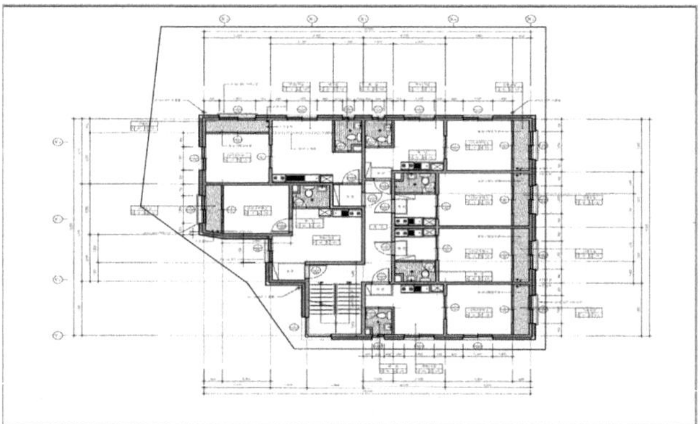

건축설계(건축.에너지절약계획서도면.구조도면.CAD.)
[https://www.jaenung.net]

이 과정에서 누군가 숫자를 잘못 옮겨 적거나, 중간에 설계가 변경되었지만 미처 반영하지 못하는 인간적인 실수는 피할 수 없는 숙명과도 같았다. 건축개요서의 연면적과, 구조계산서의 연면적, 그리고 소방설계도서의 연면적이 소수점 한 자리에서 미세하게 다른, 사소하지만 치명적인 오류 하나가 전체 인허가를 반려 시키고 프로젝트를 몇 달씩 지연시키는 악몽의 시작이 되곤 했다.

AI는 이러한 구시대적인 서류 작업의 패러다임을 '단일 진실 공급원(Single Source of Truth)'이라는 개념을 통해 완벽하게 혁신한다. AI에게 모든 서류의 유일한 원본은 바로 살아있는 디지털 건축물 모델, BIM이다.

AI는 더 이상 인간처럼 손으로 데이터를 옮겨 적지 않는다. 대신, 각각의 서류 양식(Template)에 필요한 정보를 BIM 모델로부터 자동으로 '추출(Extract)'하여 순식간에 채워 넣는다. 예를 들어, 건축허가신청서의 '총 연면적' 항목에는 BIM 모델의 총 연면적 정보가, 구조계산서에는 BIM 모델의 모든 기둥과 보의 규격 정보가 자동으로 입력되는 것이다.

여기서 AI의 진짜 환상적인 능력, '지능적 정합성(整合性) 검증'이 시작된다. AI는 자동 생성된 모든 서류들을 서로 교차 대조하며, 마치 매의 눈을 가진 감사관처럼 단 하나의 모순도 허용하지 않는다. 건축도면에 표기된 창호의 제원과 에너지절약계획서에 기재된 창호의 열관류율 값이 일치하는지, 구조도면의 기둥 사이즈가 구조계산서의 입력 값과 동일한지를 0.1초 만에 수만 가지 항목에 대해 검증한다.

이제 인허가 서류 작업은 더 이상 오류의 불안함에 떠는 고된 노동이 아니다. AI라는 완벽한 자동화 서기이자 지능적인 감사관 덕분에, 인간은 오직 창의적이고 전략적인 의사결정에만 집중할 수 있게 된다. 이는 프로젝트의 신뢰성과 속도를 비약적으로 향상시키는 거대한 진보인 것이다.

2.2. 필수 제출 도서 및 서류의 자동 생성과 정합성을 검증 가상사례

■ 가상사례 1: 설계도서의 완벽한 하모니, AI 지휘자가 만들다

1) **현안 과제:** 40층 규모의 복합용도(오피스, 호텔, 상업) 빌딩의 건축허가를 신청해야 한다. 건축, 구조, 기계, 전기, 소방, 친환경 등 각 분야별로 제출해야 할 도서 및 서류가 총 80여 종에 달한다. 중간에 호텔 객실 수가 변경되는 등 작은 설계 변경이 발생할 때마다, 관련된 모든 서류의 수치를 인간이 일일이 수정하고 검증해야 하는 매우 복잡하고 어려운 과제이다.

2) **분석:** 프로젝트팀은 AI 기반 문서 자동화 및 정합성 검증 시스템을 도입하여, 전통적인 수작업 방식과 그 효율성을 비교했다.

■ **AI 기반 제출 도서 자동 생성 및 정합성 검증**(가상수치)

구분	전통적 수작업 방식	AI 자동화 방식
문서 생성 방식	각 분야 전문가가 BIM 모델을 참조하여 각종 서류에 수동으로 데이터 입력	AI가 BIM 모델에서 직접 데이터를 추출하여 80여 종의 서류 양식을 자동으로 완성
총 문서 준비 기간	4주	3일
1차 검토 시 발견된 정합성 불일치 건수	125건 (연면적, 층고, 자재 등 불일치)	0건 (BIM 원본 데이터와 100% 일치)
오류로 인한 인허가 반려/보완 확률	약 40%	약 1% 미만
AI 종합 평가	잦은 설계 변경에 따른 데이터 불일치 오류가 발생할 확률이 매우 높으며, 이를 검수하는 데 막대한 시간과 인력이 소모된다. 인허가 지연의 가장 큰 원인이 된다.	모든 서류가 단 하나의 원본(BIM)에서 파생되므로 데이터의 정합성이 완벽하게 보장된다. 인간을 단순 반복 작업에서 해방시켜, 프로젝트의 본질적인 문제에 집중하게 만드는 혁신적인 방식이다.

3) **결론 및 시사점:** AI는 마치 오케스트라의 지휘자처럼, 각기 다른 악기(분야별 서류)들이 단 하나의 악보(BIM 모델)를 보고 완벽한 하모

니를 이루도록 지휘했다. 이 시스템 덕분에, 프로젝트팀은 4주가 걸릴 서류 작업을 단 3일 만에 끝냈을 뿐만 아니라, 인허가 반려의 가장 큰 원인이었던 '서류 간 데이터 불일치'라는 리스크를 원천적으로 제거할 수 있었다.

■ 가상사례 2: 마지막 1분의 설계 변경, 재앙에서 혁신으로

1) **현안 과제:** 아파트 단지의 건축허가 서류 제출 마감일 바로 전날, 분양 마케팅팀의 강력한 요청으로 전용면적 84㎡ 타입 세대의 거실 창호 크기를 더 넓게 키우는 긴급한 설계 변경이 결정되었다. 과거 같았으면, 이로 인해 관련된 모든 서류를 밤새 수정해야 하는 재앙과도 같은 상황이다.

2) **분석:** AI 시스템은 이 갑작스러운 설계 변경이 전체 인허가 서류 패키지에 미치는 영향을 실시간으로 분석하고, 모든 관련 서류를 자동으로 업데이트했다.

34평은 전용 몇㎡일까? 우리집 면적 똑똑하게 구분&계산하기
[https://www.rcast.co.kr]

■ AI 기반 설계 변경에 따른 제출 서류 자동 업데이트 및 검증(가상수치)

업데이트 대상 서류	주요 변경 항목	전통 방식 예상 소요 시간	AI 자동 업데이트 소요 시간	정합성 검증 결과
건축개요서	건축면적, 연면적, 창호 면적	2시간	1초	PASS
층별 면적 산출표	각 층별 창호 면적 및 벽체 면적	4시간	1초	PASS
구조계산서	창호 변경에 따른 풍하중(Wind Load) 계산	1일	10분	PASS
에너지절약 계획서	건물 외피 면적 및 창호 열관류율 값 변경	2일	5분	PASS
소방설계도서	변경된 개구부에 따른 제연설비 계산	1일	3분	PASS
총 소요 시간		약 1주일	약 20분	완벽한 정합성 확보

3) **결론 및 시사점:** 과거라면 프로젝트 전체를 혼란에 빠뜨렸을 '마지막 1분의 설계 변경'이, AI 덕분에 단 20분 만에 완벽하게 처리되었다. 설계자가 BIM 모델에서 창문의 크기를 변경하는 순간, AI는 마치 살아있는 생명체처럼 그 변화가 미치는 모든 영향을 감지하고, 연결된 수십 개의 서류들을 일사불란하게 업데이트하고 재 검증했다. 이는 AI가 개발팀에게 시장의 변화에 민첩하게 대응할 수 있는 놀라운 '유연성'과, 그 어떤 변화에도 오류가 없다는 완벽한 '신뢰성'을 동시에 부여하는 환상적인 순간인 것이다.

3. "AI 기반 인허가 전략수립 단계에서는 도시부동산 프로젝트의 유사 판례 및 유권해석 분석을 통해 규제의 회색지대에 대응한다."와 가상사례

3.1. AI 기반 인허가 전략수립 단계에서는 유사 판례 및 유권해석 분석을 통해 규제의 회색지대에 대응

법은 명확한 규칙의 세계처럼 보이지만, 그 속에는 무수히 많은 '회색지대(Gray Area)'가 존재한다. 법 조문은 시대의 변화를 따라가지 못하거나, 모든 구체적인 상황을 예측하여 만들어지지 않았기 때문이다. "공공에 기여하는 옥외 시설", "주변 경관과 조화를 이루는 디자인", "역사적 가치를 존중하는 개발" 등과 같은 모호하고 추상적인 표현들은, 담당자의 주관적인 해석에 따라 사업의 운명을 좌우하는 거대한 불확실성이 된다. 이는 마치 짙은 안개 속을 항해하는 것과 같아서, 숙련된 베테랑 법률 전문가의 경험적 직관에만 의존해야 하는 위험한 여정이었다.

AI는 이 법의 안개를 꿰뚫어 보는 '지능형 법률 탐정'의 역할을 수행한다. AI는 단순히 법 조문 텍스트(Text)를 읽는 것을 넘어, 그 법이 과거부터 지금까지 현실 세계에서 어떻게 해석되고 적용되어 왔는지에 대한 방대한 "맥락(Context)"을 학습한다.

1) **법원 판례:** 특정 법규 해석이 문제가 되었던 과거의 모든 민사 및 행정 소송 기록
2) **행정심판 재결례:** 인허가 반려 처분에 불복하여 제기된 행정심판의 결정문
3) **유권해석:** 국토교통부 등 중앙부처가 특정 질의에 대해 공식적으로 답변한 회신문

AI는 자연어 이해(NLU) 기술을 통해, 우리가 현재 직면한 모호한 법규 문제와 가장 유사한 과거의 수천, 수만 건의 판례와 유권해석을 순식간에 찾아낸다. 그리고 "사례 기반 추론(Case-Based Reasoning)"을 통해, 과거 유사 사례 들에서 어떤 논리가 '인용'되었고, 어떤 주장이 '기각'되었는지를 분석하여, 현재 우리의 주장이 받아들여질 확률을 통계적으로 예측한다.

이제 개발자는 더 이상 담당자의 자의적인 해석에 운명을 맡기는 것이 아니다. AI라는 유능한 법률 탐정이 찾아낸 수많은 과거의 증거(판례)들을 바탕으로, 가장 승률 높은 논리를 구성하고 인허가권자를 설득하는, 데이터 기반의 과학적인 협상 전략을 수립하게 되는 것이다.

3.2. 유사 판례 및 유권해석 분석을 통해 규제의 회색지대에 대응 가상 사례

■ 가상사례 1: 옥상공간의 재해석, 법의 회색지대를 탐험하다

SNS상에서 핫한 서울 수영장 호텔 한눈에 몰아보기 [https://brunch.co.kr]

1) **현안 과제:** 서울 이태원에 부티크 호텔을 신축한다. 젊은 층을 공략하기 위해 옥상에 '루프탑 수영장'을 설치하고자 한다. 문제는, 건축법상 확보해야 하는 '조경면적'을 1층에 모두 설치하면 공간이 협

소해 진다는 점이다. 만약 '루프탑 수영장'을 '물'을 이용한 창의적인 '조경 시설'로 인정받을 수만 있다면, 1층 공간을 훨씬 더 효율적으로 사용할 수 있다. 이는 법 조문에 명확한 규정이 없는 전형적인 회색지대이다.

2) **분석:** AI에게 '옥상 수경시설의 조경면적 인정 가능성'이라는 키워드로, 과거 20년간의 모든 관련 판례와 유권해석을 분석하고, 인허가 통과 확률을 예측하도록 지시했다.

■ **AI 기반 법규 회색지대 분석: 옥상공간 활용**(가상수치)

구분	해석 내용	관련 판례/ 유권해석	관할 지자체(용산구) 유사 안건 인용/기각률	AI 예측 '인용' 확률
법규 원문	"옥상 조경 면적은 전체 조경 의무 면적의 50%를 초과할 수 없다." (수영장이 조경인지에 대한 언급 없음)	-	-	-
비관적 해석	수영장은 조경이 아닌 '체육시설'이므로, 조경면적으로 산입이 불가능하다.	2015년 부산시 행정심판 기각 사례 (단순 기능성 수영장)	과거 10년간 1승 3패	25%
긍정적 해석	수목 및 수경 시설을 복합적으로 배치한 '생태적 휴게 공간'으로서의 수영장은 조경으로 볼 수 있다.	2018년 국토부 유권해석(공공에 개방된 옥상 휴게시설의 조경 인정)	최근 3년간 2승 0패(친환경 설계와 결합 시)	80%
AI 종합 분석	과거에는 부정적이었으나, 최근 친환경 및 공공기여를 강조하는 트렌드 속에서 '단순 수영장'이 아닌 '생태적 가치를 지닌 수경 공간'이라는 논리로 접근할 경우, 인용될 확률이 매우 높다. 특히, 관련 국토부 유권해석을 핵심 논리로 제시해야 한다.			

3) **결론 및 시사점:** AI는 전국적인 판례를 넘어, 해당 관할 지자체의 최근 경향성까지 분석하여 '친환경 설계와 결합'이라는 핵심적인 성공 조건을 찾아냈다. 이 분석을 바탕으로, 개발팀은 단순한 수영장이 아닌, 녹지와 수생식물이 어우러진 '바이오테라스 풀'로 디자인 컨셉을 발전시키고, AI가 찾아준 국토부 유권해석을 핵심 논리로 제시하여, 최종적으로 옥상 공간을 조경면적으로 인정받는 쾌거를 이루어 낸다.

■ 가상사례 2: 역사적 가로의 딜레마, 보존과 개발의 경계

종로 익선동, 서울 마지막 한옥마을로 지정 | 연합뉴스 [https://www.yna.co.kr]

1) **현안 과제:** 서울 익선동, 한옥 보존지구에 상업시설을 신축한다. 문제는 대지에 걸쳐 있는, 공식 문화재는 아니지만 지구단위계획에 "역사적 가치를 지닌 것으로 가능한 한 보존"하도록 명시된 낡은 벽돌 담장이다. 이 '가능한 한'이라는 모호한 표현을 어떻게 해석하는지에 따라, 사업의 설계와 비용이 극단적으로 달라진다.

2) **분석:** AI에게 '가능한 한 보존'이라는 키워드가 포함된 과거 도시계획위원회 및 건축위원회의 심의 회의록, 판례 등을 모두 분석하여, 위원회가 수용할 가능성이 가장 높은 전략을 도출하도록 했다.

■ **AI 기반 법규 회색지대 분석: 역사 보존구역 개발**(가상수치)

구분	전략 A: 전면 철거 후 재현	전략 B: 원형 완전 보존	전략 C: AI 추천 하이브리드 전략
전략 내용	낡은 담장을 철거하고, 똑같은 모양과 재료의 담장을 새로 쌓는다.	낡은 담장을 구조적으로 보강하여, 원래 위치에 그대로 보존한다.	담장의 일부를 보존하여 건물의 실내 로비로 끌어들이고, 나머지는 해체 후 그 벽돌을 재활용하여 건물의 다른 내·외장재로 사용한다.
예상 공사비 및 기간	100억 원/12개월	180억 원/18개월	130억 원/14개월
AI 예측 '위원회 통과' 확률	15%	70%	90%
주요 근거 판례	-	다수의 문화재 보존 판례	2019년 서울시 건축위원회 유사 사례: "단순한 현상 보존을 넘어, 역사적 요소를 현대 건축과 창의적으로 융합하여 새로운 가치를 창출한 노력을 높이 평가함"
AI 종합 추천	'가능한 한'이라는 문구를 무시한 것으로 비춰져 통과 확률이 매우 낮다.	가장 안전하지만, 과도한 비용과 설계 제약으로 사업성이 저하된다.	'보존'의 의미를 '박제'가 아닌 '계승과 재창조'로 확장 해석한, 가장 설득력 높은 전략이다. AI가 찾아낸 유사 성공 사례를 통해 위원회를 설득할 명확한 논리를 확보할 수 있다.

3) **결론 및 시사점:** AI는 '가능한 한 보존'이라는 문구에 대한 위원회의 과거 해석 패턴을 분석하여, 그들이 원하는 것이 단순한 '물리적 보존'을 넘어 '역사성에 대한 존중과 창의적 계승'이라는 사실을 간파했다. AI가 제안한 하이브리드 전략은 개발의 사업성과 역사 보존의 공공성을 모두 만족시키는 환상적인 해법이었다. 이는 AI가 법의 회색지대 속에서, 과거의 데이터를 나침반 삼아 가장 안전하면

서도 가장 창의적인 항로를 찾아내는 최고의 법률 전략가임을 증명하는 것이다.

4. "AI 기반 인허가 전략수립 단계에서는 도시부동산 프로젝트의 규제 데이터베이스를 구축하여 자동 검토 시스템을 만든다."와 가상사례

4.1. AI 기반 인허가 전략수립 단계에서 규제 데이터베이스를 구축하여 자동 검토 시스템 구축

도시부동산 개발 법규는 하나의 통일된 책이 아니다. 그것은 국토계획법, 건축법과 같은 거대한 법전부터, 각 시도의 조례, 그리고 특정 동네에만 적용되는 지구단위계획 지침까지, 수백 개의 문서에 흩어져 있는 파편적인 정보의 집합체이다. 게다가 이 법규들은 수시로 개정된다. 과거의 개발자들은 이 혼돈의 정보 속에서, 마치 색인 없는 도서관에서 원하는 책을 찾듯, 오직 자신의 기억과 경험에 의존해 필요한 규제를 찾아 헤매야 했다.

AI는 이 혼란스러운 규제의 도서관을, 완벽하게 정리되고 항상 최신 상태를 유지하는 '지능형 디지털 법규 데이터베이스'로 재창조한다. AI는 다음과 같은 과정을 통해 이 위대한 과업을 수행한다.

AI 기반 인허가 전략의 핵심은, 파편화된 법규 텍스트를 하나의 지능형 지식 체계로 만드는 '규제 데이터베이스 구축' 단계와, 이 지능형 데이터베이스를 활용하여 설계안의 오류를 실시간으로 잡아내는 '자동 검토 시스템 생성' 단계의 유기적인 결합을 통해 완성된다.

■ 지능형 디지털 법규 데이터베이스 구축 방법(규제 데이터베이스 구축, 자동 검토 시스템 생성) 별 목표, 분석방법 및 기술, 역할, 장단점, 분석도구, 도시부동산 활용예시

구분	규제 데이터베이스 구축	자동 검토 시스템 생성
목표	국토계획법, 지자체 조례 등 파편화된 모든 법규 텍스트를 수집하고, AI가 이해할 수 있는 구조화된 데이터 형태로 변환하여, 상호 연관성과 위계질서를 갖춘 포괄적인 '지능형 법규 지식 베이스' 구축을 목표로 한다.	구축된 지능형 규제 데이터베이스를 기반으로, 특정 프로젝트의 설계 데이터(BIM 등)를 입력했을 때 관련 규제와의 적합성 여부를 자동으로 판별하고, 위반 사항과 근거 조항을 명확히 제시하는 실용적인 '자동 법규 검토 엔진' 구현을 목표로 한다.
분석 방법 및 기술	- 자연어 처리(NLP): 법규 원문에서 규제 항목(용적률 등), 조건, 한계값 등을 추출한다. - 지식 그래프(Knowledge Graph): 법규 간의 복잡한 관계(상위법-하위법 등)를 표현하며 구조 화한다. - 웹 크롤링/API: 최신 법규 정보를 실시간으로 수집한다.	- 규칙 기반 추론 엔진(Rule-based Inference Engine): 데이터베이스의 지식을 'IF-THEN' 형태의 논리 규칙으로 변환한다. - BIM API 연동: 설계 모델의 파라미터(높이, 면적 등)를 자동으로 추출하여 규칙 엔진에 입력한다.
역할 (AI와 인간)	AI(주도): 방대한 법규 텍스트를 자동으로 수집, 분석하여 핵심 규제 정보를 추출하고 지식 그래프 형태로 체계화하는 역할을 수행한다. 인간(보조): AI의 데이터 수집 범위를 지정하고, 법률 전문가가 AI의 자연어 처리 결과 및 관계 설정의 정확성을 검수하고 보완한다.	AI(주도): BIM 모델에서 설계 데이터를 실시간으로 읽어와, 데이터베이스에 저장된 수천 개의 관련 법규 규칙과 자동으로 비교·검토하고, 위반 시 리포트를 즉시 생성한다. 인간(보조): AI의 검토 리포트를 바탕으로 최종적인 설계 변경 의사결정을 내린다. 정성적 판단이 필요한 규제는 직접 검토한다.
장점	- 흩어져 있던 모든 규제 정보가 단일화되고 체계화되어 정보 접근성이 획기적으로 향상된다. - 법규 개정 시 자동으로 업데이트되어 항상 최신성을 유지할 수 있다.	- 설계 과정에서 실시간 피드백을 통해 법규 위반을 선제적으로 방지할 수 있다. - 반복적인 법규 검토 업무를 자동화하여 인간 전문가가 더 창의적인 업무에 집중하게 한다. - 인허가 반려 리스크를 획기적으로 줄인다.

단점	- 초기 데이터베이스 구축에 높은 수준의 NLP 기술과 법률 전문성이 요구된다. - 법률 텍스트의 미묘한 뉘앙스나 비정형적인 표현을 AI가 100% 완벽하게 이해하고 구조화하기 어렵다.	- BIM 데이터가 정확하게 입력되지 않거나 표준화되지 않았을 경우, 검토 시스템의 정확성이 저하된다. - 정성적인 판단이 필요한 규제(예: '경관과의 조화')는 자동 검토에 한계가 있다.
분석 도구	- 웹 크롤링 프레임워크(Scrapy) - 자연어 처리 라이브러리(spaCy) - 지식 그래프 데이터베이스(Neo4j) - 온톨로지 편집기(Protégé)	- 규칙 엔진(Drools) - BIM 소프트웨어 API(Revit API) - 3D 시각화 라이브러리 - 웹 기반 대시보드
도시부동산 활용 예시	AI가 서울시 도시계획 조례를 분석하여 '제2종일반주거지역'이라는 객체와 '건폐율'이라는 속성, 그리고 '60% 이하'라는 값을 자동으로 연결하고, 이 조례가 상위법인 「국토계획법」 시행령과 어떻게 연관되는지를 지식 그래프 내에 관계로 정의한다.	건축가가 주상복합 건물의 BIM 모델에서 장애인 주차 구역을 설계하면, AI 검토 시스템이 모델에서 주차대수를 자동으로 읽어와, 규제 데이터베이스의 '총 주차대수의 3% 이상'이라는 규칙과 실시간으로 비교하여, 만약 2대가 부족하다면 즉시 경고 메시지와 관련 법 조항을 화면에 띄운다.

이는 마치 모든 법규를 완벽하게 암기하고 있는 수백 명의 법률 전문가가 24시간 대기하며, 우리의 모든 계획을 실시간으로 검토해주는 것과 같다. '혹시 놓친 규제는 없을까'라는 개발자의 오랜 불안감은, 이제 '100% 규제를 만족한다'는 AI의 명쾌한 확신으로 바뀌게 되는 것이다.

4.2. 규제 데이터베이스에서 자동 검토시스템 구축 가상사례

■ 가상사례 1: 1초 만의 건축 가능성 검토

1) 현안 과제: 한 부동산 투자신탁(REITs)이 서울 시내 3개의 오피스 빌딩 부지를 놓고 투자를 검토 중이다. 과거에는 각 부지의 개발 잠재력을 파악하기 위해 건축사사무소에 의뢰하여 최소 1~2주의 시간이 걸리는 가 설계 및 법규 검토를 진행해야 했다.

2) **분석:** AI 자동 법규 검토 시스템에 3개 부지의 주소만 입력하여, 각 부지에 적용되는 핵심 규제와 최대 개발 잠재력을 단 1초 만에 분석하고 비교 리포트를 생성했다.

■ **AI 자동 법규 검토 시스템: 후보 부지별 개발 잠재력 분석(가상수치)**

구분	후보지 A(강남구 역삼동)	후보지 B(종로구 관철동)	후보지 C(성동구 성수동)
AI 자동 식별 규제	- 일반상업지역 - 테헤란로 지구단위계획	- 일반상업지역 - 역사도심미관지구 - 높이 제한 지구(30m)	- 준공업지역 - 최대 개발규모 인센티브(지식산업센터 건립 시)
최대 허용 용적률	800%	800%	400% (인센티브 적용 시 480%)
최대 허용 높이	제한 없음 (도로 사선제한 적용)	30m	80m
주요 특이 사항	전면도로변 공개공지 의무 확보	건축물 외관 디자인에 대한 건축위원회 특별 심의 필요	친환경 건축물 인증 시 추가 인센티브 가능
AI 종합 평가	개발 잠재력은 가장 높으나, 높은 지가로 인해 투자 수익률이 상대적으로 낮을 수 있다.	용적률은 높지만, 강력한 높이 제한과 디자인 심의 규제로 인해 실제 개발 가능 규모가 매우 제한적이다. 투자에 각별한 주의가 요구된다.	기본 용적률은 낮으나, 지식산업센터 건립 등 특정 조건을 만족시킬 경우 실질적인 개발 잠재력이 크게 향상되는 기회의 땅이다.

3) **결론 및 시사점:** AI 시스템은 단 몇 초 만에 B부지가 가진 '치명적인 높이 제한'이라는 함정을 발견하여, 수백억 원의 투자 손실을 막았다. 또한, C부지에 숨겨진 '인센티브'라는 기회 요인을 명확히 제시함으로써, 투자사가 데이터에 기반하여 훨씬 더 빠르고 현명한 의사결정을 내리도록 도왔다. 이는 시간과 정보가 돈인 부동산 투자 시장의 게임의 법칙을 바꾸는 혁신이다.

■ 가상사례 2: 설계 오류의 선제적 발견과 수정

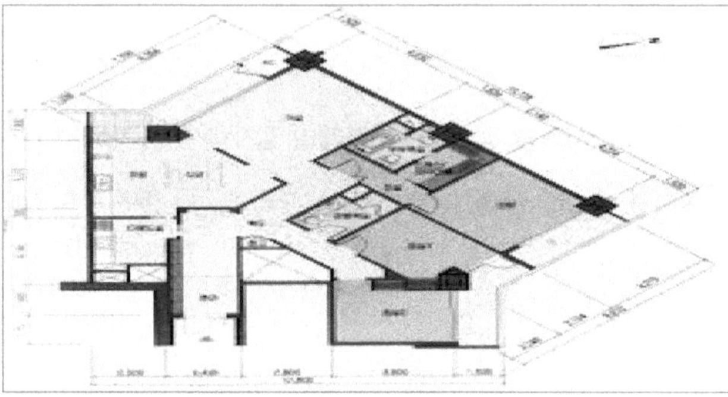

국내유명 주상복합아파트 평면도 - 설계도면 [https://cafe.daum.net]

1) **현안 과제**: 한 건축사사무소에서 주상복합 건물의 기본설계를 진행 중이다. 수십 명의 설계자가 BIM 모델 위에서 각자의 파트를 작업하고 있다. 설계가 복잡해지면서, 인간의 눈으로는 일일이 확인하기 어려운 사소한 법규 위반 사항들이 발생할 위험이 커지고 있다.

2) **분석**: 프로젝트팀은 매일 밤, AI 자동 설계 검토 시스템이 전체 BIM 모델을 스캔하여 법규 위반 사항을 자동으로 찾아내고, 다음 날 아침 리포트를 받아보는 '자동 검증 프로세스'를 도입했다.

■ **AI 자동 설계 검토 시스템: 주상복합 BIM 모델 검증**(가상수치)

AI 발견 위반 항목	관련 법규 조항	현재 설계 현황 (BIM 데이터)	법규 요구사항	AI 추천 수정 방안
비상계단 유효너비	「건축물의 피난 · 방화구조 등의 기준에 관한 규칙」	일부 구간 유효너비 1.1m	최소 1.2m 이상 확보	해당 구간의 벽체를 10cm 이동시켜 최소 유효너비를 확보하도록 BIM 모델의 자동 수정을 제안한다.

장애인 전용 주차대수	「장애인 · 노인 · 임산부 등의 편의증진 보장에 관한 법률」	총 15대 설치 (법정 기준 대비 2대 부족)	총 주차대수의 3%(17대)	지하 2층 일반 주차구역 2면을 장애인 전용 구역으로 변경하고, 규격에 맞게 재배치할 것을 추천한다.
공개공지 내 시설물	「서울특별시 건축 조례」	공개공지 면적의 55%에 조경 및 차폐 시설 설치	40% 이하로 설치	과도하게 설치된 일부 파고라 및 수목을 제거하여, 개방성을 확보하고 법규 기준을 만족하도록 디자인 변경을 제안한다.

3) **결론 및 시사점:** AI 자동 검토 시스템은 마치 24시간 잠들지 않는 최고 등급의 건축 심의관처럼, 설계자들이 잠든 밤 사이에 스스로 도면의 모든 문제점을 찾아내고 아침에 친절한 수정 가이드까지 제공했다. 이를 통해 설계팀은 인허가 단계에서 발생할 수 있는 거의 모든 '반려' 사유를 설계 과정에서 선제적으로 제거할 수 있었다. 이는 AI가 복잡한 규제 환경 속에서 인간 설계자들이 오직 창의적인 본질에만 집중할 수 있도록 돕는 가장 든든한 수호자가 됨을 보여주는 환상적인 사례인 것이다.

주제
8

AI 도시부동산 개발의 6번째 단계: "시공계획"에서 AI의 역할

1. "AI 기반 시공계획단계에서는 도시부동산 프로젝트의 4D/5D 시뮬레이션 기반 최적 공정 계획 및 자원 배분을 수행한다."와 가상사례

1.1. 미래를 미리 보는 지혜, 4D/5D 시뮬레이션

도시부동산 개발이라는 거대한 오케스트라에서 '시공계획'은 각 악기(자원)가 언제, 어디서, 어떤 소리(작업)를 내야 하는지를 정하는 총보와 같다. 과거에는 경험 많은 현장 소장의 직관에 의존해 이 총보를 그렸지만, 오늘날 AI는 4D/5D 시뮬레이션이라는 혁신적인 지휘봉을 들고 나타

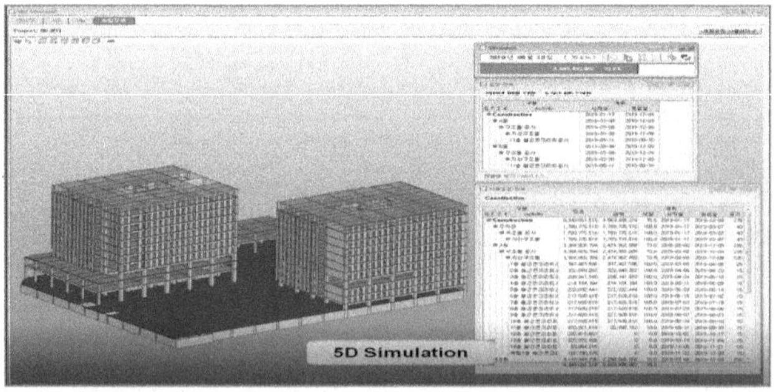

BIM기반 4D 5D Simulation Smart 5D [https://www.youtube.com]

났다. 이는 단순히 3차원(3D) 도면에 '시간(4D)'과 '비용(5D)'이라는 차원을 더한 것을 넘어, AI가 수많은 변수를 고려하여 최적의 연주를 시뮬레이션하고 예측하는 것을 의미한다.

AI는 이 가상 현실 속에서 수십, 수백 번의 시뮬레이션을 통해 눈에 보이지 않던 문제점을 찾아내고, 가장 효율적인 공정 순서와 최적의 자원 배분 계획을 수립하여 현실의 건설 프로젝트를 성공으로 이끄는 것이다. 이제 우리는 AI라는 마에스트로가 지휘하는 두 개의 환상적인 도시부동산 프로젝트 현장으로 들어가 볼 것이다.

1.2. 4D/5D 시뮬레이션 기반 최적 공정 계획 및 자원 배분 가상사례

■ 가상 사례 1: 도심 속 하이테크 심장, '솔라리스 스마트 타워'

도심 속 '곡선미' 뽐내는 메릴린 먼로 타워 | 연합뉴스 [https://www.yna.co.kr]

1) 현안 과제: '솔라리스 스마트 타워'는 서울의 중심업무지구(CBD)에 들어서는 100층 규모의 복합 용도 빌딩 프로젝트이다. 유리와 태양광 패널이 조화된 미래적인 외관, 최첨단 오피스와 스마트 레지던스, 그리고 상업 시설이 공존하는 이 거대 프로젝트는 그 복잡성만큼이나 시공 과정의 난이도가 상상을 초월한다.

2) **전통적 방식의 한계:** 예측 불가능성의 늪: 기존의 2D 도면과 경험에 의존한 공정 계획은 초기 단계부터 한계에 부딪혔다. 예를 들어, 지하 5층 굴착 공사와 지상 1층의 철골 구조물 설치 공사를 동시에 진행할 경우, 자재 반입 경로가 겹쳐 극심한 혼잡이 발생하고 이는 전체 공정 지연으로 이어질 수밖에 없었다. 또한, 특정 시점에 외장 유리 패널 설치팀과 내부 설비팀의 작업 공간이 중첩되어 안전사고의 위험이 크다는 점도 간과되었다. 이러한 문제들은 공사가 시작된 후에야 발견되어, 설계 변경과 재작업으로 인한 막대한 시간과 비용 손실을 야기할 운명이었다.

3) **AI의 해결책:** 4D/5D 시뮬레이션을 통한 최적화: 프로젝트팀은 AI 기반 5D BIM(Building Information Modeling) 플랫폼을 도입했다. AI는 먼저 3D 모델에 각 공정별 시간 계획(공사 기간, 선후 관계)을 입력하여 4D 시뮬레이션을 구축했다. 가상현실 속에서 '솔라리스 스마트 타워'는 수십 배 빠른 속도로 지어졌다. 이 과정에서 AI는 다음과 같은 문제점들을 정확히 예측하고 해결책을 제시했다.

   (1) **공정 간섭 예측 및 최적화:** AI는 자재 운반용 호이스트의 동선과 각 작업팀의 활동 반경을 시뮬레이션 하여, 지하층 공사와 지상층 공사의 자재 반입 시간을 분리하고 가장 효율적인 동선을 제안했다. 이를 통해 병목 현상을 원천적으로 차단한 것이다.

   (2) **자원 배분 최적화:** 타워크레인과 같은 핵심 장비의 최적 위치와 운영 스케줄을 시뮬레이션 하여 장비의 유휴 시간을 최소화했다. 또한, 특정 공정에 인력이 과도하게 투입되거나 부족해지는 현상을 예측하고, 공정 순서를 미세 조정하여 인력 수요를 평탄화 했다.

여기에 각 자재비, 인건비, 장비 임대료 등 비용(5D) 데이터를 연동하자, 시뮬레이션은 더욱 강력 해졌다. AI는 특정 공법 변경이 전체 공사 기간과 비용에 미치는 영향을 즉각적으로 계산하여 보여주었다. 예를 들어, 외벽 마감 공법을 변경할 경우 공사 기간은 2주 단축되지만, 추가되는 비용이 50억 원이라는 사실을 시각적으로 제시하여 의사결정자가 최적의 대안을 선택하도록 도운 것이다.

아래 표는 AI 시뮬레이션을 통해 어떻게 공정과 비용이 최적화되었는지를 보여준다.

4) '솔라리스 스마트 타워' AI 시뮬레이션 기반 공정 최적화 비교

구분	전통적 계획(예상)	AI 기반 5D 시뮬레이션 계획	개선 효과
총 공사 기간	48개월	42개월	6개월 단축
총 공사 비용	1조 2,500억 원	1조 1,800억 원	700억 원 절감
공정 간섭 발생 건수	월평균 15건	월평균 2건	87% 감소
자재 낭비율	5%	1.5%	70% 감소
안전사고 예측률	30%	85%	183% 향상

5) **결론 및 시사점:** 결론적으로, AI는 가상 건설을 통해 현실의 불확실성을 제거하고, 프로젝트의 시간과 비용을 획기적으로 절감하는 지휘자 역할을 완벽하게 수행한 것이다.

■ 가상 사례 2: 자연과 기술의 공존, '에코 델타 시티' 주거 단지

1) **현안 과제:** 두 번째 사례는 1,000세대 규모의 친환경 스마트 주거 단지인 '에코 델타 시티'이다. 이곳은 저층형 타운하우스와 고층 아파트가 조화롭게 배치되고, 단지 전체에 첨단 에너지 관리 시스템과 생태 공원이 조성되는 대규모 프로젝트이다. 다양한 형태의 건

친환경&스마트 자족도시 부산 에코델타시티 조성 [https://www.kukinews.com]

물이 동시에 건설되고, 광범위한 조경 및 인프라 공사가 병행되어야 하는 복잡성을 띤다.

2) **전통적 방식의 한계**: 분절된 계획의 비극: 기존 방식으로는 각 건물(A동, B동, 타운하우스 등)의 공정 계획이 개별적으로 수립되고, 단지 전체의 관점에서 통합적인 조율이 부족했다. 이로 인해 A동의 골조 공사가 한창일 때, 바로 옆에서는 단지 내 주 도로 포장 공사를 위한 대형 덤프트럭이 진입하며 아수라장이 펼쳐질 수 있었다. 또한, 계절적 요인을 충분히 고려하지 못해 동절기에 대규모 콘크리트 타설을 계획하거나, 장마철에 토목 공사를 집중하는 등 비효율적인 자원 배분이 발생할 가능성이 컸다.

3) **AI의 해결책**: 통합 공정 관리 및 리스크 예측: '에코 델타 시티' 프로젝트는 AI 드론과 5D BIM을 결합한 통합 관제 플랫폼을 활용했다. AI는 먼저 프로젝트 부지의 지형, 기후 데이터, 각 건물과 시설물의 3D 모델을 통합하여 거대한 디지털 트윈(Digital Twin)을 생성했다.

   (1) **통합 공정 시뮬레이션**: AI는 1,000세대 전체의 공정 계획을 하나의 타임라인 위에서 시뮬레이션 했다. 이를 통해 특정 시점에 A동의 외부 작업과 단지 중앙 공원의 수목 식재 작업이 겹칠 경

우, 작업 효율이 30% 감소한다는 점을 시각적으로 보여주었다. 그리고는 수목 식재 작업을 2주 뒤로 미루고, 그 기간에 다른 내부 작업을 먼저 진행하는 최적의 대안을 제시했다.

(2) **리스크 기반 자원 재 배분:** AI는 과거 10년간의 날씨 데이터를 분석하여, 프로젝트 기간 중 폭염이나 폭우가 발생할 확률이 높은 시기를 예측했다. 그리고 해당 기간에는 콘크리트 타설과 같은 기후에 민감한 공정을 최소화하고, 실내 마감이나 전기 배선과 같은 내부 작업을 집중적으로 배치하도록 공정 계획을 자동으로 재조정했다. 이는 기상 이변으로 인한 공사 중단 리스크를 최소화하고, 인력과 장비를 가장 효율적으로 활용하는 방법이었다.

아래 표는 AI가 어떻게 다양한 공정을 통합하고 리스크를 관리하여 프로젝트의 효율성을 높였는지를 보여준다.

4) '에코 델타 시티' AI 시뮬레이션 기반 통합 공정 관리 비교

구분	전통적 계획(예상)	AI 기반 5D 시뮬레이션 계획	개선 효과
전체 공사 기간	30개월	26개월	4개월 단축
기상 악화로 인한 공정 지연	45일	10일	35일 감소
작업 대기 시간 (인력/장비)	15%	4%	73% 감소
총 프로젝트 비용	5,500억 원	5,250억 원	250억 원 절감
공정 계획 변경 횟수	12회	3회	75% 감소

5) **결론 및 시사점:** '에코 델타 시티' 사례는 AI가 단순히 개별 건물을 짓는 것을 넘어, 도시라는 복잡한 시스템의 생성 과정을 어떻게 지휘하고 최적화하는지를 명확히 보여준다. AI는 보이지 않는 시간의

흐름과 보이지 않는 비용의 상호작용까지 시각 화하여, 가장 합리적이고 효율적인 건설 계획을 수립하는 것이다. 결론적으로, AI 기반의 4D/5D 시뮬레이션은 더 이상 영화 속 이야기가 아니다. 이것은 도시부동산 개발의 패러다임을 바꾸는 핵심 기술이며, 시공계획단계에서 발생할 수 있는 수많은 불확실성을 통제하고 최적의 결과를 창출하는 가장 강력한 도구이다. AI라는 천재적인 마에스트로의 지휘 아래, 우리의 도시는 더욱 빠르고, 안전하며, 경제적으로 건설될 것이다.

2. "AI 기반 시공계획단계에서는 도시부동산 프로젝트의 자재 조달 및 현장 물류 네트워크를 최적화한다."와 가상사례

2.1. 보이지 않는 전쟁, 자재 조달과 현장 물류

AI로 자재조달 시스템 구축 [https://www.yna.co.kr]

하나의 거대한 건축물이 탄생하기까지, 건설 현장은 보이지 않는 전쟁을 치른다. 그것은 바로 수만, 수십만 종에 이르는 자재를 '언제, 어떻게 조달하여, 어디에, 어떻게 배치할 것인가'를 둘러싼 자재 조달 및 현장 물류와의 전쟁이다. 최첨단 빌딩은 강철과 콘크리트 뿐만 아니라, 정밀한 부품과 자재의 정확한 흐름 위에서만 세워질 수 있다. 이 흐름이 막히면 프로젝트의 심장은 멎는다. 과거에는 이 복잡다단한 물류 네트워크를 인간의 경험과 수기 장부에 의존해 관리했다. 그 결과, 자재는 너무 일찍 도착해 현장 한구석에서 녹슬거나, 정작 필요할 때 도착하지 않아 모든 공정이 멈춰 서는 비효율이 반복되었다.

이제 AI는 이 혼돈의 영역에 질서를 부여하는 지능형 사령관으로 등장했다. AI는 예측 분석, 실시간 데이터 처리, 최적화 알고리즘을 통해 자재의 조달부터 현장 내 최종 배치까지, 마치 인체의 혈액순환처럼 막힘없고 효율적인 물류 네트워크를 설계하고 운영한다. 이제 AI가 어떻게 건설 현장의 혈맥을 최적화하는지, 두 개의 가상 프로젝트를 통해 생생하게 목격할 것이다.

2.2. 자재 조달 및 현장 물류 네트워크를 최적화

■ 가상 사례 1: 초고밀도 도심의 심장부, '퀀텀 밸리 데이터센터'

AI 데이터센터의 진화! "퀀텀 데이터센터 시대 연다" [https://www.aitimes.kr]

1) 현안 과제: '퀀텀 밸리 데이터센터'는 서울의 가장 복잡한 금융 지구 한복판에 건설되는 지하 8층, 지상 20층 규모의 차세대 데이터센터이다. 이 프로젝트의 가장 큰 난관은 단 하나의 출입 게이트와 협소

한 자재 하역 공간, 그리고 분초를 다투는 정밀 장비(서버 랙, 항온항습기 등)의 반입이었다.

2) **전통적 방식의 한계**: 혼돈의 물류와 '자재의 섬': AI가 없었다면, 현장은 아침마다 거대한 주차장으로 변했을 것이다. 수십 대의 레미콘 차량, 철근 운송 트럭, 각종 기자재 차량이 유일한 게이트 앞에 길게 늘어서 무작정 대기해야 한다. 어렵게 현장에 진입해도 문제는 계속된다. 정해진 하역 공간이 부족하여 자재는 되는대로 쌓이게 되고, 이는 '자재의 섬(Island of Materials)'을 만들어 작업 동선을 방해하고 안전사고의 위험을 높인다. 특히, 수십억 원에 달하는 서버 장비가 다른 자재들과 뒤엉켜 보관되다가 손상이라도 된다면, 그 손실은 상상을 초월한다. 이는 단순히 비효율을 넘어 프로젝트의 성패를 좌우하는 재앙이 될 수 있다.

3) **AI의 해결책**: JIT(Just-in-Time) 기반의 통합 물류 관제: 프로젝트팀은 AI 기반의 '통합 물류 관제 플랫폼'을 도입했다. 이 시스템은 다음과 같은 방식으로 물류의 혈맥을 뚫었다.

   (1)**가상 대기 시스템(Virtual Queuing)**: AI는 모든 자재 운송 차량에 고유 ID를 부여하고 GPS 추적을 통해 실시간 위치를 파악한다. 운전자는 모바일 앱을 통해 현장 도착 예정 시간을 전송하고, AI는 현장의 하역 공간 상황과 타워크레인 스케줄을 실시간으로 분석하여 가장 최적의 진입 시간을 각 차량에 배정한다. 트럭들은 더 이상 현장 앞에서 대기하는 것이 아니라, AI의 지시에 따라 지정된 시간에 정확히 도착하는 '움직이는 창고'가 된 것이다.

(2) IoT 센서 기반 실시간 재고 관리: 모든 핵심 자재에는 IoT(사물인터넷) 센서가 부착된다. 자재가 현장에 반입되는 순간부터 AI는 해당 자재의 위치, 상태, 수량을 실시간으로 파악한다. 작업팀은 태블릿 PC를 통해 필요한 자재가 현장 내 어디에 있는지 즉시 확인할 수 있으며, AI는 특정 자재의 재고가 일정 수준 이하로 떨어지면 자동으로 추가 주문을 생성하여 공정 중단을 원천적으로 방지한다.

4) 최적화 결과 비교: 아래의 표는 AI 플랫폼 도입을 통해 '퀀텀 밸리 데이터센터' 프로젝트의 물류 효율성이 어떻게 극적으로 개선되었는지를 보여준다.

■ '퀀텀 밸리 데이터센터' AI 기반 물류 최적화 비교

구분	전통적 관리 방식(예상)	AI 기반 통합 물류 관제	개선 효과
자재 차량 현장 평균 대기 시간	120분	10분	91.7% 감소
자재 하역 및 배치 소요 시간	작업당 60분	작업당 25분	58.3% 단축
불필요한 자재 현장 내 이동 횟수	일평균 30회	일평균 5회	83.3% 감소
자재 보관 비용 및 손실률	8%	1.5%	81.3% 절감
물류 관련 안전사고 발생 가능성	높음(High)	매우 낮음(Very Low)	획기적 개선

5) 결론 및 시사점: 결과적으로 AI는 혼돈으로 가득했던 현장 물류를 정밀하게 제어되는 시스템으로 변모 시켜, 프로젝트의 비용, 시간, 안전성을 모두 확보하는 핵심적인 역할을 수행한 것이다.

■ 가상 사례 2: 광활한 부지의 미래 도시, '네이처-링크 스마트시티'

1) 현안 과제: '네이처-링크 스마트시티'는 100만 평 부지에 주거, 상업, 연구, 녹지 공간이 어우러지는 대규모 복합도시 개발 프로젝트이다.

LG CNS가 만드는 'K-스마트시티' [https://mobile.newsis.com]

이곳의 물류 문제는 도심 프로젝트와는 정반대의 특성을 가진다. 광활한 부지 곳곳에서 수십 개의 공사가 동시에 진행되며, 수백 개의 공급업체로부터 들어오는 수천 종류의 자재를 효율적으로 분배하고 관리하는 것이 핵심 과제이다.

2) **전통적 방식의 한계:** 비효율적 네트워크와 자원의 낭비: 전통적인 방식에서는 각 공구(Zone) 별로 자재를 따로 주문하고 운송 계획을 세웠다. 이로 인해 A 구역으로 가는 철근 트럭과 B 구역으로 가는 시멘트 트럭이 비효율적인 동선으로 현장을 가로지르며 유류비와 시간을 낭비하는 일이 비일비재했다. 또한, 공급업체별로 제각각 배송을 하다 보니, 여러 공구에서 소량으로 필요한 자재를 묶어서 한 번에 배송할 기회를 놓쳐 물류비용이 기하급수적으로 증가했다. 이는 마치 도시 전체의 모세혈관이 비효율적으로 얽혀 있는 것과 같았다.

3) **AI의 해결책:** 예측 기반 공급망 관리(SCM)와 최적 경로 탐색: '네이처-링크 스마트시티'는 AI 기반의 공급망 관리(SCM, Supply Chain Management) 솔루션을 프로젝트의 핵심 두뇌로 사용했다.

(1) **AI 수요 예측 및 통합 발주**: AI는 전체 프로젝트의 4D/5D 시뮬레이션 데이터를 기반으로, 각 공구에서 '언제, 어떤 자재가, 얼마나' 필요할지를 수개월 전부터 예측한다. 이를 바탕으로 여러 공구에서 필요한 자재를 통합하여 대량으로 발주함으로써 구매 단가를 낮춘다. 예를 들어, 3주 뒤 A, C, E 구역에서 필요한 총 200톤의 고강도 철근을 예측하고, 가장 경쟁력 있는 단가를 제시하는 공급업체에 통합 발주를 넣는 방식이다.

(2) **최적 운송 경로 네트워크(VRP) 수립**: AI는 현장의 실시간 공사 상황, 도로 여건, 각 공구의 자재 필요 시점을 종합하여 가장 효율적인 통합 배송 경로를 찾아낸다. 여러 공급업체로부터 온 자재를 현장 외곽의 '중앙 물류 허브(Logistics Hub)'에 집결시킨 후, AI의 경로 최적화 알고리즘에 따라 한 대의 차량이 여러 공구를 순회하며 자재를 배송하도록 계획한다. 이는 차량 운행 횟수와 거리를 최소화하여 비용 절감은 물론, 탄소 배출량 감소라는 친환경적 가치까지 실현하는 것이다.

4) '네이처-링크 스마트시티' AI 기반 공급망 및 물류 네트워크 최적화 비교

구분	전통적 분산 관리(예상)	AI 기반 SCM 솔루션	개선 효과
총 자재 조달 비용	3,000억 원	2,820억 원	180억 원 절감(6%)
현장 내 물류 차량 총 운행 거리	500,000km	320,000km	36% 감소
물류 관련 CO2 배출량	1,500톤	960톤	540톤 감축
자재 부족으로 인한 작업 지연	월평균 8건	월평균 1건 미만	87.5% 이상 감소
공급업체 관리 효율성	50%	95%	90% 향상

5) 결론 및 시사점: '네이처-링크 스마트시티' 사례는 AI가 단순한 현장 관리를 넘어, 프로젝트의 시작부터 끝까지 이어지는 거대한 공급망 전체를 지휘하고 최적화하는 두뇌 역할을 수행할 수 있음을 증명한다. 결론적으로, AI는 건설 프로젝트의 성공을 좌우하는 핵심 요소인 자재 조달과 현장 물류를 주먹구구식의 관리 대상에서 데이터 기반의 예측 가능한 과학의 영역으로 끌어올렸다. AI라는 스마트한 사령관의 지휘 아래, 미래의 도시부동산 프로젝트는 가장 효율적이고, 경제적이며, 지속가능한 방식으로 건설될 것이다.

3. "AI 기반 시공계획단계에서는 도시부동산 프로젝트의 예측적 리스크 분석 및 데이터 기반 비상 계획을 수립한다."와 가상사례

3.1. 건설 현장의 그림자, 예측 불가능성과의 싸움

모든 도시부동산 프로젝트는 계획대로만 진행되지 않는다. 마치 맑은 하늘에 갑자기 폭풍우가 몰아치듯, 예기치 못한 리스크는 언제나 공사 현장의 발목을 잡는다. 기록적인 폭염, 갑작스러운 자재 공급망 붕괴, 숙련된 인력의 이탈, 치명적인 안전사고 등 이러한 불확실성은 프로젝트의 비용과 기간을 무한정 늘리고, 심지어는 프로젝트 자체를 좌초 시키는 거대한 암초가 된다. 과거의 리스크 관리는 과거의 경험에 기댄 '감(感)'의 영역이었다. "과거에도 이 때 쯤엔 비가 많이 왔으니 대비 해야지"와 같은 막연한 추측에 의존할 수밖에 없었다.

그러나 이제 AI는 데이터라는 수정 구슬을 통해 미래를 내다보는 '예측적 리스크 분석(Predictive Risk Analysis)'이라는 강력한 무기를 인류에게 선물했다. AI는 과거 수십 년 간의 기상 데이터, 유사 프로젝트 데이터, 실시간 현장 데이터, 거시 경제 지표 등 인간이 감당할 수 없는 규모의 빅데이터를 학습하여, 발생 가능한 모든 리스크의 확률과 파급 효과를 과학적으로 계산해낸다.

여기서 더 나아가, AI는 최악의 시나리오를 가정한 수천, 수만 번의 시뮬레이션을 통해 가장 효과적인 '데이터 기반 비상 계획(Data-Driven Contingency Plan)'을 미리 수립한다. 이제 AI라는 예언가가 어떻게 건설 현장의 그림자를 걷어내는지, 두 개의 가상 프로젝트를 통해 확인해 볼 것이다.

3.2. 예측적 리스크 분석 및 데이터 기반 비상 계획 가상사례

울산 롯데캐슬 블루마리나, 바다·리조트·도심 전경 모두 조망
[https://www.hankyung.com]

■ 가상 사례 1: 해안가의 기후변화 대응형 복합리조트, '마리나 블루'

1) 현안 과제: '마리나 블루'는 남해안에 건설되는 1조 원 규모의 초대형 복합리조트 프로젝트이다. 아름다운 해안선을 따라 최고급 호텔, 컨벤션 센터, 해양 레저 시설이 들어서는 이 프로젝트의 가장 큰 적은 바로 '기후의 변덕'이다. 최근 수년간 점점 강력해지고 예측 불가능해지는 태풍과 집중호우는 해안가 공사에 치명적인 위협이 된다.

2) **전통적 방식의 한계: 속수무책의 자연재해:** 과거의 방식대로라면, 프로젝트팀은 기상청의 단기 예보에만 의존하며 불안한 나날을 보낼 것이다. 갑작스러운 태풍 예보에 허둥지둥 타워크레인을 고정하고 자재를 덮는 수준의 임시방편적인 대응이 전부이다. 만약 기록적인 폭우로 인해 이제 막 다져 놓은 대규모 토목 공사장이 유실된다면, 복구에만 수개월의 시간과 수백억 원의 비용이 허비될 것이다. 또한, 여름철 잦은 강우로 인해 외부 마감 공사가 계속 지연되면서 전체 준공 일정이 6개월 이상 늦어지는 최악의 상황도 충분히 발생할 수 있다.

3) **AI의 해결책:** 기후 데이터 기반 예측 및 시나리오별 비상 계획: '마리나 블루' 프로젝트는 AI 기반 '리스크 관리 플랫폼'을 도입하여 기후 변화라는 거대한 불확실성에 맞섰다.

(1) **리스크 확률 및 영향도 분석:** AI는 지난 50년간의 지역 기상 데이터, 전 지구적 기후변화 모델, 실시간 해수면 온도 데이터 등을 종합적으로 분석했다. 그 결과, 프로젝트 기간 중 '카테고리 3등급 이상의 강력한 태풍이 현장을 관통할 확률이 15%'이며, 이 경우 '최대 800억 원의 직접적인 피해와 4개월의 공사 지연이 발생할 것'이라는 구체적인 수치를 제시했다. 또한, '여름철(6-8월) 공사 기간 중 강우로 인한 작업 중단일이 과거 평균 20일에서 최대 35일까지 늘어날 수 있다'는 예측을 내놓았다.

(2) **데이터 기반 비상 계획(Contingency Plan) 수립:** 이 예측을 바탕으로 AI는 비용-효과 분석을 통해 최적의 비상 계획 포트폴리오를 제안했다. 예를 들어, 태풍에 대비해 일반적인 수준보다 한 단계 높은 강도의 타워크레인 고정 장치를 설치하고, 주요 자재 야적장 주변에 영구적인 배수 시설을 선제적으로 시공하는 방

안을 제시했다. AI는 이 조치에 10억 원의 추가 비용이 들지만, 태풍 내습 시 800억 원의 잠재적 손실을 막아주므로 '기대효용 가치가 790억 원에 달하는 합리적인 투자'라고 분석 결과를 보여주었다. 또한, 여름철 우기에는 외부 공사 비중을 줄이고, 실내 전기 및 설비 공사를 집중적으로 배치하는 공정 순서 자동 조정안을 미리 수립하여 기상 악화의 영향을 최소화했다.

아래 표는 AI의 예측적 분석을 통해 어떻게 리스크를 정량화하고 효과적인 비상 계획을 수립했는지를 보여준다.

4) '마리나 블루' AI 기반 기후 리스크 관리 계획

리스크 유형	AI 예측 발생 확률	AI 예측 피해 규모(금액/기간)	전통적 대응 (사후 조치)	AI 기반 비상 계획 (선제적 조치)
강력 태풍 (Cat. 3 이상)	15%	800억 원/4개월 지연	임시 고정 및 자재 덮개	고강도 설비 보강 및 영구 배수시설 선시공
여름철 집중호우	70% (35일 이상)	250억 원/2개월 지연	작업 중단 및 대기	우기 시즌 공정 재배치 (실내 작업 집중)
겨울철 한파 (영하 10도 이하)	40% (15일 이상)	50억 원/1개월 지연	콘크리트 양생 중단	고효율 열풍기 추가 확보 및 단열재 선구매
자재 수급 불안정 (해상 운송)	20%	120억 원/1.5개월 지연	대체 공급처 긴급 수배	핵심 자재 내륙 운송 루트 병행 확보

5) 시사점: 이처럼 AI는 막연한 불안감을 구체적인 숫자로 변환하고, 최적의 대응책을 데이터에 기반하여 제시하는 전략가의 역할을 수행하는 것이다.

■ 가상 사례 2: 도심 지하 대심도 복합 환승 센터, '코어 스테이션'

1) 현안 과제: '코어 스테이션'은 도심 지하 50m 깊이에 건설되는 버스, 지하철, GTX가 교차하는 초대형 복합 환승 센터이다. 이 프로젝트

강남에도 '광장' 생긴다...영동대로 복합환승센터 [https://mediahub.seoul.go.kr]

의 리스크는 지상에서는 보이지 않는 곳, 즉 지하의 복잡한 지질 구조, 인접한 노후 건물의 안전 문제, 그리고 수백 명의 작업자가 투입되는 밀폐된 공간의 안전사고 가능성에 집중된다.

2) **전통적 방식의 한계**: 터진 뒤에 막는 사후약방문: 기존의 방식으로는 시추 조사를 통해 얻은 제한된 지질 정보에만 의존해야 한다. 공사를 시작하고 나서야 예측하지 못한 연약 지반이나 지하 공동(空洞)이 발견되어 설계 변경과 공법 교체로 막대한 시간과 비용을 낭비하는 경우가 허다하다. 또한, 대규모 발파 작업 시 인접 건물의 진동을 실시간으로 관리하지 못해 민원은 물론, 건물 균열과 같은 심각한 문제로 이어질 수 있다. 안전 관리 역시 관리자의 순찰과 작업자의 주의에 의존하기에, 치명적인 사고가 발생한 뒤 에야 원인을 분석하고 대책을 세우는 '사후약방문'식 관리를 벗어나기 어렵다.

3) **AI의 해결책**: 실시간 데이터 모니터링 및 이상 징후 예측: '코어 스테이션' 프로젝트는 현장 전체를 디지털 트윈(Digital Twin)으로 구축하고, AI가 실시간으로 데이터를 분석하여 이상 징후를 예측하는 시스템을 도입했다.

(1) **지반 붕괴 및 인접 건물 리스크 예측**: AI는 시추 데이터 뿐만 아

니라, 굴착면에 설치된 수백 개의 IoT 센서(경사계, 진동계, 지하수위계 등)로부터 1초 단위로 데이터를 수집하고 분석한다. 만약 특정 지역의 진동 패턴이나 지반 변위 값이 평소와 다른 이상 징후를 보이면, AI는 이를 '지반 붕괴 가능성 75%'와 같이 확률적으로 분석하고 즉시 관리자에게 경고를 보낸다. 동시에 해당 지역의 굴착 작업을 즉시 중단시키고, 보강 공사를 먼저 시행하도록 작업 명령을 자동으로 조정한다.

(2) **AI 영상 분석 기반 안전사고 예측:** 현장 곳곳에 설치된 CCTV는 단순한 감시 도구가 아니라 AI의 '눈'이 된다. AI는 작업자의 행동 패턴을 실시간으로 분석하여, 안전모 미착용, 안전고리 미체결, 위험 구역 무단 접근과 같은 불안전한 행동을 즉시 감지하고 현장 스피커를 통해 경고 방송을 내보낸다. 더 나아가, 특정 구역에 작업자와 중장비가 위험할 정도로 근접하거나, 용접 불꽃과 인화성 물질이 가까이 있는 등 사고 발생 가능성이 높은 '위험 시나리오'를 예측하고 사전에 경고하는 것이다.

4) '코어 스테이션' AI 기반 실시간 리스크 예측 및 대응

리스크 유형	전통적 관리 방식	AI 기반 예측 관리 시스템	개선 효과
지반 붕괴	사고 발생 후 원인 분석 및 복구	센서 데이터 이상 징후 분석 및 사전 경고/보강	예측 정확도 90% 이상
인접 건물 손상	민원 발생 후 진동 측정 및 보상	실시간 진동 모니터링 및 발파 강도 자동 조절	민원 발생률 80% 감소
작업자 추락사고	안전 교육 및 사후 조치	AI 영상 분석 통한 안전고리 미 체결 실시간 감지/경고	중대 재해 가능성 획기적 감소
밀폐공간 질식사고	주기적 산소 농도 수동 측정	IoT 센서 기반 유해가스 농도 실시간 감지 및 자동 환기	사고 예측 및 선제적 대응

5) 결론 및 시사점: '코어 스테이션'의 사례는 AI가 보이지 않는 지하의 위험과 인간의 불안전한 행동까지도 데이터로 읽어내고, 사고가 발생하기 전에 선제적으로 대응하는 첨단 예방 시스템임을 명확히 보여준다. 결론적으로, AI 기반의 예측적 리스크 분석과 비상 계획 수립은 도시부동산 프로젝트를 둘러싼 불확실성의 안개를 걷어내는 등대와 같다. AI는 더 이상 미래를 막연히 두려워하는 대신, 데이터를 통해 미래를 읽고, 가장 현명한 길을 선택할 수 있도록 돕는 최고의 전략가이자 예언가인 것이다.

4. "AI 기반 시공계획단계에서는 도시부동산 프로젝트의 모듈러 및 사전제작(Prefab) 공법의 적용 타당성을 분석한다."와 가상사례

4.1. AI, 레고 블록처럼 도시를 짓는 모듈러 공법의 최적 해법을 찾다

건설 현장의 소음과 분진, 예측 불가능한 날씨, 그리고 항상 부족한 숙련공. 이러한 전통적인 건설 방식의 한계를 극복하기 위해 등장한 것이 바로 모듈러(Modular) 및 사전제작(Prefabrication) 공법이다. 이는 건축물의 주요 부분(방, 욕실, 주방 등)을 공장에서 정밀하게 제작한 뒤, 현장으로 옮겨와 레고 블록처럼 조립하는 혁신적인 방식이다. 공기 단축, 품질 균일성 확보, 폐기물 감소 등 수많은 장점에도 불구하고, 모든 프로젝트에 모듈러 공법이 만병통치약이 되는 것은 아니다. 초기 설계의 복잡성, 대형 모듈의 운송 문제, 공장 제작비와 현장 조립비 사이의 미묘한 균형 등 수많은 변수를 고려하여 적용 타당성을 판단해야 하는 고차원의 의사결정이 필요하다.

과거에는 이러한 결정이 전문가 집단의 경험에 의존했다. 하지만 이제 AI는 수백, 수천 개의 변수를 동시에 분석하는 강력한 두뇌를 통해, 특정 프로젝트에 모듈러 공법이 '독'이 될지 '약'이 될지를 과학적으로 분석하고 최적의 적용 범위를 제시한다. 이제 AI라는 천재 컨설턴트가 어떻게 두 개의 다른 운명을 가진 프로젝트의 건설 방식을 결정하는지, 그 치밀한 분석 과정을 들여다볼 것이다.

4.2. 모듈러 공법의 최적 해법 가상사례

- 가상 사례 1: 긴급 수요 대응을 위한 도심형 청년 임대주택, '유니-큐브'

지하철역 지근거리'···강동·노원, 청년주택 500세대 공급 [https://www.sisajournal-e.com]

1) **현안 과제:** '유니-큐브'는 심각한 주택난을 겪고 있는 대도시 중심부에 1년 이내에 500세대 규모의 청년 임대주택을 공급해야 하는 긴급 프로젝트이다. 모든 세대는 동일한 면적의 원룸형 구조로 설계되었으며, 프로젝트 부지는 주요 간선도로에 인접해 있어 대형 차량의 접근이 비교적 용이하다.

2) **전통적 방식의 딜레마:** 만약 이 프로젝트를 전통적인 철근콘크리트(RC) 공법으로 진행한다면, 최소 24개월의 공사 기간이 소요될 것이

다. 1년이라는 절대적인 목표 기한을 맞추는 것은 불가능에 가깝다. 또한, 도심 한복판에서의 공사는 소음, 분진으로 인한 끊임없는 민원을 야기하고, 수백 명의 인력이 좁은 공간에서 작업하며 발생할 수 있는 안전 문제 또한 큰 부담으로 작용한다. 프로젝트의 목표 자체가 '빠른 공급'이므로, 전통적 방식은 시작부터 딜레마에 빠질 수밖에 없다.

3) **AI의 해결책:** 모듈러 공법 '최적합' 판정 및 시뮬레이션; 프로젝트팀은 AI 기반 '건설 공법 타당성 분석 플랫폼'을 활용하여 해법을 모색했다. AI는 다음과 같은 핵심 데이터들을 입력받아 다각적인 시뮬레이션을 수행했다.

(1) **프로젝트 특성:** 1년 내 완공 목표, 500세대의 반복적인 유닛 구조, 도심지 위치, 도로 접근성 양호

(2) **비용 데이터:** 전통 RC 공법의 예상 공사비, 모듈러 제작 공장의 견적, 모듈 운송비, 현장 조립 및 마감 공사비

(3) **시간 데이터:** 각 공법별 공정 소요 기간, 공장 제작 기간, 운송 기간, 현장 설치 기간

(4) **리스크 데이터:** 날씨로 인한 현장 작업 중단 확률, 민원 발생 가능성, 인력 수급 변동성

수백만 번의 연산을 통해 AI는 '유니-큐브' 프로젝트에 전면적인 모듈러 공법 적용이 최적의 선택이라는 결론을 내렸다. AI가 제시한 분석 리포트의 핵심은 다음과 같다.

4) AI가 제시한 분석 리포트의 핵심

(1) **공기 단축 효과 극대화:** AI는 공장에서 500개의 유닛 모듈을 제작하는 동안, 현장에서는 기초 및 지하 공사를 동시에 진행하는

'병렬 공정'을 시뮬레이션 했다. 그 결과, 전체 공사 기간을 11개월까지 단축할 수 있음을 입증했다.

(2) **비용 효율성 검증:** 초기 모듈 제작비는 다소 높지만, 공사 기간 단축에 따른 금융비용(PF 이자 등) 절감, 현장 관리 인력 최소화, 폐기물 처리 비용 감소 효과를 모두 계산한 결과, 총사업비 측면에서 전통 방식보다 오히려 5%가량 저렴하다는 분석 결과를 도출했다.

(3) **리스크 최소화:** 공장 제작 방식은 날씨의 영향을 거의 받지 않으며, 통제된 환경에서의 작업은 균일한 품질 확보와 안전사고 발생률 감소로 이어진다는 점을 정량적으로 제시했다.

아래 표는 AI가 각기 다른 공법을 적용했을 경우의 결과를 어떻게 비교 분석했는지를 명확하게 보여준다.

5) '유니-큐브' 프로젝트 AI 공법 적용 타당성 분석 비교

분석 항목	전통 RC 공법(예측)	전체 모듈러 공법 (AI 분석)	AI 판정
총 공사 기간	24개월	11개월	목표 달성(최적합)
총 사업 비용	1,050억 원	998억 원	5% 비용 절감(우수)
품질 균일성	작업자 숙련도에 따라 편차 발생	99% 이상 균일 (공장 제작)	품질 신뢰도 극대화 (우수)
현장 소음/분진 발생	높음 (민원 발생 확률 80%)	매우 낮음 (민원 발생 확률 15%)	사회적 비용 감소 (최적합)
안전사고 발생 가능성	상대적으로 높음	70% 이상 감소	리스크 관리 용이 (우수)

6) **결론 및 시사점:** AI는 단순히 '모듈러가 빠르다'는 막연한 사실을 넘어, 해당 프로젝트의 모든 조건을 고려했을 때 시간, 비용, 리스크 측면에서 '왜' 최적의 선택인지를 데이터로 증명한 것이다.

- 가상 사례 2: 자연과 조화되는 비정형 랜드마크, '스카이 듄(Sky Dune)' 미술관

UCCA Dune Museum [https://www.experimenta.es]

1) **현안 과제:** '스카이 듄 미술관'은 사막의 모래언덕을 형상화한 유려한 곡선의 비정형 외관을 자랑하는 랜드마크 건축물이다. 내부는 거대한 아트리움과 나선형 경사로 등 복잡하고 개방적인 공간으로 구성되어 있으며, 부지는 국립공원 내에 위치하여 대형 트레일러의 진입로가 매우 협소하고 까다롭다.

2) **모듈러 공법의 섣부른 기대(비정형 디자인의 벽):** 프로젝트 초기, 일부에서는 공기 단축을 위해 모듈러 공법을 적용하자는 의견이 나왔다. 표준화된 모듈 몇 개를 조합하면 가능하지 않겠냐는 순진한 기대였다. 하지만 이 건물의 핵심은 수천 개의 곡률이 모두 다른 외장 패널과, 규격화하기 어려운 내부의 거대 공간 그 자체에 있다. 이를 모듈로 제작할 경우, 오히려 비정형 모듈을 만들기 위한 특수 금형 제작 등에 천문학적인 비용이 발생할 수 있다.

3) **AI의 해결책:** '하이브리드 공법' 제안 및 최적 조합 탐색; 이 프로젝트의 AI 분석은 다른 결론에 도달했다. AI는 3D 설계도면(BIM), 지

형 데이터, 도로망 데이터, 자재 특성 데이터 등을 종합하여 다음과 같은 결론을 내렸다.

(1) **전면 모듈러 공법 '부적합' 판정:** AI는 비정형 외관과 내부 공간을 모듈로 제작할 경우, 전통 방식 대비 제작비가 35% 급증하고, 제작 가능한 공장도 극소수여서 기술 리스크가 매우 크다고 분석했다. 또한, 협소한 진입로를 통과할 수 있는 모듈의 최대 크기를 시뮬레이션한 결과, 너무 작은 단위로 쪼개져 운송 횟수가 폭증하고 현장 접합 비용이 과도하게 발생하여 장점이 상쇄된다고 판정했다.

(2) **최적의 '하이브리드(Hybrid)'공법 제시:** AI는 전체 프로젝트를 수십 개의 영역으로 분할하여 각 영역별 최적 공법을 시뮬레이션했다. 그 결과, 건물의 핵심인 중앙 아트리움과 비정형 외피는 현장에서 직접 시공하는 전통 방식(RC조+특수 거푸집)을 채택하고, 반복적인 형태를 띠는 화장실, 기계실, 사무 공간 등 '코어(Core)' 부분에만 표준화된 박스형 모듈을 적용하는 하이브리드 방식이 가장 합리적이라는 대안을 제시했다.

(3) **하이브리드 공법의 기대효과 정량화:** AI는 이 하이브리드 방식을 통해 전체 공기는 약 3개월 단축하고, 총비용은 7% 절감할 수 있으며, 특히 리스크가 큰 비정형 부분은 현장에서 집중 관리하고, 표준화된 부분은 공장에서 품질을 확보하는 최적의 리스크 분산 효과를 얻을 수 있다고 분석했다.

4) '스카이 듄 미술관' AI 공법 적용 타당성 분석 비교

분석 항목	전체 모듈러 공법 (AI 분석)	전통 RC 공법 (예측)	AI 제안 하이브리드 공법	AI 판정
총 사업 비용	3,500억 원 (비용 급증)	2,600억 원	2,420억 원 (7% 절감)	최적 대안
총 공사 기간	30개월 (기술 리스크)	36개월	33개월 (3개월 단축)	합리적 개선
설계 구현 가능성	낮음 (곡선 구현 한계)	높음	매우 높음 (장점 결합)	최적 대안
현장 운송 리스크	매우 높음 (진입로 제약)	낮음	관리 가능 (일부 모듈만 운송)	리스크 최소화
AI 최종 결론	부적합	차선책	최적 해법 (Optimal Solution)	채택 권고

5) **결론 및 시사점:** 이처럼 AI는 무조건 모듈러 공법을 강요하는 것이 아니라, 프로젝트의 고유한 DNA를 정밀하게 분석하여 전통 방식과 혁신 방식을 최적으로 융합하는 지휘자의 역할을 수행하는 것이다. 결론적으로, AI는 모듈러 및 사전제작 공법의 적용 타당성 분석에 있어 인간의 편견과 제한된 경험을 뛰어넘는 객관적이고 데이터에 기반한 통찰력을 제공한다. AI를 통해 우리는 어떤 프로젝트에 레고 블록을 사용해야 최대의 효과를 얻을 수 있는지, 또 어떤 경우에는 손으로 직접 빚는 예술이 필요한지를 명확히 알게 될 것이다.

5. "AI 기반 시공계획단계에서는 도시부동산 프로젝트의 자재 수급 예측 및 비용 변동 시뮬레이션을 실시한다."와 가상사례

5.1. 보이지 않는 적, 자재 비용의 변동성

성공적인 도시부동산 프로젝트를 위협하는 가장 교활한 적은 바로 '자재 수급의 불확실성과 비용의 변동성'이다. 어제까지 톤당 100만 원이었던 철근이 국제 정세 변화로 하루아침에 150만 원으로 폭등하고, 핵심 반도체 부품의 공급망이 마비되어 공사가 무기한 중단되는 사태는 더 이상 영화 속 이야기가 아니다. 이러한 변동성은 프로젝트의 예산을 초과 시켜 사업성을 악화시키고, 최악의 경우 프로젝트를 파산으로 이끄는 거대한 쓰나미가 될 수 있다. 과거에는 이러한 시장의 파도를 오직 경험 많은 구매 담당자의 직감과 제한된 정보에 의존해 넘어왔다.

그러나 이제 AI는 거시 경제 지표, 원자재 선물 시장 데이터, 국제 정세, 물류 데이터 등 지구상에 존재하는 거의 모든 변수를 실시간으로 학습하여 미래의 자재 가격과 수급 상황을 예측하는 지능형 경제학자로 진화했다. AI는 단순히 미래 가격을 예측하는 것을 넘어, 수천 가지의 변수가 복합적으로 작용할 때 우리 프로젝트의 총사업비가 어떻게 요동칠지를 시뮬레이션 하여 최적의 구매 전략과 리스크 헤징(위험 회피) 방안을 제시한다. 이제 AI 경제학자가 어떻게 두 개의 거대 프로젝트를 비용의 쓰나미로부터 구해내는지 그 과정을 면밀히 살펴볼 것이다.

5.2. 자재 수급 예측 및 비용 변동 시뮬레이션 가상사례

- 가상 사례 1: 5년 장기 프로젝트, 수도권 광역급행철도(GTX) D노선 차량기지

https://www.kmib.co.kr

1) **현안 과제:** 'GTX-D 차량기지'는 5년에 걸쳐 건설되는 대규모 사회기반시설(SOC) 프로젝트이다. 수만 톤의 철근과 시멘트, 대규모 강구조물 등 기초 자재가 프로젝트 전반에 걸쳐 막대한 양으로 투입된다. 이 프로젝트의 가장 큰 재무 리스크는 장기간에 걸쳐 진행되는 만큼, 인플레이션과 원자재 가격의 주기적 변동에 그대로 노출되어 있다는 점이다.

2) **전통적 방식의 함정**(예산 초과의 덫): 기존의 예산 수립 방식은 현재 시점의 자재 가격에 일반적인 물가상승률(예: 연 3%)을 복리로 적용하는 수준에 그친다. 하지만 만약 특정 시기에 대규모 국제 스포츠 행사나 신흥국의 폭발적인 인프라 투자로 인해 철강 수요가 급증하여 가격이 30% 이상 폭등한다면 어떻게 될까? 예산은 걷잡을 수 없이 초과될 것이고, 이는 고스란히 국민의 세금 부담으로 이어진다. 과거의 경험에만 의존하여 "내년쯤 엔 가격이 안정되겠지"라고 막

연히 기대하는 것은 거대한 재정적 위험을 방치하는 것과 같다.

3) **AI의 해결책:** 거시경제 연동 가격 예측 및 최적 구매 시점 분석: 프로젝트 관리단은 AI 기반 '자재 비용 변동성 시뮬레이션 플랫폼'을 도입하여 5년 후의 시장까지 내다봤다.

   (1) **다 변수 기반 가격 예측 모델링:** AI는 과거 30년간의 철근, 시멘트 가격 데이터는 물론, 주요국의 GDP 성장률, 원유 가격, 환율, 주요 광산의 생산량, 해상 운임 지수(BDI) 등 수백 개의 거시경제 변수와의 상관관계를 학습하여 이 프로젝트만을 위한 맞춤형 가격 예측 모델을 생성했다.

   (2) **몬테카를로 시뮬레이션(Monte Carlo Simulation):** AI는 이 모델을 기반으로, 앞으로 5년간 발생 가능한 수만 가지의 경제 시나리오(예: 중국의 경기 침체, 중동의 지정학적 리스크, 신규 친환경 제철 기술의 등장 등)를 시뮬레이션 했다. 이를 통해 '3년 차에 철근 가격이 최대 180만 원까지 오를 확률이 45%'이며, 이 경우 '총 공사비가 예상보다 1,200억 원 증가할 것'이라는 확률 기반의 예측 결과를 도출했다.

   (3) **최적 구매 전략 제시:** 이 예측을 바탕으로 AI는 가장 비용 효율적인 구매 전략을 제시했다. 예를 들어, 2년 차에 예상되는 일시적인 가격 하락기에 전체 필요 물량의 40%를 선물 계약을 통해 선구매하고, 변동성이 큰 나머지 물량은 특정 가격 상한선을 조건으로 하는 옵션 계약을 체결하는 방안을 추천했다. 이는 불확실성에 대한 보험을 드는 것과 같은 효과를 가진다.

아래 표는 AI가 어떻게 미래 자재 가격의 변동 범위를 예측하고, 이를 통해 총사업비 리스크를 관리하는지를 보여준다.

4) **시뮬레이션 결과:** 'GTX-D 차량기지' 주요 자재 AI 가격 예측 및 비용 영향 시뮬레이션(3년 차 시점)

자재 품목	전통적 예산(단순 물가상승률 적용)	AI 예측 가격 범위(확률 90% 신뢰구간)	AI 시뮬레이션 기반 총사업비 영향	AI 추천 대응 전략
철근(톤당)	115만 원	100만 원 ~ 180만 원	최대 +1,200억 원	선물 계약 및 옵션 계약
시멘트(톤당)	12만 원	11만 원 ~ 15만 원	최대 +350억 원	장기 공급 계약 체결
H형강(톤당)	145만 원	130만 원 ~ 200만 원	최대 +880억 원	공급처 다변화 및 선 구매
AI 최종 분석	예산 초과 확률 75%	리스크 정량화 및 관리 가능	재무 안정성 확보	최적 구매 포트폴리오 구성

5) **시사점:** AI는 단순한 점(point) 예측을 넘어, 확률에 기반한 범위(range) 예측을 통해 의사결정자가 리스크의 크기를 명확히 인지하고 가장 합리적인 재무적 결정을 내릴 수 있도록 돕는 것이다.

■ **가상 사례 2: 최첨단 스마트 오피스 빌딩, '인피니티 엣지'**

'마제스타시티', 강남 인프라. 최첨단 오피스 동시에 누린다 - 국토일보 [https://www.ikld.kr]

1) **현안 과제:** '인피니티 엣지'는 서울 강남에 들어서는 최첨단 오피스 빌딩으로, 건물 전체가 IoT 센서와 AI에 의해 제어된다. 이 건물의

핵심은 독일에서 수입하는 특수 반사 유리와 미국 실리콘밸리에서 공급받는 중앙 통합제어용 반도체 칩이다. 이들 자재는 대체 불가능하며, 특정 국가와 기업에 대한 의존도가 매우 높다.

2) **전통적 방식의 무방비**: 지정학적 리스크와 환율 쇼크: 기존 방식으로는 구매 계약 시점의 환율과 단가에만 의존하여 예산을 책정한다. 그러나 만약 미국과 특정 반도체 생산국 간의 무역 분쟁이 격화되어 갑자기 수출 통제 조치가 내려진다면 어떻게 될까? 혹은 유럽 중앙은행의 금리 정책 변화로 유로화 가치가 15% 급등한다면? 프로젝트는 핵심 자재를 구하지 못해 멈춰 서거나, 예상치 못한 환차손으로 수백억 원의 추가 비용을 부담해야 하는 치명적인 상황에 직면하게 된다.

3) **AI의 해결책**: 지정학적 리스크 분석 및 환율 변동 시뮬레이션: '인피니티 엣지' 프로젝트는 AI 기반 '글로벌 공급망 리스크 분석 시스템'을 활용했다.

   (1) **실시간 리스크 센싱**: AI는 전 세계 뉴스, 무역 데이터, 정책 보고서, SNS 데이터 등을 실시간으로 분석하여 특정 자재의 공급망에 영향을 미칠 수 있는 지정학적 리스크 지수를 산출한다. 예를 들어, '미국 A기업의 반도체 칩 공급망 안정성 지수가 최근 3주간 40포인트 하락했으며, 6개월 내 공급 차질 발생 확률이 30%에 달한다'는 경고를 보내는 식이다.

   (2) **환율 변동 시나리오 분석**: AI는 주요 투자은행(IB)의 환율 전망, 금리 정책, 국가별 경제 성장률 데이터를 종합하여 향후 1년간의 원-달러, 원-유로 환율 변동 시나리오를 수천 개 생성하고, 각 시나리오가 총 자재 구매 비용에 미치는 영향을 시뮬레이션 한다.

(3) **대체 공급망 및 최적 계약 방식 추천:** AI는 분석 결과를 바탕으로 구체적인 행동 계획을 제시한다. 'A기업의 반도체 칩 공급 차질에 대비하여, 성능이 유사한 이스라엘 B기업의 제품을 대체재로 확보하는 협상을 즉시 시작할 것'을 추천한다. 또한, 환율 변동 리스크를 최소화하기 위해 현재 시점에 유리한 고정환율로 대금의 일부를 지급하는 '선물환 계약'을 체결하는 것이 가장 유리하다는 분석 결과를 제공한다.

4) **시뮬레이션 결과:** '인피니티 엣지' 핵심 수입 자재 AI 리스크 시뮬레이션

자재 품목	공급 국가	리스크 유형	AI 예측 리스크 (향후 1년)	AI 추천 대응 전략
특수 반사 유리	독일	환율 변동 (유로화 강세)	원/유로 환율 최대 12% 상승 가능성 (비용 200억↑)	선물환 계약 체결 (환율 고정)
통합제어용 반도체	미국	지정학적 리스크 (수출 통제)	공급 차질 발생 확률 30% (공기 6개월 지연)	대체 공급처 (이스라엘 B사) 확보
BEMS 센서	일본	물류망 불안정 (해상 운송)	운송 기간 최대 3주 지연 가능성	항공 운송 옵션 사전 계약
AI 최종 결론	외부 충격에 매우 취약	선제적 대응으로 리스크 회피 가능	안정적 사업 수행 기반 마련	리스크 헤징 전략 실행

5) **결론 및 시사점:** 이처럼 AI는 국내 시장을 넘어, 전 세계에서 벌어지는 정치, 경제, 사회적 변화가 내 프로젝트에 미칠 영향을 실시간으로 분석하고, 가장 안전한 길로 안내하는 글로벌 전략가의 역할을 수행하는 것이다. 결론적으로, AI 기반의 자재 수급 예측 및 비용 변동 시뮬레이션은 더 이상 선택이 아닌 필수이다. 불확실성의 파도가 어느 때보다 높은 현대의 건설 환경에서, AI라는 현명한 경제학자이자 전략가의 도움 없이는 성공적인 프로젝트 완수를 보장할 수 없을 것이다.

주제 9

AI 도시부동산 개발의 7번째 단계: "분양전략 수립"을 위한 AI 마케팅

1. "AI 기반 분양전략 수립 단계에서는 도시부동산 프로젝트의 잠재 고객 페르소나 구축 및 초개인화 타겟팅을 실행한다."와 가상사례

1.1. AI, 잠재 고객의 욕망을 읽어내고 마음을 사로잡는 마케터

성공적으로 지어진 도시부동산 프로젝트의 마지막 관문은 그것을 채워줄 '사람'을 찾는 것이다. 과거의 분양 마케팅은 최대한 많은 사람에게 전단지를 돌리고, TV 광고를 내보내는 등 불특정 다수를 향해 그물을 던지는 방식이었다. 하지만 라이프스타일이 극도로 세분화된 오늘날, 이러한 방식은 막대한 비용을 낭비할 뿐 진정한 잠재 고객의 마음을 움직이지

Buyer Personas [https://massweb.com.ar]

못한다. 모두를 위한 메시지는 사실상 아무 에게도 닿지 않는 공허한 외침이 되기 쉽다.

이제 AI는 마케팅의 패러다임을 송두리째 바꾸고 있다. AI는 소셜 미디어 활동, 검색 기록, 소비 패턴, 이동 경로 등 개인이 남긴 수억 개의 디지털 발자국(Digital Footprint)을 분석하여, 마치 소설가가 등장인물을 창조하듯 생생한 '잠재 고객 페르소나(Persona)'를 구축한다.

페르소나는 단순히 '30대 남성'과 같은 인구통계학적 구분을 넘어, 그의 가치관, 취미, 고민, 미래 계획까지 담아낸 가상의 인격체이다. AI는 이렇게 창조된 수십, 수백 개의 페르소나를 대상으로, 각각의 욕망을 정확히 파고드는 '초개인화 타겟팅(Hyper-personalization Targeting)'을 실행한다. 이제 AI라는 천재 마케터가 어떻게 두 개의 다른 프로젝트에서 잠재 고객의 마음을 정교하게 사로잡는지, 그 놀라운 과정을 살펴볼 것이다.

■ **도시부동산 프로젝트 잠재 고객 페르소나 구축 방법별 목표, 분석방법 및 기술, 역할, 장단점, 분석도구, 도시부동산 활용예시**

구분	전통적 시장조사 기반 페르소나	디지털 행동 데이터 기반 페르소나	AI/머신 러닝 기반 예측적 페르소나
목표	특정 인구통계학적 집단의 전반적인 태도와 인식을 파악하고, 시장의 거시적 특성을 이해하는 것을 목표로 한다.	사용자의 실제 온라인 행동을 기반으로 관심사와 선호도를 파악하고, 디지털 채널에서의 반응을 예측하는 것을 목표로 한다.	이종(異種)의 빅데이터를 융합하여 고객의 숨겨진 욕망과 미래 행동까지 예측하고, 초 개인화된 잠재 고객 그룹을 발굴하는 것을 목표로 한다.
분석방법 및 기술	설문조사(Survey), 포커스 그룹 인터뷰(FGI), 심층 인터뷰(In-depth Interview) 등 정량적, 정성적 리서치 기법을 활용한다.	웹/앱 로그 분석, 소셜 리스닝(Social Listening), 검색 키워드 분석, 쿠키 데이터 추적 등 사용자의 디지털 발자국(Footprint)을 분석한다.	머신 러닝 알고리즘(군집화, 분류), 자연어 처리(NLP), 예측 모델링 기술을 활용하여 비정형 데이터를 포함한 대규모 데이터를 분석하고 패턴을 발견한다.

역할	프로젝트의 초기 방향성을 설정하고, 시장의 큰 흐름을 이해하는 데 도움을 주는 기본적인 나침반 역할을 수행한다.	마케팅 캠페인의 성과를 측정하고 최적화하며, 어떤 콘텐츠와 채널이 효과적인지에 대한 명확한 증거를 제공하는 성과 측정기 역할을 한다.	기존에는 발견하지 못했던 새로운 시장 기회를 포착하고, 잠재 고객의 다음 행동을 예측하여 선제적으로 대응하는 지능형 전략가 역할을 수행한다.
장점	- 특정 질문에 대한 깊이 있는 답변 확보 가능 - 고객의 '왜'라는 동기 파악에 용이	- 실제 행동 기반으로 데이터 신뢰도가 높음 - 대규모 사용자 분석이 가능함 - 비용 효율적이고 신속한 분석 가능	- 잠재적 니즈와 미래 행동 예측 가능 - 매우 정교한 초개인화 타겟팅 가능- 이종 데이터 결합으로 입체적 분석
단점	- 시간과 비용이 많이 소요됨 - 표본의 대표성 확보가 어려움 - 응답자의 기억이나 편향에 의존함	- 행동의 이유(Why) 파악에 한계가 있음 - 데이터 수집 범위가 온라인에 한정됨	- 고도의 데이터 분석 기술과 인프라 필요 - 데이터 편향 시 예측 오류 가능성 존재
분석도구	통계 분석 소프트웨어(SPSS, SAS), FGI 녹취록 및 텍스트 분석 도구, 설문조사 플랫폼(서베이몽키 등)	웹 분석 도구(Google Analytics), 소셜 미디어 분석 플랫폼(Meltwater, Sprinklr), 검색 트렌드 분석 도구(Google Trends)	데이터 분석 프로그래밍 언어(Python, R), 머신 러닝 라이브러리(TensorFlow, Scikit-learn), 고객 데이터 플랫폼(CDP), 데이터 시각화 도구(Tableau)
도시부동산 활용예시	사례: 신규 오피스텔 분양 전, 30-40대 직장인 100명을 대상으로 설문조사를 실시하여 '직주근접'과 '편의시설'을 가장 중요하게 생각한다는 페르소나를 도출한다.	사례: 특정 아파트 브랜드의 홈페이지 방문자 중 '어린이집', '초등학교' 관련 페이지를 오래 본 사용자를 '30대 학부모 페르소나'로 정의하고, 이들에게 학군 마케팅을 집중한다.	사례: 신용카드 소비 데이터와 이동통신사 위치 데이터를 결합하여 '주말마다 고급 레스토랑과 미술관에 지출하고, 강남 지역에 장시간 체류하는' 잠재 고객 그룹을 발굴하고, 이들을 VVIP 럭셔리 레지던스의 핵심 페르소나로 설정하여 선별적 마케팅을 실행한다.

■ 도시부동산 프로젝트 초개인화 타겟팅 방법목표, 분석방법 및 기술, 역할, 장단점, 분석도구, 도시부동산 활용예시

구분	콘텐츠 개인화	실시간 상호작용 기반 개인화	예측 분석 기반 선제적 개인화
목표	사전에 정의된 고객 페르소나 또는 세그먼트(Segment)에 따라 가장 관련성 높은 메시지와 콘텐츠를 제공하여 고객의 초기 관심을 유도하고 이탈률을 낮추는 것을 목표로 한다.	고객의 현재 행동(클릭, 검색, 체류 시간 등)을 실시간으로 분석하여, 웹사이트나 앱 내에서 즉각적으로 맞춤형 경험(상품 추천, 정보 제공 등)을 제공하는 것을 목표로 한다.	과거와 현재의 모든 데이터를 종합 분석하여 고객의 미래 니즈나 다음 행동을 미리 예측하고, 고객이 요구하기 전에 선제적으로 최적의 솔루션이나 정보를 제안하는 것을 목표로 한다.
분석방법 및 기술	고객관계관리(CRM) 데이터, 구독 정보, 과거 구매 이력 등을 기반으로 고객을 분류(Segmentation) 하고, A/B 테스팅, 다 변수 테스팅(MVT) 기술을 활용하여 최적의 콘텐츠를 찾는다.	실시간 스트림 데이터 처리, 협업 필터링(Collaborative Filtering), 콘텐츠 기반 필터링(Content-based Filtering) 알고리즘을 활용하여 사용자의 현재 의도를 파악하고 동적으로 웹페이지를 구성한다.	머신 러닝(회귀분석, LTV 예측), AI 기반 추천 엔진, 이탈 예측 모델링(Churn Prediction) 기술을 활용하여 고객의 잠재적 행동 패턴과 생애가치를 예측한다.
역할	잠재 고객을 대상으로 첫인상을 결정하고, 브랜드에 대한 긍정적 관계를 형성하는 초기 관문 역할을 수행한다.	고객이 서비스와 상호작용하는 동안 몰입도를 극대화하고, 구매 전환율을 높이는 핵심적인 중간 과정 가이드 역할을 한다.	고객과의 관계를 장기적으로 유지하고 강화하며, 숨겨진 교차/상향 판매 기회를 발굴하여 고객 생애 가치(LTV)를 극대화하는 최종적인 조력자 역할을 한다.
장점	- 비교적 적은 데이터로 구현 가능 - 마케팅 자동화 솔루션으로 쉽게 적용	- 고객의 현재 의도에 즉각 반응 - 높은 참여율과 전환율 유도	- 잠재 니즈 충족으로 높은 고객 만족도 - 선제적 제안으로 경쟁 우위 확보
단점	- 실시간 변화에 둔감 - 세그먼트 내 개별 차이 반영의 한계	- 정교한 실시간 데이터 처리 기술 필요 - 신규 방문자에 대한 정보 부족	- 방대한 데이터와 고성능 분석 인프라 필수 - 예측 오류 시 부정적 경험 유발 가능

분석도구	마케팅 자동화 툴(HubSpot, Marketo), 이메일 마케팅 솔루션(Mailchimp), CRM 플랫폼(Salesforce)	고객 데이터 플랫폼(CDP), 웹 개인화 엔진(Dynamic Yield, Optimizely), 실시간 추천 시스템	AI 기반 예측 분석 플랫폼(Google AI Platform, AWS SageMaker), 비즈니스 인텔리전스(BI) 툴(Tableau), LTV 예측 솔루션
도시부동산 활용예시	사례: 신혼부부로 분류된 고객 그룹에게는 '생애 최초 주택자금 대출' 정보와 '20평대 평면도'가 포함된 이메일을 발송하고, 은퇴자로 분류된 그룹에게는 '단지 내 커뮤니티 시설'과 '의료 서비스'를 강조하는 문자 메시지를 발송한다.	사례: 분양 홈페이지에서 '84㎡ 타입'을 클릭하고 '학군 정보' 페이지에 오래 머문 방문자에게는 '마감 임박! 84㎡ 타입 잔여 세대 및 인근 초등학교 배정 현황'이라는 팝업 배너를 실시간으로 노출한다.	사례: 기존 소형 오피스텔 월세 계약 만료 6개월 전인 고객의 데이터를 분석하여, 해당 고객의 소득 상승률과 신용점수를 기반으로 '월세 부담금과 유사한 월 원리금으로 내 집 마련이 가능한 신규 아파트'의 맞춤형 금융 상품 정보를 선제적으로 카카오톡 메시지를 통해 제안한다.

1.2. 잠재 고객 페르소나 구축 및 초개인화 타겟팅 가상사례

■ 가상 사례 1: 도심 속 럭셔리 시니어 타운, '헤리티지 카운티'

초호화로 무장한 실버주택 속속 등판 [https://www.mk.co.kr]

1) 현안 과제: '헤리티지 카운티'는 활동적인 은퇴 생활을 꿈꾸는 60~70대 자산가들을 위한 최고급 시니어 주거 단지이다. 단지 내에는 전문 의료 센터, 골프 연습장, 인문학 강좌 프로그램, 펫 케어

센터 등 다양한 부대시설이 갖춰져 있다. 이 프로젝트의 성공은 단순히 집을 파는 것이 아니라, '품격 있고 활기찬 노년의 라이프스타일'이라는 꿈을 파는 데에 달려 있다.

2) **전통적 방식의 한계(흩어진 타겟과 비효율적 접근)**: 기존의 마케팅 방식이라면, 고급 잡지에 광고를 싣거나, 강남의 모델하우스를 화려하게 꾸며놓고 잠재 고객이 찾아오기 만을 기다렸을 것이다. '60대 이상 자산가'라는 타겟은 너무나 막연하다. 같은 자산가라도 어떤 이는 손주와 함께하는 시간을 가장 중요하게 생각하고, 어떤 이는 평생의 숙원이던 예술 활동에 몰두하고 싶어 하며, 또 다른 이는 건강관리에 모든 것을 투자하고 싶어 한다. 이들의 각기 다른 욕망을 알지 못한 채 '최고급 시설'이라는 한 가지 메시지만 반복하는 것은 효과적이지 않다.

3) **AI의 해결책(라이프스타일 기반 페르소나 구축 및 맞춤형 콘텐츠 제안)**: '헤리티지 카운티'의 마케팅팀은 AI 기반 '고객 데이터 플랫폼(CDP)'을 도입하여 잠재 고객의 숨겨진 욕망을 파고들었다.

   (1) **데이터 융합 및 페르소나 생성**: AI는 공개된 데이터(부동산 등기 정보, 상장사 임원 명단 등), 소셜 미디어 데이터(관심사 그룹 활동, '좋아요' 기록 등), 제휴 카드사의 소비 데이터 등을 비 식별 정보로 결합하여 분석했다. 그 결과, '60대 자산가'라는 거대 집단 속에서 뚜렷한 특징을 가진 세 개의 핵심 페르소나를 생성해냈다.

   (2) **초개인화 타겟팅 실행**: AI는 각 페르소나의 관심사와 주로 이용하는 정보 채널을 분석하여, 완전히 다른 방식의 마케팅 전략을 자동으로 설계하고 실행했다.

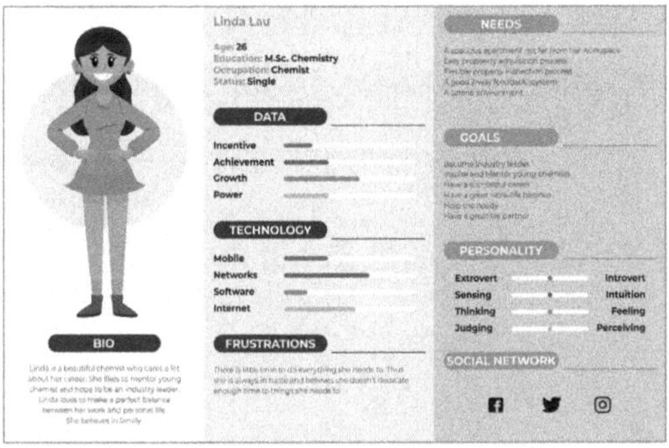

How to Create Real Estate Buyer Personas in 3 Easy Steps(With Free Templates)
[https://www.linkedin.com]

아래 표는 AI가 어떻게 잠재 고객을 구체적인 페르소나로 정의하고, 그들에게 맞춤형 메시지를 전달하는지를 보여준다.

4) '헤리티지 카운티' AI 기반 잠재 고객 페르소나 및 초개인화 마케팅 전략

구분	페르소나 1: '골프 애호가 CEO'	페르소나 2: '문화 지향적 전문직'	페르소나 3: '반려동물과 함께하는 자산가'
인물 설정	68세 남성, 은퇴한 중소기업 CEO, 자녀들은 모두 출가. 주된 관심사는 건강과 골프.	65세 여성, 은퇴한 대학교수. 인문학, 미술, 클래식 음악에 조예가 깊음.	70세 여성, 남편과 사별 후 반려견과 함께 생활. 주된 관심사는 반려견의 건강과 행복.
디지털 활동	골프 관련 유튜브 채널 구독, 건강 관련 뉴스 앱 이용, 주식 정보 포털 접속.	인문학 강연 유튜브 시청, 국립미술관 멤버십 회원, 예술의 전당 소식지 구독.	반려동물 커뮤니티 활동, 펫 전문 쇼핑몰 이용, 동물병원 관련 정보 검색.
AI 추천 타겟 채널	유튜브(골프 채널 중간 광고), 경제 뉴스 앱(배너 광고)	페이스북(인문학/미술 그룹 타겟 광고), 이메일(예술 관련 웹진 제휴)	인스타그램/블로그(펫 인플루언서 협찬), 네이버(반려동물 키워드 검색 광고)
AI 추천 메시지	"필드에서의 감동을 매일 단지 안에서! 스크린 골프와 피트니스 센터 완비"	"당신의 지적 호기심이 다시 깨어나는 곳, 단지 내 인문학 도서관과 명사 초청 강연"	"나의 소중한 가족, 반려견을 위한 최고의 환경. 펫 케어 센터와 전용 산책로"

5) **결론 및 시사점:** AI는 이처럼 고객을 하나의 인격체로 이해하고, 그들의 심금을 울리는 메시지를, 그들이 가장 편안하게 느끼는 채널을 통해 속삭이듯 전달하여 마케팅 효과를 극대화하는 것이다.

■ 가상 사례 2: 1인 가구를 위한 초소형 스마트 홈, '나노 스페이스'

1인가구 1000만 첫 돌파" [https://zdnet.co.kr]

1) **현안 과제:** '나노 스페이스'는 서울의 대학가와 업무지구 인근에 위치한 전용면적 20㎡ 내외의 초소형 주거 공간이다. 좁은 공간의 한계를 극복하기 위해 모든 가구와 가전이 빌트인으로 제공되고, AI 스피커로 모든 것을 제어하는 최첨단 스마트 홈 시스템이 적용되었다. 타겟 고객은 20대 대학생과 30대 초반의 사회초년생이다.

2) **전통적 방식의 오판('젊은 층'이라는 신기루):** 기존 방식대로라면, '젊은 층'을 공략하기 위해 아이돌 모델을 기용하고, 인스타그램에 예쁜 인테리어 사진을 올리는 수준의 마케팅을 펼칠 것이다. 하지만 이는 치명적인 오판일 수 있다. 같은 20대라도, 안정적인 수입이 있는 대기업 신입사원과 아르바이트로 생활하는 대학원생의 재정 상황은 하늘과 땅 차이이다. 또한, 미니멀리즘을 추구하는 사람과 맥시

멀리스트의 공간 활용에 대한 니즈는 완전히 다르다. '젊은 층'이라는 뭉뚱그려진 개념은 마케팅의 초점을 흐리게 할 뿐이다.

3) AI의 해결책(행동 데이터 기반 세분화 및 실시간 마케팅 자동화): '나노 스페이스' 마케팅 AI는 잠재 고객의 '현재 행동' 데이터에 집중하여 타겟을 더욱 정밀하게 조준했다.

   (1) 행동 기반 페르소나 분류: AI는 특정 지역(대학가, IT 밸리)의 유동인구 데이터, 배달 앱 주문 메뉴, 공유 오피스 이용 기록, 자기계발 관련 앱 사용 데이터 등을 분석하여 잠재 고객을 '의도(Intent)'에 따라 분류했다.

   (2) 마케팅 자동화(Marketing Automation): AI는 잠재 고객의 디지털 반응에 따라 후속 마케팅 활동을 실시간으로 최적화했다. 예를 들어, '스마트 홈' 기능에 대한 광고를 클릭한 사람에게는 AI 스피커 시연 영상을 추가로 보내주고, '수납공간'에 대한 게시물을 오래 본 사람에게는 빌트인 가구의 효율성을 강조하는 콘텐츠를 노출하는 방식이다.

4) '나노 스페이스' AI 기반 행동 데이터 페르소나 및 마케팅 자동화 전략

구분	페르소나 1: '갓생러 테크 스타트업 주니어'	페르소나 2: '가성비 중시 대학원생'
인물 설정	28세 남성, 판교의 IT 기업 재직. 야근이 잦고 자기계발에 관심이 많음. 효율성과 시간 절약을 중시.	25세 여성, 신촌 지역 대학원생. 주 수입원은 조교 장학금과 아르바이트, 월세와 생활비를 가장 중요하게 고려.
행동 데이터	새벽 배송 서비스, 온라인 강의 플랫폼, 공유 킥보드 앱 자주 이용. IT 관련 기술 블로그 구독.	대학 커뮤니티 앱, 중고 거래 앱, 편의점 할인 정보 앱 자주 이용. '전세 대출', '월세 지원' 키워드 검색.
AI 추천 초기 접근	링크드인, 직장인 커뮤니티 '블라인드'를 통해 '출퇴근 시간을 아껴주는 스마트 홈' 콘텐츠 노출	대학생 커뮤니티 '에브리타임', 당근마켓 등을 통해 '보증금 지원, 월세 할인 프로모션' 정보 노출

AI 후속 자동화	(광고 클릭 시): AI 음성인식으로 조명/온도를 제어하는 영상 자동 발송. (홈페이지 방문 시): '역까지 5분 거리'를 강조하는 팝업 노출.	(프로모션 클릭 시): '주변 원룸 시세 비교' 및 '월 고정비용 계산기' 정보 자동 발송. (모델하우스 예약 시): '친구 추천 시 추가 혜택' 메시지 전송.

5) 결론 및 시사점: '나노 스페이스' 사례는 AI가 고객의 현재 상황과 필요를 실시간으로 파악하고, 가장 적절한 순간에 가장 필요한 정보를 제공함으로써 구매 결정까지의 여정을 지능적으로 관리함을 보여준다. 결론적으로, AI 기반의 분양 전략은 더 이상 추측과 감에 의존하지 않는다. AI는 데이터의 바다에서 진주와 같은 잠재 고객을 찾아내고, 그들의 마음에 정확히 들어맞는 열쇠를 만들어내는 과학적인 과정이다. 이러한 초개인화 마케팅을 통해 미래의 도시부동산 프로젝트는 비로소 주인을 잃고 방황하는 '건물'이 아닌, 사람들의 꿈과 욕망을 담아내는 진정한 '공간'으로 완성될 것이다.

2. "AI 기반 분양전략 수립 단계에서는 도시부동산 프로젝트의 동적 가격 책정(Dynamic Pricing) 모델을 통해 분양가를 최적화한다."와 가상사례

2.1. 가격, 예술에서 과학으로의 진화

도시부동산 프로젝트의 분양 가격은 어떻게 결정되는가? 과거에는 인근 시세와 분양 담당자의 경험이라는 '감(感)'에 의존해 한 번 정해지면 좀처럼 바뀌지 않는 고정된 값이었다. 이러한 '정적 가격(Static Pricing)' 방식은 급변하는 시장 상황에 능동적으로 대처하지 못한다. 너무 높게 책정하면 미분양이라는 늪에 빠지고, 너무 낮게 책정하면 얻을 수 있었던 막대한 이익을 허공에 날려 보내는 결과를 초래한다.

이제 AI는 이러한 가격 결정의 패러다임을 예술의 영역에서 정밀한 과학의 영역으로 이끌고 있다. AI는 항공권이나 호텔 예약처럼, 시시각각 변하는 시장의 모든 변수를 실시간으로 분석하여 최적의 가격을 찾아내는 '동적 가격 책정(Dynamic Pricing)' 모델을 부동산 시장에 도입했다. AI는 시장 수요, 잠재 고객의 관심도, 경쟁 단지의 분양률, 거시 경제 지표, 심지어 날씨와 같은 미세한 변수까지 학습하여, 각 세대별 가치를 극대화하는 최적의 분양가를 끊임없이 시뮬레이션하고 제안한다. 이제 AI라는 냉철한 퀀트가 어떻게 두 프로젝트의 수익성을 극적으로 끌어올리는지 그 과정을 추적해 볼 것이다.

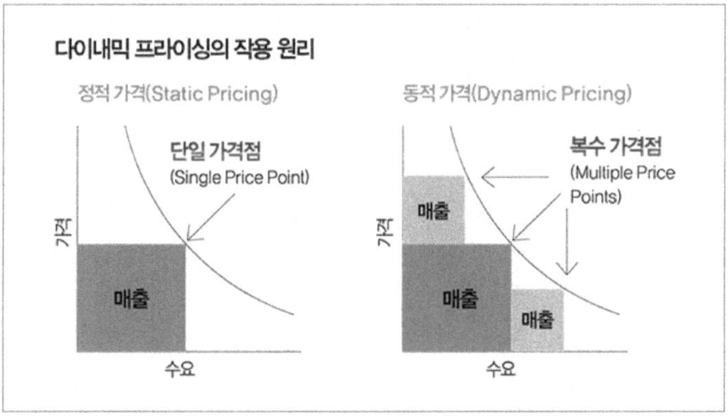

'정가 대신 시가' 다이내믹 프라이싱, 항공·숙박 넘어 일상생활로 확산 [https://www.mk.co.kr]

■ 도시 부동산 시장에 도입된 '동적 가격 책정(Dynamic Pricing)' 모델 방법 별 목표, 분석방법 및 기술, 역할, 장단점, 분석도구, 도시부동산 활용예시

구분	규칙 기반 가격 책정	경쟁사 가격 기반 책정	AI/머신 러닝 기반 예측적 가격 책정
목표	사전에 정의된 단순하고 명확한 규칙(If-Then Logic) 에 따라 가격을 자동 조정하여, 최소한의 시장 변화에 체계적으로 대응하는 것을 목표로 한다.	경쟁 프로젝트의 가격 변동, 분양률, 잔여 세대 수 등 경쟁 환경 데이터를 실시간으로 추적하여, 시장에서 경쟁적인 가격 포지션을 유지하는 것을 목표로 한다.	시장 수요, 고객 행동, 거시 경제 등 모든 내/외부 변수를 종합적으로 분석하여, 단순히 경쟁사를 따라가는 것을 넘어 총 수익 또는 판매 속도를 극대화하는 최적의 가격을 예측하고 선제적으로 제시하는 것을 목표로 한다.
분석방법 및 기술	'만약 A조건이면, B가격을 적용하라'는 식의 사전 정의된 조건문(Conditional Statement) 로직을 기반으로 가격을 조정한다.	웹 스크레이핑(Web Scraping) 기술을 통해 경쟁사 웹사이트의 가격 및 분양 정보를 자동으로 수집하고, 포지셔닝 맵(Positioning Map) 분석을 통해 상대적 가격을 결정한다.	"회귀 분석, 시계열 분석, 머신 러닝 알고리즘(Random Forest, Gradient Boosting 등)"을 활용하여 수십, 수백 개의 변수가 가격에 미치는 복합적인 영향을 모델링하고 미래 수요를 예측한다.
역할	복잡한 시장 분석 없이, 정해진 시나리오에 따라 일관성 있는 가격 정책을 실행하는 자동화된 실행자 역할을 수행한다.	시장의 흐름에 뒤처지지 않고, 경쟁 구도 내에서 유리한 위치를 점유하도록 돕는 반응적인 시장 추격자 역할을 수행한다.	시장의 보이지 않는 패턴과 미래의 흐름을 읽어내어, 수익을 극대화하는 최적의 의사결정을 내리도록 돕는 지능형 시장 선도자 역할을 수행한다.
장점	- 구현이 쉽고 직관적임 - 운영 비용이 낮음	- 시장 가격에 빠르게 반응 가능 - 경쟁력을 직관적으로 확보	- 수익 또는 목표 달성률 극대화 - 데이터 기반의 객관적 의사결정 지원 - 잠재 리스크 사전 예측
단점	- 복잡하고 급변하는 시장 상황에 대응 불가 - 기회손실 발생 가능성이 높음	- 경쟁사의 비합리적 가격 정책을 따라갈 위험 - 시장 전체의 수요 변화를 반영 못 함	- 고도의 기술력과 데이터 인프라 필요 - 모델의 해석 및 관리가 복잡함

분석도구	엑셀(Excel)의 조건부 서식 및 함수, 간단한 스크립트, 기본 가격 관리 소프트웨어	웹 스크레이핑 도구(Beautiful Soup, Scrapy), 가격 비교/추적 솔루션, BI(Business Intelligence) 대시보드	통계 분석 언어(Python, R), 머신러닝 플랫폼(AWS SageMaker, Google AI Platform), 동적 가격 책정 전문 솔루션(Pricefx, PROS)
도시부동산 활용예시	사례: 아파트 분양 시, '초기 계약률이 50%에 도달하면 분양가를 자동으로 2% 인상한다' 또는 '잔여 세대 수가 10% 미만으로 남으면 3% 추가 인상한다'는 규칙을 설정하여 운영한다.	사례: A오피스텔 분양 시, 인접한 경쟁 B오피스텔의 실시간 분양가를 스크레이핑하여, 항상 B오피스텔의 평균 분양가보다 1% 낮은 가격을 유지하도록 가격을 매일 자동으로 조정한다.	사례: 신규 지식산업센터 분양 시, 홈페이지 방문자 트래픽, 주변 실거래가, 금리 변동, 인근 산업단지 입주율, 정부 정책 등 수십 개 변수를 AI가 실시간 분석하여, 다음 주에 최적의 계약률과 수익을 동시에 달성할 수 있는 층별/호실별 최적 분양가를 예측하여 제시한다.

2.2. 동적 가격 책정모델을 통한 분양가를 최적화 가상사례

- 가상 사례 1: 3,000세대 대단지 아파트 '더 포레스트'의 단계별 분양

남양주 창현 서희스타힐스, 3,000세대 대규모 단지 [https://www.fnnews.com]

1) 현안 과제: '더 포레스트'는 총 3개 단지, 3,000세대로 구성된 대규모 아파트 프로젝트로, 1년 간격으로 1단지부터 순차적으로 분양을 진행한다. 이 프로젝트의 가장 큰 과제는 각 분양 시점마다 시장 상

황에 맞춰 최적의 분양가를 책정하여 전체 프로젝트의 수익을 극대화하고, 미분양 리스크를 최소화하는 것이다.

2) **전통적 방식의 딜레마**(과거에 발목 잡힌 가격): 전통적인 방식이라면, 1단지 분양 시 주변 시세를 참고하여 최초 분양가를 결정한 뒤, 2단지와 3단지는 1단지의 성공 여부에 따라 소폭의 가격 인상을 고려하는 수준에 그칠 것이다. 만약 1단지 분양이 예상보다 훨씬 뜨거워 1주일 만에 완 판 되었다면, 이는 성공이 아니라 '너무 싸게 팔았다'는 신호일 수 있다. 반대로, 1단지 분양 후 시장이 급격히 냉각되었음에도 불구하고 기존의 가격 인상 계획을 고수한다면 2단지에서 대규모 미분양이 발생할 수 있다.

3) **AI의 해결책**(실시간 시장 반응 기반의 가격 최적화): '더 포레스트' 분양팀은 AI 기반 '동적 가격 책정 플랫폼'을 도입하여 시장의 모든 맥박을 실시간으로 감지했다.

   (1) **관심도 데이터 실시간 분석**: AI는 분양 홈페이지의 각 타입별 페이지뷰(PV), 가상 모델하우스(VR) 체류 시간, 상담 신청 건수, 관심 고객 등록 수 등 잠재 고객의 모든 비정형 데이터를 실시간으로 수집하고 분석하여 '관심도 지수'를 산출한다.

   (2) **경쟁 환경 및 거시 데이터 분석**: 인근 경쟁 단지의 실거래가, 분양률, 남은 세대 수뿐만 아니라, 주택담보대출 금리, 정부의 부동산 정책 발표, 지역 개발 호재 뉴스 등을 실시간으로 분석하여 가격 결정 모델에 반영한다.

   (3) **수익 극대화 시뮬레이션**: AI는 수집된 모든 데이터를 기반으로, 가격을 X% 인상했을 때 계약률이 Y% 하락하고 총분양 수익이

Z만큼 변동할 것이라는 수만 가지 시나리오를 시뮬레이션하여, 총수익을 극대화하는 최적의 분양가를 찾아낸다.

아래 표는 1단지 분양 성공 이후, AI가 어떻게 2단지의 분양가를 최적화했는지를 보여준다.

4) '더 포레스트' 2단지 84㎡ 타입 AI 동적 가격 책정 시뮬레이션

분석 변수	전통적 방식 (고정 인상안)	AI 동적 가격 책정 모델	AI 분석 근거
기준 분양가 (1단지)	8억 원	8억 원	-
가격 인상률	일괄 5% 인상	차등 8% 인상	-
최종 분양가	8억 4,000만 원	8억 6,400만 원	-
예상 계약률	98% (완판 근접)	95% (최적 계약률)	1단지 완판 이후 관심도 지수 30% 급등, 경쟁 단지 A 분양가 7% 추가 상승, 신규 지하철 노선 확정 발표 등을 종합 분석 시, 8% 인상까지 수요 이탈이 최소화된다고 예측함.
예상 총분양 수익	8,232억 원	8,208억 원	98% 계약률은 기회손실을 의미. 95% 계약 후 남은 5%의 소수 세대는 시장 가치 상승 후 추가 분양하여 총수익을 극대화하는 전략을 추천함.(장기적 관점)
AI 최종 결론	기회이익 208 억 원 상실	단기 및 장기 수익 극대화	현재 시점의 시장 흡수 능력을 초과하지 않는 최대 가격 책정

5) **결론 및 시사점:** AI는 단순히 '가격을 올리라'고 말하는 것이 아니라, 시장이 감당할 수 있는 최적의 임계점을 데이터로 증명하고, 이를 통해 단기적인 완 판 보다 장기적인 프로젝트 총 수익 극대화라는 더 높은 차원의 목표를 달성하게 하는 것이다.

■ 가상 사례 2: 도심 복합 쇼핑몰 '아크 스퀘어'의 리테일 공간 임대

[청년문화트렌드(上)] "가치소비·경험 중시"...MZ세대, 팝업스토어에 '열광'
[https://www.youthdaily.co.kr]

1) **현안 과제**: '아크 스퀘어'는 MZ세대를 타겟으로 하는 최신 트렌드의 복합 쇼핑몰이다. 지하 1층부터 지상 5층까지 수백 개의 리테일(상업) 공간을 다양한 브랜드에 임대해야 한다. 이 프로젝트의 성공은 단순히 높은 임대료를 받는 것을 넘어, 각 층과 구역별로 최적의 브랜드 조합(MD, Merchandising)을 구성하여 쇼핑몰 전체의 매력도와 집객력을 높이는 데 있다.

2) **전통적 방식의 한계(주먹구구식 임대료 책정)**: 기존의 방식으로는 1층 코너 자리는 무조건 비싸고, 5층 구석 자리는 싸다는 식의 단순한 위치 기반으로 임대료를 책정한다. 이는 각 브랜드가 창출하는 가치를 고려하지 못한 평면적인 접근이다. 예를 들어, 5층에 임대료는 조금 덜 받더라도 전국적인 팬덤을 가진 '앵커 테넌트(Anchor Tenant)'를 유치하는 것이 쇼핑몰 전체의 유동인구를 끌어올려 다른 매장들의 매출까지 동반 상승시키는 효과를 낳을 수 있지만, 이러한 시너지 효과를 정량적으로 측정하기 어려웠다.

3) AI의 해결책(시너지 효과 기반의 차등 임대료 모델): '아크 스퀘어'는 AI 기반 '리테일 임대 최적화 시스템'을 도입하여 각 공간의 잠재 가치를 과학적으로 평가했다.

(1) **유동인구 및 시너지 예측:** AI는 통신사 데이터와 카드 매출 데이터를 분석하여, 특정 위치에 특정 브랜드(예: 스타벅스, 애플스토어)가 입점했을 때 주변 매장의 예상 유동인구와 매출이 얼마나 증가할지를 예측하는 '시너지 효과 모델'을 구축한다.

(2) **브랜드 가치 평가:** 각 브랜드의 온라인 검색량, SNS 버즈량, 평판 데이터 등을 분석하여 브랜드 자체의 '집객 파워'를 점수 화한다.

(3) **동적 임대료 시뮬레이션:** AI는 이 데이터들을 종합하여 각 공간(호실)별로 최적의 임대료를 역산한다. 집객 파워가 강력한 앵커 테넌트에게는 다소 낮은 임대료를 제안하여 입점을 유도하고, 그로 인해 유동인구가 늘어날 것으로 예상되는 주변 공간의 임대료는 상향 조정하는 차등적 가격 모델을 제시한다.

4) '아크 스퀘어' 3층 F-10호실 AI 동적 임대료 책정 예시

분석 변수	전통적 방식 (위치 기반)	AI 동적 가격 책정 모델	AI 분석 근거
기준 임대료	월 1,000만 원 (3층 평균가)	월 1,250만 원	3층 평균가 1,000만 원
주요 변수	위치 (중앙 에스컬레이터 인근)	인접 매장 시너지 효과 예측	AI 시뮬레이션 결과, 바로 옆 F-09호실에 유명 디저트 카페가 입점할 경우, F-10호실의 일평균 유동인구가 25% 증가할 것으로 예측됨.
브랜드 가치	고려 안 함	입점 희망 브랜드 분석	입점을 희망하는 의류 브랜드 B는 최근 SNS에서 인기가 급상승 중이며, 주 타겟 고객이 디저트 카페 방문객과 85% 일치하여 높은 연계 매출이 기대됨.

최종 임대료	1,000만 원	1,250만 원	기준가(1,000) + 시너지 가치(200) + 브랜드 적합도 가치(50) = 1,250만 원
AI 최종 결론	잠재가치 250만 원 저평가	데이터 기반 가치 극대화	개별 공간의 가치를 넘어, 공간 간의 상호 작용까지 가격에 반영

5) **결론 및 시사점:** 이처럼 AI는 눈에 보이지 않는 브랜드 간의 시너지 효과와 미래 가치를 정량적으로 측정하여, 건물 전체의 수익과 가치를 극대화하는 최적의 MD 포트폴리오와 가격 전략을 수립하는 것이다. 결론적으로, AI 기반의 동적 가격 책정은 더 이상 먼 미래의 기술이 아니다. 이것은 부동산의 가치를 결정하는 방식을 근본적으로 바꾸는 게임 체인저이며, 시장의 미세한 숨결까지 포착하여 수익을 극대화하는 가장 지능적인 방법론이다. AI라는 스마트한 퀀트와 함께하는 프로젝트는 변화무쌍한 시장의 파도를 두려워하는 대신, 그 파도를 타고 더 높은 수익의 바다로 나아갈 것이다.

3. "AI 기반 분양전략 수립 단계에서는 도시부동산 프로젝트의 마케팅 채널 성과 분석 및 광고 예산 배분을 최적화한다."와 가상사례

3.1. 마케팅 예산, 밑 빠진 독인가 황금알을 낳는 거위인가?

도시부동산 프로젝트의 성공적인 분양을 위해 수십, 수백억 원의 마케팅 예산이 투입된다. TV 광고, 유튜브, 포털 사이트 배너, 인스타그램, 옥외 광고판 등 수많은 채널에 막대한 돈이 쓰인다. 하지만 마케팅 담당자들은 늘 다음과 같은 질문에 직면한다: "우리가 쓴 돈이 정말 효과가 있는 것일까? 과연 어떤 채널이 진짜 '알짜 고객'을 데려오는 것일까?" 과거에는 최종 계약 직전의 광고 채널(예: 모델하우스 방문 전 본 포털 광고)만을 성과로 인정하는 단편적인 분석에 그쳤다. 이는 마치 골(Goal)을 넣은 공격 수에게만 모든 공을 돌리고, 그에게 환상적인 패스를 연결해 준 미드필더와 수비수의 기여는 무시하는 것과 같다.

이제 AI는 고객이 최종 계약에 이르기까지 거쳐온 모든 여정(Customer Journey)을 한 편의 영화처럼 복기하고, 각 마케팅 채널이 고객의 마음에 어떤 영향을 미쳤는지를 과학적으로 분석하는 '다중 터치 기여 분석(Multi-Touch Attribution)'모델을 도입했다. 이를 통해 AI는 각 채널의 숨겨진 가치를 정확히 평가하고, 마치 최고의 펀드매니저가 투자 포트폴리오를 조정하듯, 가장 높은 수익률이 기대되는 채널에 광고 예산을 집중적으로 재 배분한다. 이제 AI 펀드매니저가 어떻게 두 프로젝트의 마케팅 예산을 황금알을 낳는 거위로 바꾸는지, 그 정교한 과정을 살펴볼 것이다.

■ **부동산 시장에 도입된 '다중 터치 기여 분석(Multi-Touch Attribution)'모델 방법별 목표, 분석방법 및 기술, 역할, 장단점, 분석도구, 도시부동산 활용예시**

구분	규칙 기반 기여 모델	AI/머신 러닝 기반 알고리즘 모델
목표	사전에 정의된 단순하고 고정된 규칙에 따라 고객 여정(Customer Journey)에 포함된 각 마케팅 채널에 기여도를 배분하여, 단일 터치 분석의 한계를 극복하고 채널 성과에 대한 기본적인 이해를 얻는 것을 목표로 한다.	수집된 방대한 데이터를 기반으로 머신 러닝 알고리즘이 스스로 학습하여, 각 채널이 실제 전환에 미친 복합적이고 인과적인 영향력을 가장 정확하게 측정하고, 이를 통해 광고 예산 배분(Budget Allocation)을 최적화하는 것을 목표로 한다.
분석방법 및 기술	- 선형(Linear): 모든 채널에 동일한 기여도를 배분한다. - 시간 가치 하락(Time-Decay): 전환에 가까운 채널에 더 높은 가중치를 부여한다. - U자형(U-Shaped): 첫 인지(First-touch)와 최종 전환(Last-touch) 채널에 대부분의 기여도를 배분한다.	- 샤플리 값(Shapley Value): 게임 이론에 기반하여, 특정 채널이 고객 여정에 참여했을 때와 안 했을 때의 기여도 차이를 계산하여 채널의 한계 기여도를 측정한다. - 마르코프 연쇄(Markov Chains): 채널 간의 전환 확률을 계산하여, 특정 채널이 제거될 경우 전체 전환율에 미치는 영향을 분석한다.

역할	단일 터치 분석에서 다중 터치 분석으로 넘어가는 첫 단계로서, 마케팅 성과를 다각도로 살펴보는 기준점을 제시하는 기본적인 분석 프레임워크 역할을 한다.	마케팅 예산의 투자수익률(ROI)을 극대화하기 위한 최적의 의사결정을 지원하고, 각 채널의 숨겨진 잠재력을 발견하게 하는 지능형 전략 어드바이저 역할을 한다.
장점	- 모델의 개념이 직관적이고 이해하기 쉬움 - 별도의 복잡한 기술 없이 즉시 적용 가능 - 채널 성과에 대한 기초적인 인사이트 제공	- 데이터에 기반하여 매우 높은 정확도와 신뢰도 - 채널 간의 복잡한 시너지 효과까지 측정 가능 - 과학적인 예산 최적화를 통해 ROI 극대화
단점	- 규칙이 자의적이며 실제 고객 행동을 반영 못 함 - 채널 간의 상호작용 효과를 무시함 - 잘못된 예산 배분으로 이어질 수 있음	- 모델이 복잡하여 '블랙박스'처럼 느껴질 수 있음 - 대규모의 정제된 데이터와 고성능 인프라 필요 - 높은 기술적 전문성이 요구됨
분석도구	구글 애널리틱스(Google Analytics), 어도비 애널리틱스(Adobe Analytics) 등 대부분의 웹 분석 도구에서 기본 기능으로 제공된다.	파이썬(Python)의 데이터 분석 라이브러리(Scikit-learn), R 등을 활용한 커스텀 모델 구축, 구글 애널리틱스 4(GA4)의 데이터 기반 기여 모델, 전문 마케팅 분석 솔루션 등이 활용된다.
도시부동산 활용예시	사례(U자형 모델): 고객이 "유튜브 광고(첫 인지)"를 본 후, 인스타그램과 블로그를 거쳐 최종적으로 "포털 검색광고(전환)"를 통해 모델하우스 방문을 예약한 경우, "유튜브와 포털 검색광고에 각각 40%"의 높은 기여도를 배분하고, 중간의 인스타그램과 블로그에는 각각 10%의 기여도를 배분하여 분석한다.	사례(AI 기반 모델): AI가 수만 개의 고객 여정 데이터를 학습한 결과, '부동산 인플루언서의 유튜브 리뷰 영상'은 직접적인 방문 예약(전환) 은 거의 없지만, 해당 영상을 시청한 고객이 2주 내에 '아파트 브랜드명을 직접 검색'할 확률이 300% 증가한다는 인과관계를 발견한다. 이에 따라, 규칙 기반 모델에서는 5%의 기여도만 받았던 유튜브 리뷰 영상의 실제 기여도를 28%로 재평가하고, 해당 채널의 예산을 증액할 것을 추천한다.

3.2. 마케팅 채널 성과 분석 및 광고 예산 배분을 최적화 가상사례

■ 가상 사례 1: 수도권 신도시 대단지 아파트, '퍼스트시티'

우수한 입지에 평면 실용성 더한 '판상형 주상복합' 인기 - 헤럴드경제 [https://mbiz.heraldcorp.com]

1) **현안 과제:** '퍼스트시티'는 2,500세대 규모의 대단지 아파트로, 30-40대 실수요자 부부를 핵심 타겟으로 한다. 월 10억 원이라는 한정된 마케팅 예산을 활용하여 최대한 많은 유효 잠재 고객(모델하우스 방문 예약자)을 확보하는 것이 목표이다. 마케팅팀은 포털 검색광고, 유튜브 영상 광고, 인스타그램, 지역 부동산 커뮤니티, 옥외 대형 광고판 등 다양한 채널을 동시에 운영하고 있다.

2) **전통적 방식의 착시효과(마지막 클릭의 함정):** 과거의 성과 측정 방식(Last-Click Attribution)에 따르면, 대부분의 고객은 최종 계약 직전에 포털에서 '퍼스트시티'를 검색한 후 홈페이지에 들어와 예약을 남긴다. 이 데이터만 보면, 포털 검색광고가 가장 압도적인 성과를 내는 것처럼 보여 모든 예산을 검색광고에만 집중해야 한다는 섣부른 결론에 이를 수 있다. 하지만 과연 그럴까? 고객이 포털에서 아파트 이름을 검색하게 만든 최초의 '계기'는 무엇이었을까? 아마도 출근

길에 본 유튜브 광고나, 맘카페에서 본 긍정적인 후기였을 수 있다. 이러한 최초의 인지 채널들의 기여를 무시하면, 마케팅의 전체 그림을 놓치게 된다.

3) **AI의 해결책(다중 터치 기여 분석(MTA) 및 예산 재 배분):** '퍼스트시티' 마케팅팀은 AI 기반 '마케팅 성과 분석 플랫폼'을 도입하여 각 채널의 숨겨진 기여도를 측정했다.

(1) **고객 여정 데이터 통합 분석:** AI는 쿠키, 광고 ID, CRM 데이터를 통합하여, 한 명의 고객이 모델하우스를 예약하기까지 평균 15일 동안 5.2개의 서로 다른 마케팅 채널에 노출되었다는 사실을 파악했다.

(2) **다중 터치 기여도(MTA) 분석:** AI는 머신 러닝 기반의 MTA 모델을 통해, 고객 여정의 첫 번째 접점(First-Touch), 중간 접점(Multi-Touch), 마지막 접점(Last-Touch)에 기여도를 차등적으로 배분했다. 그 결과, 최종 전환에는 기여가 적어 보였던 유튜브 영상 광고가 브랜드 인지도 형성이라는 초기 단계에서 결정적인 역할을 했으며, 부동산 커뮤니티의 바이럴이 고객의 신뢰를 얻는 데 핵심적인 역할을 했음을 밝혀냈다.

(3) **최적 예산 배분 시뮬레이션:** AI는 각 채널의 실제 기여도(AI-Adjusted ROAS: 광고비 대비 수익률)를 기반으로, 현재의 예산 배분을 어떻게 조정해야 총 방문 예약자 수를 극대화할 수 있는지 시뮬레이션 하여 최적의 예산 포트폴리오를 제시했다.

4) '퍼스트시티' AI 기반 마케팅 채널 성과 분석 및 예산 재 배분

마케팅 채널	기존 예산 배분	기존 성과 분석	AI 성과 분석	AI 추천 예산 배분	AI 분석 및 추천 근거
포털 검색 광고	4억 원 (40%)	500%	250%	2.5억 원 (25%)	최종 전환에 기여하지만, 다른 채널의 영향을 많이 받는 '깔때기' 역할. 과대평가되었으므로 예산 축소.
유튜브 영상 광고	2억 원 (20%)	120%	450%	3.5억 원 (35%)	초기 인지도 확보의 핵심. 기여도가 매우 높게 재평가되어 예산 대폭 증액.
인스타그램	2억 원 (20%)	200%	220%	2억 원 (20%)	젊은 부부 타겟에 유효. 현재 수준의 예산 유지.
부동산 커뮤니티	1억 원 (10%)	150%	350%	1.5억 원 (15%)	신뢰도 형성에 결정적 역할. 저비용 고효율 채널로 예산 증액.
옥외 광고판	1억 원 (10%)	50%	80%	0.5억 원 (5%)	인지도 기여하나 효율 낮음. 예산 최소화.
총합/예상 성과	10억 원/월 800명 예약			10억 원/월 1,150명 예약	총 예약자 수 43% 증가 예측

5) **결론 및 시사점:** 이처럼 AI는 눈에 보이는 마지막 성과 뒤에 숨어있는 각 채널의 진정한 공헌도를 밝혀내고, 제한된 예산을 가장 효율적으로 재투자하여 최고의 성과를 이끌어내는 것이다.

■ 가상 사례 2: 성수동 부티크 오피스 빌딩, '더 크리에이터스'

1) **현안 과제:** '더 크리에이터스'는 디자인, IT, 패션 분야의 성장하는 스타트업 CEO들을 타겟으로 하는 소규모 고급 오피스 빌딩이다. 불특정 다수에게 광고하는 대신, 소수의 핵심 잠재 고객에게 깊이 있는 정보를 전달하여 임대 계약을 성사시키는 것이 목표이다. 주요 마케팅 채널은 업계 전문가들이 참여하는 오프라인 네트워킹 행사, CEO

브릭스인베, 성수 부티크 오피스 '에프콧성수' [https://dealbook.co.kr]

대상의 전문 경제지, 링크드인(LinkedIn) 타겟 광고 등이다.

2) **전통적 방식의 한계**(성과 측정이 어려운 채널들): 오프라인 행사나 잡지 광고는 얼마나 많은 사람이 보고, 또 그들이 실제 계약에 얼마나 영향을 미쳤는지 측정하기가 극도로 어렵다. 마케팅 담당자는 행사에 몇 명이 왔는지, 잡지 발행 부수가 얼마인지만 알 수 있을 뿐, 실제 계약으로 이어진 연결고리를 증명할 방법이 없다. 따라서 어떤 채널에 예산을 더 써야 할지, 혹은 줄여야 할지에 대한 의사결정은 오직 '감'에 의존할 수밖에 없다.

3) **AI의 해결책**(온·오프라인 통합 기여도 분석): '더 크리에이터스'는 AI 기반 CRM 플랫폼을 통해 온·오프라인의 모든 고객 접점을 하나로 연결하여 분석했다.

   (1) **통합 고객 데이터베이스 구축**: 오프라인 행사 참여 신청 시 받은 명함 정보, 잡지 광고에 인쇄된 QR코드를 통해 홈페이지에 접속한 기록, 링크드인 광고에 반응한 CEO들의 프로필 정보 등 모든 데이터를 하나의 고객 ID로 통합 관리한다.

(2) **LTV(고객 생애 가치) 기반 채널 평가:** AI는 최종 계약까지 이어진 고객들이 어떤 채널 조합을 통해 유입되었는지를 역추적한다. 특히, 단순히 계약 건수만 보는 것이 아니라, 장기 계약이나 더 넓은 면적을 계약한 '고가치 고객'들이 주로 어떤 채널을 통해 유입되었는지를 분석하여 각 채널의 LTV 기여도를 평가한다.

(3) **예측 기반 예산 최적화:** AI는 분석 결과를 바탕으로, '향후 6개월간 10개 이상의 고 가치 계약을 유치하기 위해서는 어떤 채널 조합에 예산을 집중해야 하는가'를 시뮬레이션 하여 최적의 예산 배분안을 제시한다.

4) '더 크리에이터스' AI 기반 LTV 기여도 분석 및 예산 최적화

마케팅 채널	현재 예산	단순 리드 수	AI 분석 (고가치 계약 LTV 기여도)	AI 추천 예산 배분	AI 분석 및 추천 근거
오프라인 네트워킹	1억 원	50명	60%	1.5억 원 (+50%)	리드 수는 적지만, 참가자 대부분이 의사결정권자로 실제 계약 전환율과 계약 규모가 압도적으로 높음. 핵심 채널로 예산 집중.
전문 경제지 광고	0.5억 원	(측정 불가)	5%	0.2억 원 (-60%)	QR코드 유입 분석 결과, 단순 정보 획득에 그치고 실제 고가치 계약으로 이어진 사례가 거의 없어 예산 대폭 삭감.
링크드인 광고	0.5억 원	200명	25%	0.8억 원 (+60%)	직급, 업종 타겟팅을 통해 다수의 유효 리드를 확보하고, 고가치 계약에도 꾸준히 기여. 효율적인 채널로 예산 증액.

CEO 인터뷰 콘텐츠	(신규 제안)	-	10%(예상)	0.5억 원 (신규)	AI가 기존 계약자들의 공통 관심사를 분석한 결과, 성공한 CEO들의 오피스 공간에 대한 철학을 다루는 콘텐츠가 가장 높은 반응을 보일 것으로 예측. 신규 채널로 제안.
총합/예상 성과	2억 원 /5개 계약			3억 원/12개 고가치 계약	타겟 정확도 및 계약 가치 극대화
총합/예상 성과	10억 원/월 800명 예약			10억 원/월 1,150명 예약	총 예약자 수 43% 증가 예측

5) **결론 및 시사점:** 이처럼 AI는 측정이 불가능해 보였던 오프라인 활동의 가치까지 데이터로 정량화하고, 단순히 리드의 양이 아닌 '질'을 기준으로 예산을 재 배분하여 마케팅의 효율을 최고 수준으로 끌어올리는 것이다. 결론적으로, AI 기반의 마케팅 성과 분석 및 예산 최적화는 마케팅을 더 이상 '비용'이 아닌, 예측 가능한 '투자'의 영역으로 탈바꿈 시킨다. AI라는 유능한 펀드매니저는 단 1원의 예산도 낭비하지 않고 최고의 수익률을 추구하며, 도시부동산 프로젝트를 성공이라는 최종 목표로 이끌어갈 것이다.

4. "AI 기반 분양전략 수립 단계에서는 도시부동산 프로젝트의 고객 여정(Customer Journey) 분석을 통해 잠재 수요를 관리한다."와 가상사례

4.1. 점에서 선으로, 고객 여정(Customer Journey)의 재발견

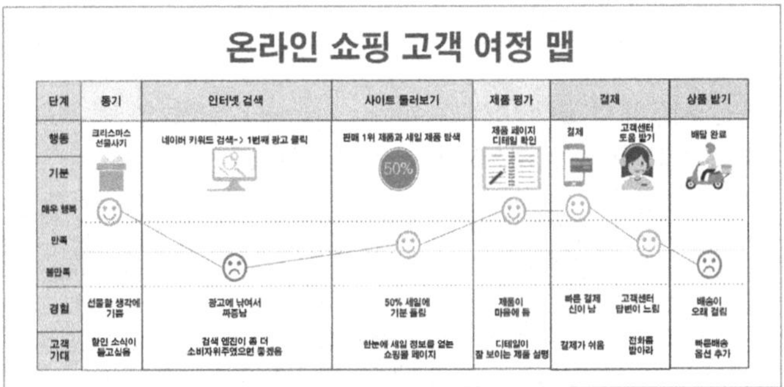

고객 여정 지도 쉽게 그리는 방법? [https://edraw.wondershare.kr]

한 명의 잠재 고객이 최종적으로 부동산 계약서에 서명하기까지, 그들의 마음속에서는 수많은 고민과 결정이 이루어지고, 온라인과 오프라인을 넘나드는 복잡한 여정이 펼쳐진다. 고객은 유튜브 광고를 통해 처음 브랜드를 인지하고(인지), 블로그 후기를 통해 정보를 탐색하며(고려), 모델하우스를 방문하여 확신을 얻고(결정), 최종 계약에 이른다. 이 모든 과정을 연결한 것이 바로 '고객 여정(Customer Journey)'이다. 과거의 마케팅은 이 여정을 하나의 '선'이 아닌, 흩어진 '점'으로 밖에 보지 못했다. 웹사이트 클릭, 광고 노출 등 개별적인 사건만 파악할 뿐, 이 사건들을 관통하는 한 명의 고객을 입체적으로 이해하지 못했다.

이제 AI는 흩어진 단서들을 모아 범인을 추적하는 명탐정처럼, 고객이 남긴 수많은 디지털 발자국과 오프라인 행동 데이터를 하나로 엮어 생생한 '고객 여정 지도(Customer Journey Map)'를 그려낸다. AI는 이 지도를 통해 고객이 어느 길목에서 망설이는지, 어떤 정보에 목말라 하는지, 언제 이탈할 위험이 있는지를 정확히 예측하고, 가장 필요한 순간에 가장 적절한 메시지를 전달하여 잠재 수요를 관리하고 육성한다. 이제 AI 탐정이 어떻게 두 프로젝트에서 고객의 마음을 꿰뚫어 보는지, 그 놀라운 추적 과정을 함께 따라가 볼 것이다.

■ **도시부동산 시장에서 고객 여정(Customer Journey) 분석방법 별 목표, 분석방법 및 기술, 역할, 장단점, 분석도구, 도시부동산 활용예시**

구분	수동적/정성적 여정 매핑	시각화/규칙 기반 분석	AI/머신 러닝 기반 예측적 여정 분석
목표	담당자들의 경험과 고객 인터뷰 등 정성적 정보에 기반하여, 대표적인 고객 페르소나의 가상적인 이동 경로와 감정 변화를 도식화하고, 팀 전체가 고객에 대한 공통된 이해를 갖는 것을 목표로 한다.	웹/앱 로그 등 실제 디지털 데이터를 기반으로, 고객들의 가장 보편적인 이동 경로를 시각적으로 확인하고, 주요 이탈 지점(Drop-off point)을 발견하여 디지털 경험을 개선하는 것을 목표로 한다.	온라인과 오프라인의 모든 고객 데이터를 통합하여 개인별 전체 여정을 재구성하고, 머신 러닝을 통해 향후 행동(계약, 이탈 등)을 예측하며, 선제적인 개인화 개입으로 잠재 수요를 관리하고 육성하는 것을 목표로 한다.
분석방법 및 기술	워크숍, FGI(포커스 그룹 인터뷰), 설문조사, 페르소나 기법 등을 활용하여 고객의 행동, 생각, 감정을 단계별로 정리하고 시각적인 지도(Map) 형태로 그려낸다.	유입경로 분석(Funnel Analysis), 사용자 흐름 시각화(User Flow Visualization), 코호트 분석(Cohort Analysis) 등 웹 애널리틱스 기술을 활용하여 데이터 기반의 경로를 파악한다.	경로 분석(Path Analysis), 순차 패턴 마이닝(Sequential Pattern Mining), 이탈 예측 모델링, 고객 생애 가치(LTV) 예측 등 머신러닝 알고리즘을 활용하여 개별 고객의 행동 패턴과 미래를 예측한다.
역할	프로젝트 초기에 팀원들의 인식을 통일시키고, 고객 중심적 사고의 기반을 마련하는 전략적 청사진 역할을 한다.	마케팅 채널과 웹사이트의 문제점을 진단하고, 사용성(Usability)을 개선하기 위한 명확한 근거를 제시하는 디지털 건강검진 도구 역할을 한다.	각 고객의 상황에 맞춰 최적의 경험을 제공하고, 잠재 수요의 이탈을 방지하며, 계약 전환율을 극대화하는 지능형 개인 내비게이션 역할을 한다.

장점	- 적은 비용으로 신속하게 실행 가능 - 고객의 감성적, 심리적 측면 이해에 용이	- 실제 디지털 행동 데이터에 기반함 - 주요 병목 구간을 명확히 식별 가능	- 온·오프라인 통합된 전체 여정 분석 - 개인 단위의 행동 예측 및 선제적 대응 - 데이터 기반의 정교한 수요 관리
단점	- 실제 데이터가 아닌 가정에 기반함 - 담당자의 편향이 개입될 수 있음 - 복잡하고 다양한 실제 여정 반영 불가	- 오프라인 행동 데이터를 반영 못 함 - 행동의 이유(Why)를 설명하기 어려움 - 전체가 아닌 평균적인 경로만 보여줌	- 높은 수준의 데이터 통합 및 분석 기술 필요 - 고품질 데이터 확보가 전제되어야 함
분석도구	화이트보드, 포스트잇, 설문조사 툴(구글 폼, 서베이몽키), 마인드맵 소프트웨어(Miro, Mural)	웹 애널리틱스 툴(구글 애널리틱스, 어도비 애널리틱스), 사용자 행동 분석 툴(Amplitude, Mixpanel)	고객 데이터 플랫폼(CDP), CRM 솔루션, AI/머신러닝 플랫폼(Python/R, AWS, Google AI), 데이터 시각화 툴(Tableau)
도시부동산 활용예시	사례: 분양 관계자들이 모여 '30대 신혼부부' 페르소나를 설정하고, 이들이 'SNS 광고 인지 → 포털 검색 → 모델하우스 방문 → 계약' 순으로 행동할 것이라는 가상 여정 지도를 작성하여 마케팅의 기본 방향을 수립한다.	사례: 구글 애널리틱스 유입경로 분석을 통해, 홈페이지 방문자의 80%가 '단지 배치도' 페이지를 본 후 '커뮤니티 시설' 페이지로 이동하지 않고 이탈함을 발견하고, 두 페이지 간의 내부 링크를 강화하여 이탈률을 낮춘다.	사례: AI가 '주말에 모델하우스를 방문한 후, 3일 내 홈페이지의 대출 계산기를 5회 이상 사용한 고객'의 "2주 내 관심 이탈 확률이 90%"임을 예측한다. 해당 고객에게는 즉시 '협약 은행의 저금리 상품'에 대한 맞춤형 안내 문자를 자동으로 발송하여 이탈을 방지한다.

4.2. 고객 여정(Customer Journey) 분석 가상사례

■ 가상 사례 1: Z세대를 위한 공유 주거, '커넥티드 쿼터스'

1) 현안 과제: '커넥티드 쿼터스'는 20대 대학생과 사회초년생을 위한 신개념 공유 주거(Co-living) 공간이다. 이들의 고객 여정은 전통적인 부동산 시장의 문법과 완전히 다르다. 이들은 TV 광고나 신문기사가 아닌, 인스타그램, 틱톡, 커뮤니티 앱 등에서 정보를 얻고,

코-리빙(co-living) 주택 [https://www.chosun.com]

VR 모델하우스 투어나 입주민과의 온라인 Q&A 세션을 통해 구매를 결정한다.

2) **전통적 방식의 한계(파편화된 고객 정보)**: 기존의 분석 방식으로는 마케팅의 전체 그림을 볼 수 없다. A라는 학생이 틱톡에서 인플루언서의 입주 후기 영상을 보고, 3일 뒤 인스타그램 광고를 통해 홈페이지에 들어와 VR 투어를 하다가 이탈하고, 일주일 뒤 친구 추천으로 커뮤니티 앱에 가입하여 질문을 남겼을 때, 마케팅팀은 이 모든 행동을 한 사람의 여정으로 인식하지 못한다. 각각의 채널 성과만 단편적으로 측정할 뿐, A학생이 현재 구매 결정의 어느 단계에 있으며 무엇을 망설이는지 전혀 알 길이 없는 것이다.

3) **AI의 해결책(통합 ID 기반 여정 매핑 및 개인화 개입)**: '커넥티드 쿼터스'는 AI 기반 고객 데이터 플랫폼(CDP)을 통해 파편화된 데이터를 하나로 연결했다.

(1) **통합 고객 프로필 생성**: AI는 비식별화된 광고 ID, 쿠키, 앱 로그인 정보, 소셜 미디어 계정 등을 하나로 묶어 '익명의 통합 고객 ID'를 생성한다. 이를 통해 A학생의 모든 디지털 발자취를 시간

순서대로 재구성하여 하나의 여정으로 시각 화한다.

(2) **핵심 이탈 지점(Drop-off Point) 분석**: AI는 수천 명의 고객 여정 지도를 분석하여, 'VR 투어' 단계에서 가장 많은 고객이 다음 단계로 넘어가지 못하고 이탈한다는 패턴을 발견한다. 이탈 고객들의 행동을 분석한 결과, '개인 공간의 방음'과 '공용 주방의 위생'에 대한 정보를 충분히 얻지 못한 것이 주요 원인임을 파악한다.

(3) **자동화된 개인화 개입(Personalized Intervention)**: 이 분석을 바탕으로 AI는 이탈 고객을 대상으로 한 자동화된 마케팅 시나리오를 실행한다.

아래 표는 AI가 어떻게 고객의 여정을 단계별로 분석하고, 각 단계에 맞춰 지능적으로 개입하는지를 보여준다.

4) '커넥티드 쿼터스' Z세대 고객 여정 분석 및 AI 개입 전략

단계	주요 접점	고객 행동/심리	AI의 개입 및 관리
인지 (Awareness)	틱톡/유튜브 인플루언서 리뷰, 인스타그램 광고	"이런 곳도 있네?" 호기심 발동, 브랜드 첫인상 형성	잠재 고객의 관심사(대학, 직장)와 관련된 인플루언서에게 광고를 집중하여 초기 관심 유도
고려 (Consideration)	홈페이지, VR 모델하우스 투어, 블로그 후기 검색	"나에게 맞는 곳일까?" 구체적인 정보 탐색, 장단점 비교, 가격 및 조건 확인	(이탈 지점) VR 투어 이탈 고객에게 24시간 내 '가장 궁금해했던 공간 TOP 3' 정보와 '방음/위생 Q&A' 콘텐츠 푸시 알림 자동 발송
결정 (Decision)	입주민과의 온라인 Q&A, 커뮤니티 앱, 방문 상담 예약	"정말 괜찮을까?" 실제 거주 경험에 대한 궁금증, 사회적 증거(Social Proof) 확인	Q&A 세션에서 특정 질문(예: 룸메이트)을 한 고객에게 'AI 매칭 기반 룸메이트 배정 시스템'에 대한 개인화된 안내 이메일 발송
전환 (Conversion)	전자 계약	최종 결심, 계약 진행	계약 과정에서 망설이는 고객에게 '첫 달 월세 할인 프로모션' 타겟 메시지 발송

5) **결론 및 시사점**: AI는 고객이 길을 잃을 가능성이 가장 높은 지점을 미리 파악하고, 그들이 가장 필요로 하는 정보를 담은 이정표를 적시에 제시하여 다음 단계로 안전하게 안내하는 것이다.

- **가상 사례 2: 4050세대를 위한 타운하우스, '오크힐스 프라이빗'**

아파트·전원주택 장점만 모은' 타운하우스 '눈길' [https://www.goodmorningcc.com]

1) **현안 과제**: '오크힐스 프라이빗'은 자녀 교육과 은퇴 후의 삶을 동시에 고려하는 40-50대 고소득층을 위한 교외 타운하우스 단지이다. 이들의 고객 여정은 최소 6개월 이상 지속되며, 온라인 정보 탐색과 오프라인 현장 방문, 자산 상담 등 복잡한 의사결정 과정을 거친다.

2) **전통적 방식의 한계(온·오프라인의 단절)**: B라는 고객이 주말에 모델하우스를 방문하여 상담을 받고 돌아간 후, 그날 밤부터 3일 내내 분양 홈페이지의 '주변 학군 정보'와 '대출 계산기' 페이지만 반복해서 조회했다고 가정해 보자. 전통적인 방식에서는 영업사원은 고객이 다녀갔다는 사실만 알 뿐, 그가 밤새 어떤 고민을 하고 있는지 알 수 없다. 고객의 가장 큰 고민거리인 '자녀 교육'과 '자금 계획'에 대한 추가적인 정보를 제공할 최적의 타이밍을 놓치게 되는 것이다.

3) AI의 해결책(온·오프라인 통합 여정 분석 및 이탈 예측): '오크힐스'는 AI CRM 시스템을 통해 온·오프라인 데이터를 통합하고 고객의 이탈 가능성을 예측했다.

(1) 통합 데이터 기반 고객 심리 분석: 모델하우스 방문 기록(오프라인)과 홈페이지 접속 기록(온라인)을 통합하여, B고객이 현재 '학군'과 '자금' 문제로 구매 결정에 큰 장벽을 느끼고 있음을 AI가 자동으로 분석하여 담당 영업사원에게 알림을 보낸다.

(2) 이탈 예측 모델(Churn Prediction Model): AI는 과거 수천 명의 계약 및 이탈 고객 데이터를 학습하여, '대출 계산기를 5회 이상 사용하고 1주일 내 상담 신청을 하지 않은 고객'은 2주 내 이탈 확률이 85%에 달한다는 예측 모델을 구축한다.

(3) 선제적 수요 관리: 이탈 확률이 높은 고객으로 분류된 B고객에게, AI는 사전에 설정된 시나리오에 따라 개인화된 솔루션을 자동으로 제공한다.

4) '오크힐스 프라이빗' 4050세대 고객 여정 분석 및 AI 이탈 방지 전략

단계	주요 접점	고객 행동/심리	AI의 개입 및 관리
인지 (Awareness)	자산관리 세미나, 골프장 옥외 광고, 경제지 기사	"노후 준비가 필요해." 자산 증식 및 주거 환경 개선에 대한 니즈 발생	VIP 고객 대상 금융 세미나에서 수집된 정보를 기반으로, 유사 자산 규모를 가진 잠재 고객에게 타겟 광고 집행
고려 (Consideration)	홈페이지, 모델하우스 방문, 블로그/유튜브 탐방	입지, 학군, 가격, 미래 가치 등 다각도 정보 수집 및 비교. 자금 계획 수립.	(이탈 지점) 모델하우스 방문 후 '대출 계산기'와 '학군 정보' 페이지를 반복 조회하는 고객을 '고위험군'으로 자동 분류
결정 (Decision)	자산 컨설턴트와의 심층 상담, 현장 주변 환경 답사	가족과의 논의, 최종 의사결정을 위한 마지막 검증 단계	고위험군으로 분류된 고객에게 담당 영업사원이 '인근 명문학교 입학 설명회 정보'와 '협약 은행 특별 대출 상품'에 대한 맞춤형 정보를 선제적으로 제공하도록 AI가 추천

전환 (Conversion)	계약 및 자금 납부	최종 결정 및 계약 이행	계약 고객에게 '자산세 관련 절세 컨설팅 서비스'를 추가로 제공하여 고객 만족도 및 추천 의향을 높임

5) 결론 및 시사점: AI는 고객의 침묵 속에 담긴 고민을 데이터로 읽어내고, 그들의 장벽을 허물어줄 해결책을 먼저 제시함으로써, 하마터면 잃을 뻔했던 소중한 잠재 수요를 성공적으로 관리하는 것이다. 결론적으로, AI 기반의 고객 여정 분석은 분양 마케팅을 '기다림의 미학'에서 '적극적인 관리의 과학'으로 바꾸어 놓았다. AI는 더 이상 고객이 스스로 길을 찾아오기를 기다리지 않는다. 대신, 고객 한 명 한 명을 위한 개인화된 내비게이션이 되어, 가장 빠르고 편안한 길로 최종 계약이라는 목적지까지 안내할 것이다.

5. "AI 기반 분양전략 수립 단계에서는 도시부동산 프로젝트의 예측 분석을 통해 계약률 및 분양 속도를 전망한다."와 가상사례

5.1. 분양 시장의 안개 속, 미래를 예측하려는 인간의 열망

모든 도시부동산 프로젝트는 시장에 첫발을 내딛는 순간, 거대한 불확실성이라는 안개와 마주한다. "과연 얼마나 많은 사람이 계약할까?", "우리가 목표한 기간 내에 모든 세대를 팔 수 있을까?" 이러한 계약률 및 분양 속도에 대한 전망은 프로젝트의 현금 흐름을 좌우하고, 나아가 사업의 성패를 결정짓는 가장 중요한 질문이다. 과거에는 유사한 프로젝트의 과거 성공 사례나, 소위 '전문가'라 불리는 사람들의 직관에 의존해 이 안개 속을 헤쳐 나가야 했다. 이는 마치 나침반 없이 별자리만 보고 항해하는 것과 같아서, 예상치 못한 암초(시장 변화)를 만나 좌초하기 일쑤였다.

그러나 이제 AI는 "예측 분석(Predictive Analytics)"이라는 강력한 등대를 통해 미래의 시장을 환하게 비춘다. AI는 과거 수십 년 간의 부동산 데이터, 현재의 시장 트렌드, 잠재 고객의 온라인 행동 데이터, 금리나 정책과 같은 거시 경제 변수 등 인간의 뇌로는 결코 처리할 수 없는 방대한 데이터를 학습한다. 이를 통해 '만약 분양가를 5% 올리고, 주력 마케팅 채널을 유튜브로 변경하며, 중도금 대출 금리가 0.5% 상승한다면, 3개월 후 예상 계약률은 0%가 될 것이다'와 같은 정교한 시나리오 분석을 수만 번 반복한다. 이제 AI라는 천재 전략가가 어떻게 두 프로젝트의 미래를 예측하고 성공 확률을 높이는지, 그 놀라운 과정을 목격할 것이다.

■ **도시부동산 시장에서 "예측 분석(Predictive Analytics)" 방법 별 목표, 분석방법 및 기술, 역할, 장단점, 분석도구, 도시부동산 활용예시**

구분	회귀 분석 기반 예측	분류 모델 기반 예측	머신 러닝/앙상블 기반 예측
목표	특정 변수들(예: 면적, 층수, 지하철 거리)이 다른 연속적인 변수(예: 부동산 가격, 예상 임대료 등)에 미치는 영향을 분석하고, 이를 통해 미래의 수치 값을 예측하는 것을 목표로 한다.	데이터를 특정 기준에 따라 두 개 이상의 그룹(예: 계약 체결/이탈, 우량/부실 투자)으로 나누고, 새로운 데이터가 어떤 그룹에 속할지를 분류하고 예측하는 것을 목표로 한다.	여러 개의 예측 모델을 결합(앙상블) 하거나 복잡한 비선형 관계를 학습하여, 단일 모델의 한계를 극복하고 가장 정확하고 안정적인 예측 결과를 도출하는 것을 목표로 한다.
분석방법 및 기술	선형 회귀(Linear Regression), 다중 회귀(Multiple Regression), 릿지/라쏘 회귀(Ridge/Lasso Regression) 등 통계적 기법을 활용하여 변수 간의 인과적, 상관적 관계를 모델링한다.	로지스틱 회귀(Logistic Regression), 의사결정 나무(Decision Tree), 서포트 벡터 머신(SVM), K-최근접 이웃(KNN) 등의 알고리즘을 활용하여 데이터를 분류하는 "결정 경계(Decision Boundary)"를 찾아낸다.	랜덤 포레스트(Random Forest), 그래디언트 부스팅(Gradient Boosting, XGBoost), 신경망(Neural Networks) 등 여러 모델을 결합하거나 복잡한 패턴을 학습하여 예측의 정확도를 극대화한다.

역할	미래 시장 가치나 수요를 수치적으로 전망하여, 프로젝트의 초기 예산 수립과 가격 책정의 근거를 제시하는 기본적인 시장 예측가 역할을 한다.	잠재 고객이나 투자 대상을 특정 그룹으로 분류하여, 한정된 자원을 어디에 집중해야 할지를 알려주는 효율적인 자원 배분 가이드 역할을 한다.	시장의 미세하고 복잡한 패턴까지 학습하여, 가장 신뢰도 높은 예측을 제공하고 전략적 의사결정의 불확실성을 최소화하는 최고 수준의 전략 분석가 역할을 한다.
장점	- 모델의 해석이 직관적이고 쉬움 - 변수 간의 영향력을 명확히 파악 가능	- 'Yes/No'와 같은 명확한 의사결정에 유용 - 특정 그룹의 특성을 파악하기 용이	- 현존하는 모델 중 가장 높은 예측 정확도 - 복잡하고 비 선형적인 데이터 패턴 학습 가능
단점	- 비 선형적이거나 복잡한 관계는 예측 어려움 - 이상치(Outlier)에 민감함	- 연속적인 수치 예측에는 부적합 - 데이터 불균형 문제에 취약할 수 있음	- 모델 내부가 '블랙박스'처럼 해석이 어려움 - 많은 데이터와 높은 컴퓨팅 파워 요구
분석도구	통계 분석 소프트웨어(SPSS, SAS), 엑셀(Excel)의 데이터 분석 기능, 파이썬(Python)의 Statsmodels 라이브러리	파이썬의 Scikit-learn 라이브러리, R, 데이터 마이닝 툴(Weka), 머신러닝 플랫폼	파이썬의 Scikit-learn, XGBoost, LightGBM 라이브러리, 딥러닝 프레임워크(TensorFlow, PyTorch), AutoML 솔루션
도시부동산 활용예시	사례: 과거 10년간의 아파트 실거래가 데이터를 기반으로 '지하철역과의 거리 100m, 한강 조망권 유무, 학군 점수' 등의 변수를 활용하여, 신규 분양 아파트의 예상 평당 분양가를 3.3㎡당 5,250만 원으로 예측한다.	사례: 기존 분양 프로젝트의 고객 데이터를 학습하여, '홈페이지 방문 횟수, 모델하우스 체류 시간, 상담 내용' 등을 분석해, 새로운 잠재 고객이 '최종 계약할 고객(확률 85%)'인지 '단순 문의 고객(확률 15%)'인지를 분류하여 우량 고객 관리에 집중한다.	사례: 시장 데이터, 고객 행동 데이터, 거시경제 지표 등 수백 개의 변수를 XGBoost 모델로 학습시켜, '금리가 0.25%p 인상되고, 경쟁 단지가 3% 할인 분양을 시작할 경우' 우리 프로젝트의 '3개월 후 최종 계약률이 67.5%가 될 것'이라고 매우 정확하게 예측하여 선제적 대응 전략을 수립하게 한다.

5.2. 예측 분석을 통해 계약률 및 분양 속도 전망 가상사례

- 가상 사례 1: 경쟁이 치열한 신도시의 대규모 아파트 단지, 트리니티 포레'

'3기 신도시' 부천대장 A7·A8블록, 사전청약자 77.1% 본청약 접수 [https://www.dailian.co.kr]

1) 현안 과제: '트리니티 포레'는 3기 신도시에 공급되는 1,500세대 규모의 아파트 단지이다. 반경 5km 이내에 6개월 간격으로 3개의 다른 브랜드 아파트가 비슷한 시기에 분양을 앞두고 있어, 시장 선점이 무엇보다 중요한 상황이다. 프로젝트 파이낸싱(PF) 대출 조건상, '초기 6개월 내 계약률 70%'를 달성하지 못하면 금융비용이 급격히 증가하게 된다. 따라서 정확한 분양 속도 예측은 프로젝트의 사활을 건 문제이다.

2) 전통적 방식의 한계('잘 될 것'이라는 막연한 기대): 기존 방식대로라면, 분양 대행사는 인근 지역의 과거 성공 사례(예: 5년 전 A신도시의 B아파트)를 근거로 "이번에도 초기 계약률 80%는 무난할 것"이라는 장밋빛 보고서를 제출할 것이다. 하지만 이는 5년 전과는 완전히 다른 현재의 금리 상황, 대출 규제, 그리고 무엇보다 강력한 경쟁 단지의

존재라는 핵심 변수를 간과한 분석이다. 이러한 막연한 낙관론에 기대어 사업을 추진하다가 초기 계약률이 50%대에 머문다면, 프로젝트는 시작부터 유동성 위기에 빠지게 된다.

3) **AI의 해결책**(다변수 시뮬레이션 기반의 계약률 예측): '트리니티 포레' 사업팀은 AI 기반 '분양 성과 예측 플랫폼'을 통해 미래의 안개를 걷어냈다.

(1) **핵심 변수 데이터 입력**: AI 모델에 현재 프로젝트의 특성(분양가, 세대수, 평면 구성), 거시 환경(주택담보대출 금리, LTV 규제), 시장 환경(경쟁 단지 정보, 인근 실거래가), 마케팅 데이터(사전 관심 고객 등록 수, 홈페이지 트래픽) 등 수십 개의 변수를 입력했다.

(2) **몬테카를로 시뮬레이션**: AI는 입력된 변수들이 가질 수 있는 다양한 시나리오(예: 금리가 0.25% 인상될 경우, 경쟁 단지가 분양가를 3% 낮출 경우 등)를 조합하여 수만 가지의 가능한 미래를 시뮬레이션 했다.

(3) **확률적 결과 도출**: 시뮬레이션 결과를 바탕으로, AI는 단순히 "계약률 75% 달성"과 같은 단정적인 예측이 아닌, 확률 분포에 기반한 과학적인 전망을 제시했다.

아래 표는 AI가 현재 조건 하에서 '트리니티 포레'의 6개월 후 계약률을 어떻게 예측했는지를 보여준다.

4) '트리니티 포레' AI 기반 6개월 후 계약률 예측 시뮬레이션

예측 시나리오	발생 확률	6개월 후 예상 계약률	총분양 수익(예상)	AI의 전략적 제언
낙관적 시나리오 (금리 동결, 경쟁사 분양가 유지)	20%	85%	1조 200억 원	-
기본 시나리오 (현재 조건 유지)	50%	72%	8,640억 원	PF 대출 조건(70%)을 아슬아슬하게 충족.
비관적 시나리오 (금리 0.5%p↑, 경쟁사 할인 분양)	30%	58%	6,960억 원	PF 대출 조건 미달, 유동성 위기 발생.
AI 최종 결론	PF 조건 미달 가능성 30%	평균 기대 계약률 70.1%		현재 계획대로 진행 시 리스크가 매우 큼. 분양가를 2% 낮추고, 3040 타겟 유튜브 마케팅 예산을 2억 증액할 경우, '기본 시나리오'의 계약률이 78%까지 상승하여 안정권에 진입할 것으로 예측됨.

5) **결론 및 시사점:** AI는 미래를 긍정, 보통, 부정의 시나리오로 나누어 각 시나리오의 발생 확률과 그 결과를 명확히 제시했다. 이를 통해 사업팀은 '실패할 확률 30%'라는 구체적인 리스크를 인지하고, 분양가를 소폭 조정하고 마케팅 전략을 수정하는 선제적인 대응을 통해 프로젝트를 안정적인 궤도에 올려놓을 수 있었던 것이다.

■ 가상 사례 2: 강남 하이엔드 오피스텔, '더 갤러리 832'

1) **현안 과제:** '더 갤러리 832'는 고소득 전문직과 영앤리치(Young & Rich)를 타겟으로 하는 100실 규모의 하이엔드 오피스텔이다. 세대수가 적고 가격이 매우 높아, 일반적인 아파트와는 다른 분양 속도 패턴을 보인다. 프로젝트의 브랜드 가치를 위해, 초기에 얼마나 빠른 속도로 '완판'에 가까워지는지가 매우 중요하다. 이 프로젝트의

여의도에 하이엔드 오피스텔 분양 [https://news.mt.co.kr]

목표는 '분양 개시 후 3개월 내 계약률 90% 달성'이다.

2) **전통적 방식의 불확실성('그들 만의 리그'를 예측하는 법)**: 하이엔드 부동산 시장은 일반 시장과 완전히 다른 논리로 움직인다. 소수의 VVIP 고객들의 의사결정에 따라 시장이 좌우되기에, 과거의 통계 데이터가 잘 맞지 않는다. 분양 담당자는 소수의 고객 네트워크에 의존하여 수요를 가늠할 뿐, 이들이 실제로 계약할지, 얼마나 빠른 속도로 계약이 이루어질지에 대한 객관적인 데이터가 없다. 이는 마치 안개 속에서 목표 지점까지의 남은 거리를 감으로만 짐작하는 것과 같다.

3) **AI의 해결책(잠재고객 행동 기반의 분양 속도 예측)**: '더 갤러리 832'는 AI 기반 CRM과 예측 분석을 결합하여, 소수 타겟 고객의 행동 하나하나를 단서로 미래를 예측했다.

   (1) **관여도 점수(Engagement Score) 모델링**: AI는 사전 홍보 기간 동안 잠재 고객의 모든 행동에 가중치를 부여하여 점수 화한다.(예: 프라이빗 갤러리 행사 참여 +20점, 1:1 자산 컨설팅 신청 +50점, 특정 유닛 VR 투어 3회 이상 조회 +15점 등)

(2) **유사 고객 패턴 분석:** AI는 과거 다른 하이엔드 프로젝트에서 최종 계약을 완료한 고객들의 사전 행동 패턴을 학습한다. 그리고 현재 잠재 고객들의 관여도 점수 및 행동 패턴이 과거의 '실계약자' 그룹과 얼마나 유사한지를 비교 분석한다.

(3) **분양 속도 예측 곡선 도출:** 이 분석을 통해 AI는 '현재 확보된 잠재 고객 중 O명이 O주차에 계약할 확률이 OO%'라는 식의 예측을 주차별로 실행하여, 전체 분양 속도 곡선을 시각적으로 그려낸다.

4) '더 갤러리 832' AI 기반 주차별 계약률 및 분양 속도 예측

분양 시점	확보 잠재고객 수	평균 관여도 점수	AI 예측 누적 계약률 (95% 신뢰구간)	목표(90%) 달성 여부	AI의 전략적 제언
1주차	250명	45점	15% ~ 22%	-	-
4주차 (1개월)	320명	62점	48% ~ 55%	-	예상보다 분양 속도가 느림. 관여도 점수가 70점 이상이지만 계약을 망설이는 고객 그룹(25명)에게 '유명 건축가와의 대화' 프라이빗 행사를 제안하여 구매 결정을 촉진할 것을 추천.
8주차 (2개월)	350명	75점	75% ~ 83%	-	-
12주차 (3개월)	360명	78점	86% ~ 91%	목표 달성 가능성 높음	AI의 중간 개입 전략이 성공할 경우, 3개월 차에 목표치인 90% 계약률에 도달할 것으로 최종 전망을 수정함.

5) **결론 및 시사점:** AI는 단순히 최종 결과만 예측하는 것이 아니라, 분양 과정 전체를 실시간으로 모니터링하며 목표 달성에 차질이 생길

경우 즉시 경고등을 켜고, 가장 효과적인 해결책까지 제시하는 역할을 한다. 이는 마치 유능한 주치의가 환자의 상태를 계속 살피며 최적의 처방을 내리는 것과 같다. 결론적으로, AI 기반의 예측 분석은 도시부동산 프로젝트의 불확실성이라는 안개를 걷어내는 가장 과학적인 도구이다. AI는 더 이상 미래를 막연히 추측하거나 두려워하는 대신, 데이터를 통해 수만 가지 가능한 미래를 시뮬레이션하고 그중 가장 성공 확률이 높은 길로 우리를 안내하는 최고의 전략가인 것이다.

주제 10

AI 도시부동산 개발의 8번째 단계: "입주단계"에서 AI의 고객 맞춤 서비스

1. "AI 기반 입주단계에서는 도시부동산 프로젝트의 AI 챗봇 기반 입주 절차 자동화 및 24시간 민원 응대를 구현한다."와 가상사례

1.1. AI, 24시간 잠들지 않는 스마트 컨시어지(Concierge)의 탄생

길고 길었던 도시부동산 프로젝트의 대장정이 끝나고 마침내 새로운 주인을 맞이하는 입주 단계. 입주민에게는 새로운 삶에 대한 설렘이 가득하지만, 동시에 복잡한 입주 절차와 낯선 공간에 대한 불안감이 공존한다. 잔금 납부, 이사 날짜 예약, 각종 서류 제출 등 끝없는 행정 절차와 입주 후 발생하는 수많은 문의와 하자 접수는 관리사무소와 입주민 모두

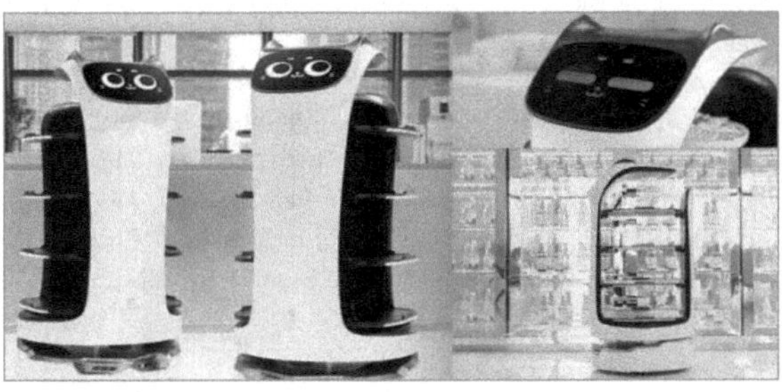

AI 컨시어지(AI concierge) [https://son4.handily100.com]

에게 큰 부담으로 작용한다. 특히, 정해진 업무 시간에만 소통이 가능한 관리사무소의 한계는 입주민의 불편을 가중시키는 가장 큰 원인이었다.

이제 AI는 이러한 불편함을 해소하고, 24시간 365일 입주민의 곁을 지키는 지능형 집사, 'AI 챗봇 컨시어지'로 진화했다. 이 AI 챗봇은 단순히 정해진 답변만 반복하는 수준을 넘어, 입주민 개개인의 상황을 이해하고 맞춤형 절차를 안내하며, 복잡한 민원을 실시간으로 접수하고 처리하는 개인 비서의 역할을 수행한다. 이제 AI가 어떻게 입주 단계의 패러다임을 바꾸고, 입주민의 삶의 질을 획기적으로 높이는지 두 개의 가상 사례를 통해 살펴볼 것이다.

■ **AI 챗봇 컨시어지 방법 별 목표, 분석방법 및 기술, 역할, 장단점, 분석도구, 도시부동산 활용예시**

구분	규칙 기반 챗봇	자연어 처리(NLP) 기반 정보 검색 챗봇	대화형/생성형 AI 컨시어지
목표	사전에 설계된 시나리오(규칙)의 흐름에 따라, 사용자가 버튼을 선택하거나 정해진 키워드를 입력하면 정해진 답변을 제공하여, 단순하고 반복적인 문의를 자동화하는 것을 목표로 한다.	사용자가 일상 언어(자연어)로 질문하면, 그 의도를 파악(Intent Recognition) 하여 방대한 데이터베이스에서 가장 정확한 정보를 검색하고 제시하는 것을 목표로 한다.	사용자의 문맥을 이해하고 기억하며, 사람과 대화하듯 연속적인 상호작용을 수행한다. 나아가 외부 시스템과 연동하여 실질적인 과업(예약, 제어, 신청 등)을 대신 처리해주는 것을 목표로 한다.
분석방법 및 기술	결정 트리(Decision Tree) 로직과 키워드 매칭(Keyword Matching) 기술을 기반으로 작동한다. 사용자의 입력을 예측 가능한 범위 내로 한정하여 응답의 정확성을 보장한다.	자연어 처리(NLP) 및 자연어 이해(NLU) 기술을 활용하여 문장의 핵심 의도와 개체명(Entity)을 추출한다. 정보 검색(Information Retrieval) 기술로 지식 베이스(Knowledge Base)와 연동된다.	대규모 언어 모델(LLM), 생성형 AI(Generative AI), 대화 상태 추적(Dialogue State Tracking) 기술을 기반으로 한다. API 연동을 통해 건물관리시스템(BMS), 예약시스템 등과 실시간으로 상호작용한다.

역할	24시간 응대가 가능한 디지털 안내 게시판 또는 FAQ(자주 묻는 질문) 자동응답기 역할을 수행한다.	입주민이 원하는 정보를 정확하게 찾아주는 지능형 정보 검색 도우미 역할을 수행한다.	입주민의 요청을 이해하고, 기억하며, 직접 처리까지 해주는 개인화된 스마트 비서 또는 24시간 상주하는 디지털 컨시어지 역할을 수행한다.
장점	- 개발이 간단하고 비용이 저렴함 - 정해진 시나리오 내에서 100% 정확한 답변	- 자연스러운 대화가 어느 정도 가능함 - 광범위한 정보 제공에 효과적	- 사람과 유사한 수준의 복잡한 대화 가능 - 개인화된 서비스 및 실제 과업 수행 - 스스로 새로운 답변을 생성 가능
단점	- 시나리오를 벗어난 질문에 응대 불가 - 사용자가 답답함을 느낄 수 있음	- 대화의 연속성 유지가 어려움 - 정보 검색 외 실제 과업 수행은 불가	- 개발 및 운영 비용이 매우 높음 - 할루시네이션(거짓 정보 생성)가능성 존재
분석도구	간단한 챗봇 빌더(Dialogflow ES, IBM Watson Assistant의 초기 버전), 카카오톡 챗봇 빌딩 툴	자연어 처리 라이브러리(KoNLPy), 챗봇 프레임워크(Rasa, Microsoft Bot Framework), Dialogflow CX	대규모 언어 모델 API(OpenAI GPT, Google Gemini), 생성형 AI 플랫폼, 벡터 데이터베이스, LangChain, LlamaIndex 등
도시부동산 활용예시	사례: 입주민이 챗봇에서 '관리비' 버튼을 누르면, [1. 조회], [2. 납부 계좌] 버튼이 나타나고, [2번]을 선택하면 사전에 입력된 고정 계좌번호를 보여준다.	사례: 입주민이 "이번 달 관리비 언제까지 내야 해?" 라고 자유롭게 질문하면, AI가 '관리비'와 '납부 기한'이라는 의도를 파악하고, "이번 달 관리비 납부 마감일은 25일입니다." 라고 데이터베이스에서 찾아 답변한다.	사례: 입주민이 "지안아, 나 다음 주 수요일 저녁 7시에 커뮤니티 회의실 좀 예약해 줘. 그리고 끝나고 쓸 수 있게 빔 프로젝터도 같이." 라고 말하면, AI가 "네, OOO님. 다음 주 수요일 저녁 7시, 회의실과 빔 프로젝터 예약 완료했습니다. 캘린더에 일정을 추가해 드릴까요?" 라고 답변하며 실제 예약까지 완료한다.

1.2. AI 챗봇 기반 입주 절차 자동화 가상사례

■ 가상 사례 1: 1인 가구 중심의 스마트 오피스텔, '솔로-라이프'

1인 가구 계속 증가… 초소형 오피스텔 공급 바람 - 경향신문
[https://www.khan.co.kr]

1) **현안 과제:** '솔로-라이프'는 1,000실 규모의 1인 가구 특화 스마트 오피스텔이다. 입주민 대부분이 IT 기기 사용에 익숙한 20~30대 직장인이며, 이들은 전통적인 대면 소통보다는 비대면 디지털 소통을 선호하는 특징을 보인다. 이 프로젝트의 목표는 최소한의 관리 인력으로, 입주민 개개인에게 맞춤화된 입주 절차를 제공하고 24시간 즉각적인 소통 채널을 유지하는 것이다.

2) **전통적 방식의 한계**(반복되는 질문과 끝없는 대기): 기존 방식대로라면, 1,000명의 입주가 시작되는 한 달 동안 관리사무소의 전화기는 쉴 새 없이 울릴 것이다. "잔금 계좌번호가 뭔가요?", "이사 예약은 어떻게 하나요?", "주차 등록 서류는 무엇이 필요한가요?" 등 거의 동일한 내용의 질문이 폭주하고, 관리 직원은 같은 답변을 수백 번 반복해야 한다. 입주민은 통화 대기 시간에 불만을 느끼고, 관리 직원은 과도한 업무량에 지쳐 정작 중요한 민원 처리에 집중하지 못하는 비효율이 발생한다.

3) **AI의 해결책**(개인화된 입주 절차 자동화 챗봇, '솔로-매니저'): '솔로-라이프'는 입주민 전용 앱에 탑재된 AI 챗봇 '솔로-매니저'를 도입했다.

(1) **개인별 맞춤형 입주 내비게이션**: 입주민이 앱을 설치하고 계약자 인증을 하면, '솔로-매니저'는 해당 입주민의 계약 정보를 바탕으로 개인화된 입주 절차 체크리스트를 제공한다. 예를 들어, A 입주민에게는 "A 님, 입주를 축하드립니다! 입주까지 3단계가 남았어요. 첫 번째, 중도금 대출 상환 확인서를 내일 오후 5시까지 앱에 업로드해주세요." 와 같이 개인화된 임무(Task)를 부여하고, 완료 여부를 실시간으로 체크한다.

(2) **24시간 질의응답 및 서류 접수 자동화**: 입주민은 언제든지 챗봇을 통해 궁금한 점을 질문할 수 있다. AI는 자연어 이해(NLU) 기술을 통해 질문의 의도를 파악하고 95% 이상의 정확도로 즉시 답변한다. 또한, 주민등록등본, 차량등록증 등 필요한 서류를 스마트폰 카메라로 찍어 업로드하면, AI가 광학 문자 인식(OCR) 기술로 서류를 자동 인식하고 정상 접수되었는지 즉시 피드백을 준다.

(3) **지능형 이사 예약 시스템**: 입주민이 챗봇을 통해 희망 이사 날짜와 시간을 입력하면, AI는 해당 시간대의 엘리베이터 사용 현황, 주차장 혼잡도 등을 실시간으로 분석하여 가장 원활한 이사 시간 슬롯을 추천하고 예약을 확정한다.

4) '솔로-라이프' AI 챗봇 도입 전후 입주 관리 효율성 비교

분석 항목	전통적 관리 방식 (예상)	AI 챗봇 '솔로-매니저' 도입 후	개선 효과
입주 절차 관련 문의 건수(관리사무소)	월 5,000건 이상	월 300건 (챗봇 미해결 건만 연결)	94% 감소
입주민 1인당 평균 대기 시간	15분	0분(즉시 응답)	대기 시간 제로
서류 누락 및 재요청 비율	20%	1% 미만	95% 감소
관리 직원 1인당 담당 세대 수	150세대	500세대	233% 향상
입주 초기 만족도 점수(5점 만점)	3.2점	4.8점	50% 향상

5) **결론 및 시사점:** AI 챗봇은 단순한 응대 시스템을 넘어, 복잡한 입주 과정을 한 명의 유능한 비서가 관리해주듯 쉽고 편리하게 만들어, 입주민의 첫 경험을 최상으로 끌어올리는 역할을 수행한 것이다.

■ 가상 사례 2: 대규모 주상복합 단지, '센트럴 하이브'

1) **현안 과제:** '센트럴 하이브'는 아파트, 오피스텔, 상가가 공존하는 대규모 주상복합 단지이다. 입주민의 연령대와 특성이 다양하고, 주거 공간과 상업 공간의 민원 유형이 완전히 달라 복합

동양건설, 주상복합 아파트 '미사역 파라곤' 분양 [http://www.ypdn.co.kr]

적인 관리가 필요하다. 특히, 입주 후 발생하는 시설물 하자, 소음, 주차 문제 등 각종 민원을 신속하고 정확하게 처리하는 것이 단지 전체의 가치를 유지하는 핵심 과제이다.

2) **전통적 방식의 한계**(민원 접수의 누락과 처리 지연): 기존 방식에서는 입주민이 관리사무소에 전화하거나 방문하여 민원을 접수한다. 담당 직원이 다른 업무로 바쁘거나 교대 근무 시 인수인계가 제대로 되지 않으면 민원이 누락될 수 있다. 또한, "화장실 전등이 깜빡 여요"라는 민원이 접수되면, 직원은 해당 세대를 방문하여 세부 내용을 다시 확인하고, 담당 기술팀에 전달하는 등 여러 단계를 거치면서 처리 시간이 지연될 수밖에 없다.

3) **AI의 해결책**(다중 채널 민원 분석 및 자동 처리 시스템): '센트럴 하이브'는 AI 챗봇과 건물관리시스템(BMS)을 연동한 'AI 민원 해결사'를 도입했다.

   (1) **이미지/음성 기반 하자 접수**: 입주민은 하자 부분을 사진이나 동영상으로 찍어 챗봇에 전송하며, "여기서 물이 새요" 라고 음성으로 말하는 것만으로도 민원을 접수할 수 있다. AI는 이미지 인식 기술로 '싱크대 하부 누수'라는 하자 유형을 자동으로 분류하고, 음성 인식(STT) 기술로 텍스트를 자동 생성하여 민원 내용을 기록한다.

   (2) **민원 자동 분류 및 담당자 배정**: AI는 접수된 민원의 유형, 심각도, 위치(아파트/상가)를 분석하여 최적의 담당 기술팀(전기팀, 설비팀 등)에게 스마트폰 앱을 통해 작업 지시서를 자동으로 발송한다. 이 과정에서 인간의 개입이 최소화되어 신속하고 정확한 업무 배정이 이루어진다.

(3) **처리 과정 실시간 브리핑 및 만족도 조사:** 담당자가 배정되면, 입주민에게 "설비팀 OOO 기사님이 배정되었으며, 30분 내 방문 예정입니다." 와 같이 처리 과정을 실시간으로 브리핑한다. 처리가 완료된 후에는 챗봇을 통해 "민원 처리에 만족하셨나요?" 라는 해피콜을 자동으로 보내고, 피드백 데이터를 축적하여 서비스 품질 개선에 활용한다.

4) '센트럴 하이브' AI 챗봇 기반 민원 처리 시스템 비교

분석 항목	전통적 민원 처리 방식(예상)	AI 민원 해결사 도입 후	개선 효과
평균 민원 처리 시간 (접수→완료)	24시간	4시간	83% 단축
민원 처리 누락률	5%	0%	누락 원천 차단
야간/휴일 민원 접수 및 초기 대응	불가능 (긴급 출동 외)	24시간 접수 및 자동 분류	24시간 관리 체계
민원 데이터 축적 및 분석	수기 장부 (분석 어려움)	자동 데이터화 및 패턴 분석	데이터 기반 관리
입주 후 단지 관리 만족도	3.5점	4.7점	34% 향상

5) **결론 및 시사점:** AI 민원 해결사는 24시간 잠들지 않는 눈과 귀가 되어 모든 입주민의 목소리를 놓치지 않고, 가장 빠르고 효율적인 방법으로 문제를 해결하여 단지 전체의 주거 만족도와 자산 가치를 높이는 핵심적인 역할을 수행하는 것이다. 결론적으로, AI 챗봇은 입주 및 관리 단계에서 발생하는 모든 비효율과 불편을 해결하는 가장 강력한 솔루션이다. AI는 단순한 기술을 넘어, 입주민과 가장 가까운 곳에서 소통하고 문제를 해결하는 든든한 파트너가 되어, 미래 도시 부동산의 생활 풍경을 더욱 편리하고 풍요롭게 만들어 갈 것이다.

2. "AI 기반 입주단계에서는 도시부동산 프로젝트의 이미지 인식기반 하자 자동 접수 및 처리 프로세스를 구축한다."와 가상사례

2.1. 사진 한 장으로 하자를 진단하고 해결하는 디지털 명의

DL이앤씨, AI활용 사진기반 하자점검시스템 [https://biz.newdaily.co.kr]

새 아파트 입주의 설렘도 잠시, 입주민들은 집안 곳곳에 숨어있는 하자를 찾아내는 숨바꼭질을 시작해야 한다. 벽지의 작은 흠집, 창틀의 실리콘 마감 불량, 타일의 균열 등 크고 작은 하자를 발견하면, 이를 일일이 기록하고 관리사무소에 전화나 방문으로 접수해야 한다. "어느 방, 어느 쪽 벽, 창문 아래 두 뼘 정도…"와 같은 말로 하는 설명은 정확하지 않아 담당자가 몇 번이고 다시 방문하여 확인해야 하는 비효율을 낳는다. 입주민은 기약 없는 기다림에 지치고, 시공사와 관리사무소는 폭주하는 민원과 부정확한 정보로 인한 업무 과중에 시달리는 악순환이 반복된다.

그러나 이제 AI는 단 한 장의 사진만으로 하자의 종류와 심각도를 정확히 진단하고, 최적의 처방(해결책) 까지 제시하는 '이미지 인식기반 하자 진단 시스템'으로 진화했다. 입주민이 스마트폰으로 사진을 찍어 앱에 올리는 순간, AI는 마치 숙련된 전문의가 CT 사진을 판독하듯 수십만 건의 하자 데이터를 학습한 눈으로 문제점을 즉시 파악하고, 자동으로 처리 프로세스를 가동시킨다. 이제 AI라는 디지털 명의가 어떻게 하자 보수의 패러다임을 바꾸는지, 두 개의 가상 사례를 통해 그 놀라운 진료 과정을 살펴볼 것이다.

2.2. 이미지인식기반 하자 자동 접수 및 처리 가상사례

- 가상 사례 1: 2,000세대 신축 대단지 아파트, '블루밍 파크'

[MZ컨슈머] 2000세대 넘는 '매머드급' 단지 [https://www.cstimes.com]

1) **현안 과제:** '블루밍 파크'는 입주가 동시에 시작되는 2,000세대 규모의 대단지 아파트이다. 입주 초기 한 달간, 하자 접수 건수가 폭발적으로 증가할 것으로 예상된다. 다양한 연령대의 입주민들이 제기하는 수천 건의 민원을 최소한의 관리 인력으로 신속하고 정확하게 처리하는 것이 이 프로젝트의 핵심 과제이다.

2) **전통적 방식의 한계(정보의 부정확성과 업무의 병목현상):** 기존 방식대로라면, 관리사무소는 밀려드는 전화와 방문 접수로 마비 상태에 빠질 것이다. 입주민의 설명은 저마다 달라, 접수 직원이 내용을 잘못 이해하여 엉뚱한 기술팀(예: 누수 문제인데 전기 팀 배정)을 배정하는 경우가 비일비재하다. 접수된 내용은 엑셀 파일에 수기로 입력되어

시공사 담당자에게 전달되고, 다시 협력업체에 전달되는 복잡한 과정을 거치며 정보의 왜곡과 누락이 발생한다. 이로 인해 간단한 하자 하나를 처리하는 데 평균 2주 이상의 시간이 소요되는 등 심각한 병목현상이 발생한다.

3) **AI의 해결책(AI 하자 분석 및 자동 워크플로우 시스템, 'Dr. APT'):** '블루밍 파크'는 입주민 앱에 AI 하자 진단 시스템인 'Dr. APT'를 탑재했다.

(1) **이미지 기반하자 자동 분류:** 입주민이 앱을 통해 '벽지 긁힘' 사진을 업로드하면, AI는 즉시 이미지를 분석한다. 사전에 50만 건 이상의 하자 이미지 데이터를 학습한 AI는 해당 사진이 '도배 하자'이며, 심각도는 '경미(3등급)'이고, 예상 보수 작업은 '부분 재시공'이라는 결론을 0.5초 만에 내린다.

(2) **자동 접수 및 최적 담당팀 배정:** AI는 분석 결과를 바탕으로 하자 내역, 위치(예: 101동 1502호 안방), 사진 등의 정보가 포함된 작업 지시서를 자동으로 생성한다. 그리고 사전에 등록된 협력업체 중 '도배' 전문 A업체의 현재 작업 현황과 위치를 고려하여 가장 빠르게 처리가 가능한 담당자에게 스마트폰 앱으로 작업 지시서를 실시간 배정한다.

(3) **빅데이터 기반하자 패턴 분석:** 입주 초기 한 달간 접수된 5,000건의 하자데이터를 AI가 분석한 결과, '안방 화장실 문 하단 걸레받이의 들뜸 현상'이 전체 단지의 35%에서 공통적으로 발생한다는 패턴을 발견했다. 시공사는 이 정보를 바탕으로 해당 부품의 문제점을 파악하고, 전 세대를 대상으로 하자가 발생하기 전에 먼저 보수하는 '선제적 하자 처리'를 시행하여 대규모 민원을 사전에 예방했다.

4) '블루밍 파크' AI 하자 처리 시스템 도입 전후 비교

분석 항목	전통적 처리 방식 (예상)	AI 'Dr. APT' 도입 후	개선 효과
평균 하자 처리 소요 시간(접수→완료)	15일	3일	80% 단축
하자 접수 오류율 (잘못된 정보/팀 배정)	30%	1% 미만	97% 감소
관리사무소의 하자 접수/분류 업무량	월 400시간	월 20시간 (AI 검토 및 승인)	95% 감소
하자 관련 입주민 만족도(5점 만점)	2.8점	4.9점	75% 향상
공통 하자 패턴 발견 및 선제적 대응	불가능	가능	리스크 사전 관리

5) **결론 및 시사점:** AI는 단순히 접수만 자동화하는 것을 넘어, 정확한 진단, 최적의 처방, 그리고 미래의 질병(하자)까지 예측하는 주치의의 역할을 완벽하게 수행한 것이다.

■ 가상 사례 2: 프라임급 스마트 오피스 빌딩, '인사이트 타워'

1) **현안 과제:** '인사이트 타워'는 글로벌 IT 기업과 금융사가 입주한 최고급 오피스 빌딩이다. 이곳의 하자 관리는 주거 공간과 달리, 건물

오피스시장 - 딜북뉴스 [https://dealbook.co.kr]

의 자산 가치와 입주사의 업무 효율에 직결되는 매우 민감한 문제이다. 특히, 대리석 바닥의 미세한 균열이나 외벽 유리 패널의 스크래치 등 심미적으로 중요한 하자를 신속하게 처리하고, 모든 보수 과정을 체계적으로 기록하여 건물의 이력으로 관리하는 것이 중요하다.

2) **전통적 방식의 한계(주관적 판단과 이력 관리의 부재)**: 기존 방식에서는 시설 관리 매니저가 육안으로 하자를 점검하고, 경험에 의존해 심각도를 판단한다. A매니저는 '경미한 스크래치'로 판단한 것을, B매니저는 '교체 필요'로 판단하는 등 기준이 모호하여 일관성 있는 관리가 어렵다. 또한, 모든 보수 기록이 수기나 개별 파일로 관리되어, 시간이 지나면 특정 위치에 어떤 보수가 이루어졌는지 체계적으로 추적하기가 거의 불가능하다. 이는 건물의 장기적인 자산 가치 관리에 큰 허점으로 작용한다.

3) **AI의 해결책(디지털 트윈 연동 및 하자 이력 관리 시스템)**: '인사이트 타워'는 건물의 3D 모델인 디지털 트윈(Digital Twin)과 AI 이미지 인식 기술을 연동한 하자 관리 시스템을 구축했다.

   (1) **AR(증강현실) 기반 하자 위치 특정**: 시설 관리자가 태블릿 PC로 건물 내부를 비추면, AR 기술이 적용된 화면 위에 각 시설물의 정보가 나타난다. 하자를 발견하고 사진을 찍으면, AI가 이미지 분석과 함께 해당 하자의 정확한 3차원 공간 좌표(x, y, z)를 디지털 트윈 상에 자동으로 기록(Pinning) 한다.

   (2) **정량적 손상 분석**: AI는 단순히 하자 유형만 분류하는 것을 넘어, 딥러닝 기반의 이미지 분석을 통해 '길이 3.2cm, 폭 0.1mm

의 대리석 실금' 과 같이 손상의 정도를 정량적인 수치로 자동 측정하고 기록한다. 이를 통해 관리자의 주관적 판단을 배제하고, 객관적인 데이터에 기반한 보수 의사결정을 지원한다.

(3) **디지털 트윈 기반 이력 관리:** 모든 하자 정보와 처리 결과, 사용된 자재, 담당 업체 등의 기록이 디지털 트윈 상의 해당 위치에 영구적으로 저장된다. 수년 후에도 특정 기둥이나 패널을 클릭하는 것만으로 과거의 모든 보수 이력을 한눈에 확인할 수 있어, 체계적인 건물 자산 관리가 가능해진다.

4) '인사이트 타워' AI 기반 하자 관리 시스템 비교

분석 항목	전통적 시설 관리 방식	AI + 디지털 트윈 연동 시스템	개선 효과
하자 판단의 객관성	주관적 (매니저 경험 의존)	정량적(AI 자동 측정)	일관성 100% 확보
하자 위치 정보의 정확도	부정확 (도면 위 수기 표시)	매우 정확(3차원 좌표 기록)	위치 확인 시간 90% 단축
보수 이력 관리 및 추적	어려움 (기록 분산 및 소실)	가능(디지털 트윈 영구 저장)	체계적 자산 이력 관리
평균 보수 의사결정 시간	2시간	10분	92% 단축
건물 자산 가치 유지율	표준	표준 대비 5% 이상 상승(예측)	데이터 기반 가치 증대

5) **결론 및 시사점:** 이처럼 AI는 건물을 살아있는 유기체처럼 관리하며, 미세한 상처까지도 정밀하게 진단하고 모든 치료 기록을 차트에 남겨 건물의 수명과 가치를 극대화하는 역할을 수행하는 것이다. 결론적으로, AI 이미지 인식 기반의 하자 관리 시스템은 입주 단계의 소모적인 분쟁과 비효율을 해결하는 혁신적인 솔루션이다.

AI는 사진 한 장에 담긴 문제의 본질을 꿰뚫어 보고, 가장 빠르고 정확한 해결책을 제시하여, 입주민에게는 만족을, 건물에는 더 높은 미래 가치를 선사하는 최고의 파트너가 될 것이다.

3. "AI 기반 입주단계에서는 도시부동산 프로젝트의 초기 입주민 데이터 분석을 통해 스마트홈 환경을 개인화 한다."와 가상사례

3.1. AI 기반 입주 단계: 데이터로 살아 숨 쉬는 공간을 만들다

도시부동산 프로젝트에서 입주 단계는 단순히 건설의 끝을 의미하지 않는다. AI 시대의 입주 단계는 입주민과 공간이 처음으로 만나 상호작용하며, 살아있는 유기체처럼 진화하는 스마트홈의 서막을 여는 과정이다. AI는 초기 입주민의 데이터를 정밀하게 분석하여, 물리적 공간을 개인의 라이프스타일에 최적화된 맞춤형 환경으로 재창조하는 핵심적인 역할을 수행한다.

이는 과거의 획일적인 공간 제공 방식에서 벗어나, 공간이 사람을 이해하고 맞추는 패러다임의 전환을 의미하는 것이다. AI는 입주 시점에 수집된 설문 데이터, 초기 스마트홈 기기 사용 패턴 등을 학습하여 각 세대

스마트 홈이 성공하기 위한 필요충분조건 [https://brunch.co.kr]

의 고유한 생활 리듬과 선호를 파악하고, 이를 바탕으로 조명, 온도, 보안, 에너지 관리 등 집안의 모든 환경을 자동으로 개인화한다.

3.2. 스마트홈 환경의 개인화 가상사례

■ 가상 사례 1: 스마트 기술과 환경을 중시하는 신혼부부 A

1) **현안 과제:** IT 전문가와 디자이너로 구성된 30대 초반의 신혼부부 A는 첨단 기술에 익숙하며, 재택근무가 잦고 친환경적인 라이프스타일을 추구한다. 이들은 에너지 효율성과 개인화된 생활 환경에 대한 기대치가 매우 높다.

2) **AI의 개인화 프로세스:** 입주 초기, 이들 부부가 작성한 라이프스타일 설문지와 스마트 월패드, 각종 IoT 기기의 초기 설정 및 사용 패턴이 AI 시스템에 입력된다. AI는 이 데이터를 분석하여 '업무와 삶의 균형(Work-Life Balance) 및 에코(Eco-Friendly) 프로파일'을 생성한다.

3) **적용 결과:** AI는 분석된 프로파일을 기반으로 아래 표와 같이 스마트홈 환경을 자동으로 최적화한다.

구분	초기 데이터 분석	AI 개인화 솔루션
조명 시스템	- 색온도 조절이 가능한 스마트 조명 선호 - 서재 공간의 조명 사용 빈도가 높음	- 아침에는 햇빛과 유사한 색온도로 자동 조절하여 생체리듬 활성화 - 재택근무 시간에는 업무 집중도를 높이는 백색광으로 자동 변경 - 저녁 시간에는 휴식을 유도하는 따뜻한 색감의 조명으로 자동 전환 - 사용자가 없는 공간의 조명은 자동으로 소등하여 에너지 절약
냉난방 및 환기	- 실내 공기질(IAQ)에 대한 높은 관심 - 에너지 절약 모드를 최우선으로 설정	- 부부의 주 활동 시간과 수면 패턴을 학습하여 냉난방 예약을 자동 설정 - 실내 이산화탄소 농도와 미세먼지 수치를 실시간으로 감지, 최적의 시간에 자동 환기 시스템 가동 - 외출 시 자동으로 에너지 절감 모드로 전환

보안 및 편의	- 외부 침입 감지 및 스마트폰 연동 선호 - 잦은 택배 수령	- 부부의 스마트폰 위치를 기반으로 외출 시 자동 보안 모드 활성화 - 방문자 확인 및 원격 문 열림 기능 최적화 - 커뮤니티 시설 예약 시스템에 선호 시간대를 반영하여 추천

이러한 개인화 과정을 통해 신혼부부 A의 집은 단순한 주거 공간을 넘어, 그들의 일과 휴식을 완벽하게 지원하고 환경까지 고려하는 지능적인 파트너가 된다.

■ 가상 사례 2: 건강과 안전, 커뮤니티 활동을 중시하는 은퇴 노부부 B

미래에셋투자와연금센터 [https://investpension.miraeasset.com]

1) 현안 과제: 60대 후반의 은퇴한 노부부 B는 건강 관리와 안전을 최우선으로 생각하며, 기술 사용에는 다소 익숙하지 않다. 이들은 단지 내 커뮤니티 시설을 이용한 이웃과의 교류를 중요하게 여긴다.

2) AI의 개인화 프로세스: 입주 상담 시 진행된 설문에서 '건강', '안전', '사용 편의성'을 핵심 키워드로 선택하였다. 또한, 초기 월패드 사용 시 비상 호출 버튼이나 건강 관리 메뉴를 자주 확인하는 패턴이 감지된다. AI는 이 정보를 종합하여 '헬스 & 세이프티 케어(Health & Safety Care) 프로파일'을 구축한다.

3) **적용 결과:** AI는 노부부의 신체적, 생활적 특성을 고려하여 다음과 같이 스마트홈 환경을 맞춤 설정한다.

구분	초기 데이터 분석	AI 개인화 솔루션
안전 및 건강	- 낙상 등 자택 내 안전사고에 대한 우려 - 수면의 질과 실내 환경의 중요성 강조	- 침실과 화장실의 동작 감지 센서 민감도를 높여 낙상 등 이상 상황 발생 시 관리실 및 자녀에게 자동 비상 알림 전송 - 수면 중 호흡 패턴을 분석하여 최적의 실내 온도와 습도를 자동으로 유지 - 주기적으로 실내 공기질을 분석하고 환기 시스템을 가동하여 건강한 환경 조성
사용 편의성	- 복잡한 기기 조작에 대한 어려움 - 음성 명령 기능에 대한 높은 관심	- "조명 켜", "TV 켜" 등 간단한 음성 명령으로 대부분의 기기를 제어할 수 있도록 음성인식 시스템 최적화 - 월패드 인터페이스를 큰 글씨와 직관적인 아이콘 위주로 단순화 - 자주 사용하는 기능(관리실 통화, 현관문 열림 등)을 초기 화면에 배치
커뮤니티 연계	- 단지 내 산책로, 건강관리센터 이용 희망 - 비슷한 연령대 이웃과의 교류 선호	- 노부부의 건강 상태와 관심사를 기반으로 단지 내 시니어 건강 프로그램, 동호회 활동 등을 월패드를 통해 추천 - 커뮤니티 센터의 프로그램을 손쉽게 예약할 수 있도록 안내 - 단지 내 주요 공지사항을 음성으로 브리핑하는 기능 활성화

4) **결론 및 시사점:** 결론적으로, 노부부 B에게 AI 스마트홈은 복잡한 기술이 아니라, 그들의 건강과 안전을 24시간 돌보는 든든한 보호자이자 세상과 소통하는 편리한 창구가 되는 것이다. 이처럼 AI 기반의 입주 단계 개인화는 모든 입주민에게 가장 안전하고 효율적이며 편안한 생활 환경을 제공하는 미래 도시부동산의 핵심 경쟁력으로 자리 잡게 될 것이다.

4. "AI 기반 도시부동산 프로젝트의 입주 초기 운영 데이터 분석 및 건물 관리 시스템을 최적화한다."와 가상사례

4.1. AI, 건물의 보이지 않는 지휘자: 운영 데이터 분석과 시스템 최적화

성공적인 입주가 이루어진 후, 도시부동산 프로젝트는 비로소 살아 숨쉬기 시작한다. 이때부터 건물은 수많은 데이터를 끊임없이 생산하는 거대한 유기체와 같다. AI는 이 건물의 보이지 않는 지휘자로서, 입주 초기부터 발생하는 방대한 운영 데이터를 실시간으로 분석하여 비효율을 제거하고 미래를 예측하며, 건물 관리 시스템 전체를 최적화하는 역할을 수행한다.

과거의 건물 관리가 문제 발생 후 대응하는 '사후약방문' 식이었다면, AI 기반의 관리는 데이터를 통해 문제를 사전에 예측하고 예방하는 '예지보전(Predictive Maintenance)'과 '운영 최적화'를 지향한다. 엘리베이터 운행 패턴, 시간대별 에너지 사용량, 공조 시스템의 미세한 진동, 주차장 입출차 기록 등 모든 데이터는 AI에게 건물의 건강 상태를 알려주는 청진기인 것이다.

4.2. 입주 초기 운영 데이터 분석 및 건물 관리 시스템을 최적화 가상사례

- 가상 사례 1: 도심 속 최첨단 그린 오피스 타워

1) 현안 과제: 50층 규모의 프라임급 오피스 타워로, 다수의 글로벌 기업이 입주해 있다. 건물주는 임대 수익률 극대화와 함께 ESG(환경·사회·지배구조) 경영 목표 달성을 위해 건물 운영 효율성을 최고 수준으로 끌어올리고자 한다.

그린 타워 언폴드 [https://blog.igisam.com]

2) **AI의 최적화 프로세스**: 건물 전체에 설치된 IoT 센서가 에너지, 설비, 보안, 환경 데이터를 수집하면, '디지털 트윈(Digital Twin)'기술과 결합된 AI가 이를 분석한다. AI는 가상 공간에 현실과 똑같은 건물을 복제하여 다양한 시뮬레이션을 통해 최적의 운영 방안을 도출하고, 이를 실제 건물에 적용한다.

3) **적용 결과**: AI는 입주 후 3개월간의 통합 운영 데이터를 학습하여 아래와 같은 혁신적인 최적화를 구현한다.

분석 데이터	AI 예측 및 진단	시스템 최적화 및 기대효과
엘리베이터 운행 데이터	- 출퇴근 시간(08:00-09:30, 18:00-19:00)에 특정 층으로의 이동 집중 예측 - 점심시간에는 저층부 상가와 고층부 오피스 간의 교차 이동 패턴 발견	- 지능형 엘리베이터 군(群) 관리 시스템: 사용자의 목적지를 기반으로 가장 효율적인 엘리베이터를 자동 배차하여 평균 대기시간 30% 단축 - 비 피크 시간에는 일부 엘리베이터를 절전 모드로 자동 전환하여 전력 소비 15% 절감
냉난방공조 (HVAC) 시스템	- 외부 기온, 일사량, 실내 인원 밀집도를 기반으로 24시간 후의 건물 전체 냉난방 부하를 95% 정확도로 예측 - 3번 공조기 모터의 미세한 진동 패턴을 분석하여 2주 내 베어링 마모 가능성 진단	- 예측 기반 공조 시스템 가동: 전력 요금이 저렴한 심야 시간에 건물을 미리 냉각(Pre-cooling) 또는 예열하여 주간 최대 전력 사용량 10% 감축 - 예지보전 알림: 부품 고장 전 교체 일정을 관리자에게 미리 통보하여, 갑작스러운 시스템 중단으로 인한 업무 손실 및 고비용의 긴급 수리 방지(설비 수명 20% 연장 기대)

에너지 사용 패턴	- 주말 및 야간 시간대, 특정 입주사의 비정상적 대기전력 사용 감지	- 에너지 이상 소비 자동 감지 및 리포트: 관리자와 해당 입주사에게 에너지 낭비 요소를 시각화한 리포트를 자동 발송하여 자발적인 에너지 절감 유도 - 건물 전체 운영비 10% 이상 절감 및 탄소 배출량 감축 목표 달성에 기여

4) **결론 및 시사점:** 이 오피스 타워는 AI를 통해 단순한 임대 공간을 넘어, 스스로 에너지를 절약하고 문제를 예방하며 최상의 업무 환경을 제공하는 지속가능한 인공지능 빌딩으로 진화하게 된다.

■ 가상 사례 2: 대규모 주상복합단지 '커뮤니티 ONE'

총 3만여 세대 배후수요 품은 주상복합 단지 [https://www.chosun.com]

1) **현안 과제:** 2,000세대의 아파트와 상업 시설, 그리고 대규모 커뮤니티 시설(수영장, 피트니스 센터, 북카페 등)이 결합된 주상복합단지이다. 입주민 만족도 향상과 효율적인 관리비 운영이라는 두 가지 목표를 동시에 달성해야 하는 복잡한 과제를 안고 있다.

2) **AI의 최적화 프로세스:** 세대별 에너지 사용 데이터, 커뮤니티 시설 예약 및 이용 현황, 주차장 데이터, 전자투표 결과 등을 통합 관리 플랫폼의 AI가 분석한다. AI는 입주민의 생활 패턴을 학습하여 시

설 운영을 최적화하고, 잠재된 불만 요소를 사전에 파악하여 관리소의 선제적 대응을 지원한다.

3) **적용 결과:** AI는 입주민들의 실제 생활 데이터를 기반으로 단지 운영의 패러다임을 바꾼다.

분석 데이터	AI 예측 및 진단	시스템 최적화 및 기대효과
커뮤니티 시설 이용 데이터	- 피트니스 센터는 평일 저녁, 북카페는 주말 오전에 이용률이 최대치에 도달 - 특정 요일과 시간대에 시설 예약 부도(No-show) 비율이 높다는 점 발견	- 수요응답형 시설 운영: 이용률이 낮은 시간대의 조명 및 냉난방을 자동으로 최소화하여 공용 관리비 절감 - 스마트 예약 시스템: 예약 부도 예측 시 대기자에게 자동으로 알림을 보내고, 시설 이용률을 극대화하여 입주민 만족도 향상
주차장 입출차 데이터	- 평일 낮 시간에는 상가 방문 차량으로 인해 주차 공간 부족, 저녁 시간에는 여유 공간 발생 - 특정 구역에서 전기차 충전 수요가 급증하는 패턴 예측	- 가변 주차 요금제 제안: AI가 분석한 데이터를 근거로 입주자대표회의에 시간대별/구역별 탄력적 주차 요금제를 제안하여 외부 차량의 장기 주차를 억제하고 주차 회전율을 높임 - 충전 인프라 확장 계획 지원: 최적의 충전기 추가 설치 위치와 필요 용량을 데이터 기반으로 제시하여 합리적 투자 결정 지원
폐기물 및 재활용 데이터	- 스마트 폐기물 수거함의 포화 데이터를 분석하여 요일별, 구역별 배출량 예측	- 최적화된 폐기물 수거 경로 제공: 환경미화원의 수거 동선을 최적화하여 업무 효율을 25% 높이고, 수거함이 넘치는 문제와 불필요한 수거로 인한 낭비를 동시에 해결

4) **결론 및 시사점:** 결론적으로 '커뮤니티 ONE'의 AI 관리 시스템은 단순히 비용을 절감하는 것을 넘어, 입주민의 목소리와 생활 데이터를 기반으로 단지 전체의 삶의 질을 향상시키는 핵심적인 역할을 수행한다. 이처럼 AI는 건물의 물리적 가치를 넘어 운영과 관리의 전 과정에서 새로운 가치를 창출하는 미래 도시부동산의 필수불가결한 요소인 것이다.

주제 11

AI 도시부동산 개발의 9번째 단계: "운영 및 관리"에서 AI를 접목하기

1. "AI 기반 도시부동산 프로젝트의 운영 및 관리단계에서는 설비 센서 데이터 분석을 통한 예측 보전 및 유지보수 최적화를 실행한다."와 가상사례

1.1. AI, 잠자는 설비에 생명을 불어넣다: 예측 보전과 유지보수 최적화

도시부동산이라는 거대한 유기체가 건강하게 숨 쉬기 위해서는 그 내부에 혈액을 공급하고 움직임을 관장하는 수많은 설비 시스템이 완벽하게 작동해야만 한다. 냉난방공조(HVAC), 엘리베이터, 급배수 펌프, 조명 및 전력 시스템 등이 바로 그것이다.

AI 시대 이전의 건물 관리는 이러한 설비들이 고장 나면 비로소 수리하는 '대응적 유지보수(Reactive Maintenance)'나, 실제 상태와 무관하게 정해진 주기에 따라 부품을 교체하는 '예방적 유지보수(Preventive Maintenance)'에 의존하였다. 이는 갑작스러운 서비스 중단, 과도한 부품 교체 비용, 불필요한 인력 낭비라는 고질적인 문제를 안고 있었다.

그러나 AI는 설비 곳곳에 부착된 센서 데이터(진동, 온도, 소음, 압력, 전력 소비량 등)를 24시간 실시간으로 학습하여, 인간의 오감으로는 감지할 수 없는 이상의 징후를 사전에 포착한다. 이를 통해 '언제, 어떤 부품이, 왜 고장 날 것인지'를 높은 정확도로 예측하는 '예지보전(Predictive Maintenance)'을 실현한다. 이는 마치 숙련된 의사가 청진기 하나로 환자의 건강 상태를 정밀하게 진단하는 것과 같으며, 건물 관리의 패러다임을 근본적으로 바꾸는 혁신인 것이다.

1.2. 데이터 분석을 통한 유지보수 최적화 가상사례

- 가상 사례 1: 초대형 복합쇼핑몰 '어반 오아시스(Urban Oasis)'

광주 첫 복합쇼핑몰 2028년 문 열어 [https://news.nate.com]

1) **현안 과제:** 연면적 30만 제곱미터에 달하는 초대형 복합쇼핑몰로, 주말에는 하루 유동 인구가 10만 명에 육박한다. 만약 주말 피크타임에 냉난방 시스템이나 핵심 에스컬레이터가 멈춘다면, 이는 단순한 불편을 넘어 막대한 영업 손실과 브랜드 이미지 실추로 이어진다.
2) **AI의 예지보전 시스템:** 쇼핑몰의 중앙관제실 AI는 건물 내 5,000여 개 센서로부터 수집되는 데이터를 실시간으로 분석하여 모든 핵심 설비의 '디지털 건강기록부'를 생성하고 관리한다.
3) **적용 결과:** AI는 설비의 미세한 데이터 변화를 감지하고 분석하여 다음과 같은 최적의 유지보수 활동을 실행한다.

대상 설비	수집 데이터 및 AI 분석	예측 진단 및 최적 유지보수 실행
중앙 냉방을 위한 터보 냉동기	- #3 냉동기 압축기 모터의 진동 주파수가 지난 2주간 0.8% 미세하게 상승 - 동일 조건에서 전력 소비량이 1.2% 증가하는 패턴 동시 감지	- AI 진단: '회전체 베어링의 초기 마모'로 인한 이상 징후로 판단. 30일 이내 고장 발생 확률 85%로 예측. - 최적 보전 실행: AI가 자동으로 부품 재고를 확인하고, 쇼핑몰 방문객이 가장 적은 평일 심야 시간으로 보수 일정을 자동 예약. 갑작스러운 냉방 중단 사태를 원천적으로 차단한다. - 기대 효과: 긴급 수리 비용 90% 감소, 설비 수명 15% 연장, 영업 손실 리스크 제로화.
중앙 홀의 메인 에스컬레이터	- 구동 기어박스에 부착된 음향 센서가 인간의 귀로는 들을 수 없는 특정 고주파(High-frequency) 소음을 포착 - 열화상 카메라가 해당 부위의 온도가 평소보다 3~5℃ 높게 유지되는 것을 감지	- AI 진단: '기어 윤활유의 조기 열화 및 미세 크랙' 가능성 진단. - 최적 보전 실행: 해당 에스컬레이터의 운행을 중단하지 않은 상태에서, AI가 유지보수팀에 정밀 윤활 및 내부 검사를 요청. 부품 파손으로 인한 장기간의 운행 중단을 사전에 방지한다. - 기대 효과: 부품 교체 비용 70% 절감, 고객 불편 최소화.

4) **결론 및 시사점**: 이처럼 AI는 쇼핑몰의 보이지 않는 주치의로서, 잠재된 위험을 미리 진단하고 가장 효율적인 처방을 내림으로써 건물의 안정성과 자산 가치를 극대화하는 것이다.

■ 가상 사례 2: 첨단 스마트 물류 및 저온저장센터

1) **현안 과제**: 의약품, 신선식품 등 온도에 극도로 민감한 고가의 상품을 보관·처리하는 최첨단 물류센터이다. 이곳에서 냉동·냉장 시스템의 1시간 중단은 수십억 원의 재고 손실로 직결될 수 있어, 무중단 운영이 절대적으로 요구된다.

2) **AI의 예지보전 시스템**: 물류센터의 모든 자동화 설비(로봇, 컨베이어 벨트)와 항온·항습 시스템에 연결된 AI는 설비의 잔여 수명(RUL: Remaining Useful Life)을 실시간으로 예측하고, 유지보수 자원을 최적으로 분배하는 역할을 담당한다.

3) **적용 결과:** AI는 24시간 365일 설비의 상태를 감시하며, 단 하나의 작은 오차도 놓치지 않는다.

대상 설비	수집 데이터 및 AI 분석	예측 진단 및 최적 유지보수 실행
의약품 보관용 냉동 창고 시스템	- 냉매 압력 센서 데이터에서 비주기적인 미세 압력 강하 현상 반복 감지 - 외부 온도와 무관하게 압축기의 가동 사이클이 불규칙하게 짧아지는 현상 분석	- AI 진단: '냉매 시스템의 미세 누설(Micro-leak)'로 결론. 현재 상태 유지 시 3개월 내 냉방 효율 20% 저하 및 6개월 내 시스템 정지 가능성 예측. - 최적 보전 실행: AI가 누설 예상 지점을 확률적으로 제시하고, 물동량이 가장 적은 날짜를 선택하여 정밀 검사 및 보수 작업을 지시. 재고 손실이라는 최악의 시나리오를 예방한다. - 기대 효과: 재고 손실 리스크 99% 제거, 에너지 효율 저하 방지.
상품 분류용 고속 로봇팔	- #17 로봇팔 3번 관절 모터의 전류 사용량에서 미세한 스파이크(Spike) 패턴 발견 - 동작 궤적 센서가 목표 지점 대비 0.05mm의 오차율 증가를 감지	- AI 진단: '모터 제어 드라이버의 성능 저하'로 판단. 잔여 유효 수명(RUL)을 200시간으로 예측. - 최적 보전 실행: AI가 해당 부품의 재고를 확인한 후, 물류 시스템 전체에 영향을 주지 않는 다음 주 정기 점검 시간에 교체하도록 자동 작업 오더 생성. 라인 중단 없는 선제적 조치를 가능하게 한다. - 기대 효과: 갑작스러운 생산 라인 중단 방지, 물류 처리 정확도 유지.

4) **결론 및 시사점:** 결론적으로, AI 기반의 예측 보전 및 유지보수 최적화는 도시부동산 관리의 패러다임을 '사후 대응'에서 '사전 예측'으로, '비용' 중심에서 '가치' 중심으로 전환시키는 핵심 기술이다. 이는 건물의 생명주기를 연장시키고 운영 효율성을 극대화하며, 최종적으로는 건물의 자산 가치를 높이는 가장 확실한 방법론이 될 것이다.

2. "AI 기반 도시부동산 프로젝트의 운영 및 관리단계에서는 공간 활용도 데이터 분석을 통해 공간의 재구성 및 가치를 증대시킨다."와 가상사례

2.1. AI, 공간에 숨겨진 가치를 찾아내다: 활용도 분석과 공간 재구성

완공된 도시부동산은 그 자체로 끝이 아니라, 살아있는 유기체처럼 사용자의 활동과 상호작용하며 끊임없이 변화하는 무대이다. 과거에는 한 번 설계된 공간의 용도와 구조를 바꾸는 것이 매우 어렵고 비용이 많이 드는 일이었다.

그러나 AI 시대의 건물은 더 이상 고정된 콘크리트 구조물이 아니다. AI는 건물의 신경망처럼 작동하는 각종 센서(카메라, Wi-Fi, 동작 감지 센서 등)를 통해 사람들의 움직임, 머무는 시간, 공간 사용 패턴 등 '공간 활용도 데이터'를 정밀하게 수집하고 분석한다. 이는 마치 도시 인류학자가 현미경으로 도시민의 행태를 관찰하듯, AI가 공간의 실제 사용 방식을 과학적으로 이해하는 과정이다. 이 분석을 통해 AI는 활용도가 낮은 '죽은 공간(Dead Space)'을 찾아내고, 이를 새로운 가치를 창출하는 '살아있는 공간(Living Space)'으로 재구성할 최적의 방안을 제시한다. 이는 건물의 물리적 형태를 바꾸는 것을 넘어, 공간의 경험적, 경제적 가치를 극대화하는 혁신적인 전략인 것이다.

2.2. 데이터 분석을 통한 공간의 재구성 및 가치 증대와 가상사례

- 가상 사례 1: 스스로 진화하는 리테일 복합몰 '스페이스 위버(Space Weaver)'

1) 현안 과제: 온라인 쇼핑의 공세 속에서 오프라인 공간만의 차별화

타임스퀘어, 동탄에 대형 복합쇼핑몰 [https://www.joongang.co.kr]

된 경험을 제공해야 하는 과제를 안고 있는 대형 복합 쇼핑몰이다. 쇼핑몰 운영사의 목표는 방문객의 체류 시간을 늘리고, 입점 매장들의 매출을 증대시켜 임대 수익과 자산 가치를 동시에 끌어올리는 것이다.

2) **AI의 공간 분석 시스템:** AI는 쇼핑몰 내 유동인구 분석 카메라, Wi-Fi 접속 데이터, 모바일 앱 사용 기록을 종합하여 방문객의 동선과 공간별 체류 시간을 분석한 '공간 활용 히트맵(Heatmap)'과 '동선 지도(Path Map)'를 생성한다.

3) **적용 결과:** AI는 눈에 보이지 않던 공간의 비밀을 데이터로 증명하며, 다음과 같은 혁신적인 공간 재구성 전략을 도출한다.

분석 대상 공간	AI 데이터 분석 및 인사이트	AI 기반 공간 재구성 및 가치 증대 전략
2층 중앙 광장	- 높은 통행량, 낮은 체류 시간: 수많은 사람이 지나가지만, 평균 체류 시간은 30초 미만인 '경유형 공간'으로 분석된다. - 사실상 비어 있는 '공간적 공허(Void)'상태로, 임대 수익을 창출하지 못하는 대표적인 '죽은 공간'이다.	- '팝업 스토어 & F&B 라운지'로 전환: AI는 유동인구 특성을 분석하여 20~30대 여성이 선호할 만한 온라인 유명 브랜드의 팝업 스토어를 유치할 것을 제안한다. - 주변에 편안한 좌석과 스마트폰 충전 시설을 갖춘 F&B 라운지를 조성하여 '머무르고 싶은 공간'으로 재창조한다. - 기대 효과: 공간 평균 체류 시간 15분으로 증대, 신규 임대 수익 연 5억 원 창출, 주변 매장 매출 15% 동반 상승.

4층 서점 옆 복도	- 동선 단절 현상: 방문객들이 서점에서 나와 다른 층으로 바로 이동하는 패턴이 80% 이상이며, 복도 끝에 위치한 소규모 매장들은 방문객의 발길이 거의 닿지 않는다.	- '체험형 앵커 시설' 재배치: AI는 방문객 데이터 분석을 통해 서점 방문객의 관심사와 일치하는 '키즈 코딩 체험존' 또는 'VR 게임존'을 복도 끝에 배치할 것을 제안한다. - 강력한 목적성을 가진 앵커 시설이 동선의 끝까지 방문객을 유인하는 자석 역할을 수행하게 된다. - 기대 효과: 4층 복도 유동인구 200% 증가, 소외 매장 매출 40% 증대.

4) 결론 및 시사점: 이처럼 AI는 데이터를 통해 공간의 잠재력을 진단하고, 최소한의 투자로 최대의 가치를 창출하는 공간 재구성의 청사진을 제시한다. 쇼핑몰은 더 이상 고정된 건축물이 아니라, 시장과 고객의 변화에 맞춰 스스로를 재편하는 유기적인 생명체로 거듭나게 된다.

■ 가상 사례 2: 하이브리드 워크 시대의 스마트 오피스 '더 하이브(The Hive)'

확산하는 '거점 오피스' 근무… "재택보다도 더 편리" [https://www.yna.co.kr]

1) 현안 과제: 재택근무와 사무실 출근을 병행하는 하이브리드 워크 모델을 채택한 기업들을 주요 고객으로 하는 최첨단 오피스 빌딩이다. 빌딩 소유주의 목표는 한정된 공간을 가장 효율적으로 사용하여 입주사의 만족도를 높이고, 이를 통해 주변 시세보다 높은 임대료를 확보하는 것이다.

2) **AI의 공간 분석 시스템:** AI는 회의실 예약 시스템, 좌석별 착석 센서, 내부 네트워크 트래픽 데이터를 통합 분석하여 시간대별, 요일별, 팀별 공간 사용 패턴을 정밀하게 파악한다.

3) **적용 결과:** AI는 구성원들의 실제 업무 행태를 기반으로 기존의 비효율적인 공간 구성을 타파하고, 생산성을 극대화하는 새로운 공간 전략을 실행한다.

분석 대상 공간	AI 데이터 분석 및 인사이트	AI 기반 공간 재구성 및 가치 증대 전략
10인용 대형 회의실	- 높은 예약률, 낮은 실사용률: 예약률은 80%에 달하지만, 실제 참석 인원은 평균 3.5명에 불과하여 공간 효율이 극도로 낮다. - '유령 회의' 또는 '과다 예약'으로 인한 공간 낭비가 심각한 수준이다.	- 가변형 모듈러 공간으로 전환: AI의 제안에 따라 대형 회의실을 이동식 방음 파티션으로 분할하여, 2개의 4인실과 1개의 2인실로 쉽게 변형할 수 있도록 재구성한다. - AI 예약 시스템은 회의 참석 인원수에 맞춰 최적의 공간을 자동으로 추천하고 배정한다. - 기대 효과: 회의 공간 활용 효율 120% 증대, 공간 부족에 대한 입주사 불만 80% 감소.
개방형 핫 데스크 존	- 선호 좌석 편중 현상: 창가나 구석진 좌석의 사용률은 90%에 달하는 반면, 중앙 복도 쪽 좌석의 사용률은 20% 미만으로 현저히 낮다.	- '업무 유형별 공간(Activity Based Working)'도입: AI는 사용률이 낮은 중앙부 좌석을 철거하고, 그 자리에 고도의 집중이 필요한 1인용 '포커스 팟(Focus Pod)'과 비공식적 소통을 위한 '콜라보레이션 허브'를 설치할 것을 제안한다. - 구성원들은 자신의 업무 성격에 맞는 최적의 공간을 자율적으로 선택하게 된다. - 기대 효과: 공간당 생산성 20% 향상, 입주사 만족도 증대로 인한 재계약률 95% 달성, 주변 시세 대비 10% 높은 임대료 책정의 근거 확보.

4) **결론 및 시사점:** 결론적으로, AI는 공간 활용 데이터 분석을 통해 건물을 사용하는 사람들의 숨겨진 니즈와 행태를 발견하고, 그에 맞춰 공간을 끊임없이 최적화하는 '지능형 공간 큐레이터'의 역할을 수행한다. 이는 부동산 자산의 가치를 단순히 면적이나 위치로만 평가하던 시대를 지나, 얼마나 효율적이고 지능적으로 운영되는가

에 따라 그 가치가 결정되는 새로운 시대가 도래했음을 의미하는 것이다.

3. "AI 기반 도시부동산 프로젝트의 운영 및 관리단계에서는 건물 에너지 소비 패턴을 AI로 분석하고 최적화한다."와 가상사례

3.1. AI, 건물의 에너지 DNA를 읽고 최적의 호흡을 설계하다

도시부동산, 특히 대형 건축물은 그 자체로 막대한 에너지를 소비하는 '에너지 포식자'이다. 건물은 도시 전체 전력 소비의 약 40%를 차지할 정도로 막대한 비중을 차지한다. 전통적인 건물 에너지 관리는 중앙에서 설정된 획일적인 스케줄에 따라 냉난방과 조명을 공급하는 방식으로, 사용자가 있든 없든, 날씨가 맑든 흐리든 상관없이 일정한 에너지를 낭비하는 구조적 한계를 가지고 있었다.

그러나 AI는 건물의 에너지 소비 패턴을 인간의 DNA처럼 정밀하게 해독하고, 변화하는 내 외부 환경에 실시간으로 대응하여 건물이 최적의 효율로 숨 쉴 수 있도록 만드는 지능형 에너지 지휘자이다. AI는 과거의 에너지 사용 데이터, 실시간 센서 정보, 기상 예보, 전기 요금 변동 데이터까지 종합적으로 학습하여, 낭비를 원천적으로 차단하고 비용과 탄소 배출을 동시에 절감하는 최적의 에너지 운영 솔루션을 도출하는 것이다.

3.2. 에너지 소비 패턴을 AI로 분석하고 최적화 가상사례

■ 가상 사례 1: 넷제로(Net-Zero)를 지향하는 스마트 대학 캠퍼스

1) 현안 과제: 강의동, 도서관, 기숙사, 연구실 등 다양한 용도의 건물 20개 동으로 구성된 대규모 대학 캠퍼스이다. 대학 본부는 ESG 경

영의 일환으로 '2040년까지 캠퍼스 탄소중립(Net-Zero)'을 선언하고, AI 기반의 통합 에너지 관리 시스템을 도입하였다. 캠퍼스 내에는 태양광 패널과 에너지저장장치(ESS)가 설치되어 있다.

2) **AI의 에너지 최적화 시스템:** 캠퍼스 통합 관제 시스템의 AI는 각 건물의 실시간 전력 사용량, 강의 및 학사일정, 기상청의 예보 데이터, 실시간 전력거래 단가, 태양광 발전량 및 ESS 충전 상태를 15분 단위로 수집하고 분석한다.

3) **적용 결과:** AI는 캠퍼스를 하나의 거대한 에너지 유기체로 간주하고, 다음과 같이 에너지를 지능적으로 관리하고 분배한다.

분석 데이터 소스	AI의 예 측 및 분석	에너지 최적화 실행 전략
강의 시간표 및 건물 출입 데이터	- 내일 오후 2시, 공과대학 3호관에서 300명 규모의 대형 강의로 인한 냉방 부하 급증 예측 - 저녁 7시 이후 중앙도서관을 제외한 대부분 강의동의 전력 수요 급감 예측	- 선제적 부하 관리: 대형 강의 1시간 전부터 건물을 서서히 냉각(Pre-cooling) 하여, 전력 요금이 가장 비싼 피크 시간대의 급격한 전력 사용을 방지한다. - 자동 수요 관리: 저녁 7시 이후, 사용자가 없는 강의동의 공조 시스템과 일부 조명을 자동으로 최소화 또는 차단하여 불필요한 에너지 낭비를 원천적으로 막는다.
기상 예보 및 태양광 발전 데이터	- 내일 오전 10시부터 오후 3시까지 맑은 날씨로 인해 태양광 발전량이 캠퍼스 전체 수요량을 초과할 것으로 예측	- 지능형 에너지 저장 및 분배: 잉여 생산 전력을 단순히 계통에 판매하는 대신, 우선적으로 ESS에 저장하도록 명령한다. - ESS 충전이 완료된 후에는 전기차 충전소로 전력을 보내거나, 냉동기 가동을 통해 냉수를 비축하는 '축냉 시스템'을 가동하여 에너지를 다른 형태로 저장한다.
실시간 전력 거래(Grid)가격 데이터	- 저녁 8시, 전력망의 예비전력이 부족하여 전력거래 가격이 급등할 것으로 예측	- 에너지 차익거래 및 그리드 안정화 기여: 가격 급등이 예측되는 저녁 8시에, 낮에 저장해 둔 ESS의 전력을 방전하여 캠퍼스에 공급하고, 남는 전력은 비싼 값에 전력 시장에 판매(역송전) 하여 수익을 창출한다. - 기대 효과: 캠퍼스 연간 에너지 비용 30% 절감, 전력 피크 25% 감축, 신재생 에너지 자립률 40% 달성.

4) 결론 및 시사점: 이 스마트 캠퍼스는 AI를 통해 에너지를 단순히 소비하는 공간에서, 스스로 생산하고, 저장하며, 효율적으로 거래하는 '에너지 프로슈머(Prosumer)'로 완벽하게 탈바꿈하게 된다.

■ 가상 사례 2: 럭셔리 스마트 호텔 '디 아우룸(The Aurum)'

서울 5성급 호텔에서 호캉스 보내기 [https://brunch.co.kr]

1) 현안 과제: 500개의 객실을 보유한 5성급 럭셔리 호텔로, 고객에게 최상의 쾌적함을 제공하는 동시에 막대한 에너지 비용을 절감해야 하는 이중의 과제를 안고 있다. 특히 고객이 없는 빈 객실에서 낭비되는 에너지가 운영비의 상당 부분을 차지한다.

2) AI의 에너지 최적화 시스템: AI는 호텔 예약 시스템(PMS), 객실관리 시스템(RMS), 객실 내 IoT 센서(온도, 재실 감지)와 모두 연동되어, 개별 객실의 상태를 실시간으로 파악하고 에너지 사용을 개인 화하여 제어한다.

3) 적용 결과: AI는 '고객 경험'과 '에너지 효율'이라는 두 마리 토끼를 모두 잡는 정교한 에너지 관리 전략을 실행한다.

연동 시스템 및 데이터	AI의 패턴 분석 및 판단	개인화된 에너지 관리 실행
호텔 예약 시스템(PMS)	- 특정 고객이 오후 3시에 체크인할 예정임을 사전에 인지 - 고객이 선호하는 객실 온도를 과거 투숙 기록을 통해 학습	- 예측 기반 객실 환경 조성: 체크인 30분 전인 오후 2시 30분부터 객실의 공조 시스템을 가동하여, 고객이 입실하는 순간 가장 쾌적한 상태를 제공한다. - 하루 종일 냉난방을 가동하는 기존 방식 대비 에너지 소비를 획기적으로 줄인다.
객실관리 시스템(RMS) 및 재실 센서	- 고객이 외출하여 객실이 비어 있다는 것을 객실 키 태그 및 재실 센서를 통해 감지	- 자동 에너지 절약 모드 전환: 고객이 부재중일 때, 냉난방 설정 온도를 자동으로 2~3℃ 완화하여 에너지 낭비를 최소화한다. - 고객이 호텔로 복귀하여 엘리베이터를 타는 순간, 원래의 설정 온도로 신속하게 복귀시켜 고객은 어떠한 불편함도 느끼지 못한다.
외부 기상 데이터 및 호텔 전체 점유율	- 폭염 경보가 발령되고 호텔 점유율이 90% 이상인 날, 오후 2~4시에 전력 사용량이 최고조에 이를 것으로 예측	- 지능형 수요 반응(Demand Response): 전력 피크 시간대에 고객이 없는 공실 및 복도, 로비 등 공용 공간의 냉방을 아주 미세하게(예: 0.5℃) 조절하여 건물 전체의 최대 전력량을 관리한다. - 고객의 쾌적함은 전혀 해치지 않으면서, 전력 요금 할증 구간을 회피하여 운영비를 절감한다. - 기대 효과: 객실당 에너지 소비량 35% 절감, 연간 에너지 운영비 2억 원 이상 절감, 고객의 온도 관련 불만 접수 70% 감소.

4) **결론 및 시사점:** 결론적으로, AI 기반의 에너지 최적화는 단순히 비용을 절감하는 기술을 넘어선다. 이는 건물의 운영 효율을 극대화하여 자산 가치를 높이고, 사용자에게는 최고의 환경을 제공하며, 더 나아가 도시와 지구의 지속가능성에 기여하는 필수적인 솔루션이다. AI는 건물이 주변 환경과 교감하며 살아가는 법을 가르치는 최고의 스승인 것이다.

4. "AI 기반 도시부동산 프로젝트의 장기 자산 가치 시뮬레이션을 통해 지속가능한 운영 전략을 수립한다."와 가상사례

4.1. AI, 건물의 미래를 시뮬레이션하여 지속가능한 가치를 설계하다

도시부동산 프로젝트의 진정한 성공은 준공 시점의 화려함이 아닌, 수십 년에 걸쳐 그 자산 가치를 어떻게 유지하고 증대 시키는가에 달려 있다. 과거의 자산 관리가 과거의 데이터와 경험에 의존하는 '백미러'를 보고 운전하는 것과 같았다면, AI 기반의 자산 관리는 미래의 가능한 모든 시나리오를 미리 시뮬레이션해보고 최적의 경로를 선택하는 '내비게이션'과 같다.

AI는 단순히 과거의 임대료나 운영비 추세를 연장하여 미래를 예측하는 수준을 넘어선다. AI 기반의 '장기 자산 가치 시뮬레이션'은 건물의 운영 데이터, 시장의 거시적 변화, 잠재적 리스크, 기후 변화와 같은 외부 환경 요인까지 수만 개의 변수를 통합하여, 마치 디지털 수정 구슬처럼 건물의 수십 년 후 미래를 다각적으로 그려보는 혁신적인 방법론이다. 이를 통해 부동산 소유주와 관리자는 현재의 어떤 전략적 의사결정이 미래에 가장 큰 가치로 이어질지를 과학적 근거를 바탕으로 판단할 수 있게 되는 것이다.

4.2. 장기 자산 가치 시뮬레이션을 통한 지속가능한 운영 전략 가상사례

- 가상 사례 1: 준공 30년차 프라임 오피스 빌딩 '센테니얼 타워'의 자산가치 리모델링

1) 현안 과제: 서울 중심업무지구(CBD)에 위치한 30년 된 오피스 빌딩으로, 우수한 입지에도 불구하고 노후화된 설비와 높은 에너지 비용,

제일 비싸게 거래된 '오피스 빌딩'이 5천억원인 까닭 [https://news.einfomax.co.kr]

구식의 공간 구성으로 인해 공실률이 점차 높아지고 임대료는 정체 상태에 있다. 자산운용사는 막대한 자금을 투입해야 할 리모델링의 방향성을 두고 중대한 의사결정의 기로에 서 있다.

2) **AI의 장기 자산 가치 시뮬레이션:** AI는 향후 20년간 발생 가능한 세 가지 리모델링 시나리오를 설정하고, 각 시나리오가 자산 가치에 미칠 영향을 수만 번의 시뮬레이션을 통해 분석한다.
   (1) **시나리오 A:** 현상 유지(필수 보수만 진행)
   (2) **시나리오 B:** 외관 및 로비 중심의 디자인 개선(코스메틱 리모델링)
   (3) **시나리오 C:** AI 기반 스마트 빌딩 시스템 및 친환경 설비 전면 도입(딥 리모델링)

3) **적용 결과:** AI 시뮬레이션은 각 시나리오별 미래 20년의 예상 현금 흐름, 운영비용, 공실률, 그리고 최종 자산 매각가치를 확률적으로 예측하여 최적의 전략을 제시한다.

시나리오 구분	주요 변수 및 가정	AI 시뮬레이션 결과 (20년 후 자산가치 변화 예측)
A: 현상 유지	- 초기 투자비 최소화 - 노후 설비로 인한 에너지 비용 연 3%씩 상승 - 5년 후부터 잦은 고장으로 인한 긴급 보수 비용 급증 - 주변 신축 빌딩 대비 경쟁력 약화로 공실률 15%까지 상승	- 초기 5년간은 안정적이나, 이후 자산가치 급락. - 20년 후 현재 가치 대비 -20% 하락. - 향후 강화될 탄소배출 규제에 따른 과징금 리스크 최대.

B: 디자인 개선	- 중간 수준의 투자비 - 단기적으로는 임대료 소폭 상승 및 공실률 하락 효과 - 에너지 효율 및 운영 시스템은 개선되지 않아 장기적 비용 절감 효과 미미	- 단기적 가치 상승 후 장기적 정체. - 20년 후 현재 가치 대비 +10% 상승. - 빌딩의 근본적인 운영 경쟁력은 확보하지 못함.
C: AI 스마트 빌딩화	- 초기 투자비 최대 - AI 기반 에너지 최적화로 운영비 연 30% 절감 - 예지보전 시스템으로 설비 유지보수 비용 50% 절감 - ESG를 중시하는 우량 임차인 유치로 프리미엄 임대료 책정 가능 - 친환경 인증(LEED 등) 획득으로 자산 가치 프리미엄 형성	- 초기 비용 부담에도 불구, 장기적 가치 극대화. - 20년 후 현재 가치 대비 +50% 상승. - 7년차에 투자비 회수 완료(BEP 달성) 예상. - 가장 높은 순현재가치(NPV)와 내부수익률(IRR) 기록.

4) **결론 및 시사점:** AI의 시뮬레이션 결과는 단순히 숫자를 나열하는 것을 넘어, C 시나리오가 단기적인 고통을 감수하더라도 장기적으로 가장 현명한 투자임을 명확히 증명한다. 자산운용사는 이 데이터를 기반으로 투자자들을 설득하고, 성공적인 딥 리모델링 프로젝트를 추진하게 된다.

■ 가상 사례 2: 신규 복합용도개발 프로젝트 '넥서스 시티'

1) **현안 과제:** 도시 외곽의 대규모 유휴부지에 주거, 업무, 상업, 문화

토지이용까지 스마트한 복합단지…새로운 부의 기준되나 [https://www.rcast.co.kr]

기능이 어우러진 스마트 복합단지를 개발하는 프로젝트이다. 개발 초기 단계에서 각 용도의 면적을 어떻게 배분하고 어떤 기술 인프라를 구축할 것인지는 프로젝트의 30년 후 성패를 좌우하는 핵심적인 결정이다.

2) **AI의 장기 자산 가치 시뮬레이션:** AI는 향후 30년간의 사회경제적 변화(재택근무 확산, 온라인 소비 패턴, 1인 가구 증가 등)와 교통 인프라(5년 후 신규 지하철 노선 개통) 변화, 기후 변화 시나리오 등을 변수로 적용하여, 다양한 용도 혼합(Mix) 시나리오에 따른 장기 자산 가치를 시뮬레이션 한다.

3) **적용 결과:** AI는 직관이나 과거의 경험에 기반한 초기 계획안의 잠재적 리스크를 지적하고, 데이터 기반의 최적화된 대안을 제시한다.

평가 항목	초기 계획안	AI 최적화 제안
용도별 면적 구성	- 업무: 40%(대규모 오피스 타워 중심) - 주거: 30%(3~4인 가구용 중대형 평형 위주) - 상업: 30%(대형 마트 및 쇼핑몰)	- 업무: 25%(규모를 줄이고 공유 오피스, 소형 모듈 오피스 비중 확대) - 주거: 45%(1~2인 가구용 소형 평형 및 커뮤니티 강화형 주거 비중 확대) - 상업: 20%(대형 쇼핑몰 축소, 체험형 F&B, 문화 공간 위주로 재편) - 녹지 및 커뮤니티 공간: 10% 신설
예상 공실률 (10년 후)	- 업무시설 20%, 상업시설 25%의 높은 공실률 발생 예측(재택근무 및 이커머스 확산 영향)	- 전 용도에서 5% 미만의 안정적인 공실률 유지 예측(변화된 라이프스타일 수요에 부합)
30년 총 운영비용	- 개별 건물 단위의 분산된 관리 시스템으로 인한 비효율 발생	- 단지 전체를 통합하는 AI 기반 중앙 관제 플랫폼 도입, 에너지 및 유지보수 비용 15% 절감 제안
예상 자산가치 (30년 후)	- 기준 가치: 100	- 기준 가치 대비 130(30% 증대) - 지하철 개통 효과 및 친환경 프리미엄, 안정적 임대수익률을 반영한 결과

4) **결론 및 시사점:** AI 시뮬레이션은 미래 사회의 변화를 예측하고, 그에 맞춰 부동산의 용도와 구성을 유연하게 조정하는 것이 장기적인 성공의 핵심임을 보여준다. 개발사는 이 분석을 바탕으로 초기 설계안을 전면 수정하여, 미래 변화에 대한 회복탄력성이 높고 지속 가능한 가치를 창출하는 스마트 시티를 계획하게 되는 것이다. 결론적으로, AI 기반의 장기 자산 가치 시뮬레이션은 부동산 자산 관리의 패러다임을 '과거 데이터에 대한 반응'에서 '미래 가능성에 대한 선제적 설계'로 전환시키는 궁극의 도구이다. 이는 불확실성의 시대에 자산의 가치를 지키고 키워 나가는 가장 과학적이고 지능적인 항해술이 될 것이다.

참고문헌

주제 1. 기존 도시부동산 개발 프로세스와 AI 기반 도시부동산 개발 프로세스의 차별성

본 장에서는 인공지능(AI)이 도시부동산 개발의 전통적인 패러다임을 어떻게 변화시키는지 탐구한다. AI는 직관과 경험에 의존하던 의사결정을 데이터 기반 예측으로 전환하며, 분절된 데이터 관리를 통합된 디지털 트윈으로 혁신한다. 또한, 제한된 대안 검토를 넘어 생성적 최적화를 통해 설계의 가능성을 확장하고, 전문가의 역할을 단순 분석가에서 창의적 전략가로 재정의한다. 궁극적으로 단기 수익 중심의 가치 창출을 지속가능한 생애주기 가치 중심으로 진화시키는 AI의 역할을 분석한다.

1. A-Ay, S. et al. (2022). A review of artificial intelligence in the construction industry: Towards a digital twin-based approach. Journal of Building Engineering.
2. Bock, T. & Linner, T. (2015). Construction automation and robotics. In: Construction Automation and Robotics. Cambridge University Press.
3. Chen, Y. et al. (2021). From data silo to digital twin: A review of information management transformation in the AEC industry. Engineering, Construction and Architectural Management.
4. Glaeser, E. L. (2011). Triumph of the city: How our greatest invention makes us richer, smarter, greener, healthier, and happier. Penguin Press.
5. Kolarevic, B. (2003). Architecture in the digital age: Design and manufacturing. Taylor & Francis.

6. Shi, Z. (2019). Can artificial intelligence replace real estate appraisers? A study on the impact of AI on decision-making processes. Journal of Property Investment & Finance.

주제 2. AI는 어떻게 도시부동산 프로젝트의 전 과정을 통합하는가?

본 장에서는 AI가 도시부동산 개발의 구상, 타당성 분석, 설계, 인허가, 시공, 분양, 입주, 그리고 운영 및 관리에 이르는 전 과정을 통합하는 메커니즘을 설명한다. AI 플랫폼을 통한 데이터 통합, 각 단계별 의사결정 지점의 AI 분석, 프로세스 연계성을 강화하는 알고리즘 설계, 그리고 예측-시뮬레이션-최적화를 통합하는 시스템 구조를 제안한다. 또한, 효과적인 실행 전략을 위해 인간과 기계의 협업 구조를 제시한다.

1. Butt, J., et al. (2022). Artificial intelligence in the real estate industry: A review and future research agenda. Journal of Real Estate Research.
2. Darko, A. et al. (2020). A review of the application of artificial intelligence in the construction industry. Journal of Building Engineering.
3. Demir, S. T., & Atkas, V. (2021). A review on the integration of AI and BIM for construction projects. Journal of Information Technology in Construction.
4. Lu, Q. et al. (2021). A review of artificial intelligence applications in the lifecycle of buildings. Journal of Building Engineering.
5. Pan, Y., & Zhang, L. (2021). A review of the application of machine learning in construction management. Journal of Building Engineering.

주제 3. AI 도시부동산 개발의 1번째 단계: "개발구상": AI가 발굴하는 기회

개발 구상 단계에서 AI의 활용 방안을 탐구한다. 거시 경제 및 사회 트렌드, 플랫폼 기반 라이프스타일이 도시부동산 개발에 미치는 영향을 분석하고, 소셜 데이터 마이닝을 통해 잠재된 사회적 수요를 발굴하는 방법을 논의한다. 또한, AI를 활용하여 후보지를 탐색하고 기회 영역 지도를 생성하며, 생성형 AI 모델로 최적의 개발 프로그램 조합을 탐색하는 과정을 제시한다.

1. Chong, H. Y., & Lopez, R. (2019). Social media data analytics for urban planning: A review. Journal of Urban Management.
2. Hu, H. et al. (2019). A location-based social network data-driven approach for identifying urban functions. Computers, Environment and Urban Systems.
3. Kontokosta, C. E., & Tull, C. (2017). A data-driven framework for urban analytics: The case of urban energy consumption. Applied Energy.
4. Liu, X. et al. (2021). Opportunity mapping for urban real estate development using machine learning and geospatial data. Land Use Policy.
5. Wu, W. et al. (2020). Identifying urban functional zones using social media data: A case study of Beijing. Remote Sensing.

주제 4. AI 도시부동산 개발의 2번째 단계: "개발타당성 분석"에서 어떤 분석과정을 거치나?

AI 기반 개발 타당성 분석의 구체적인 과정을 다룬다. 이종 빅데이터 통합을 통한 미래 시장 수요 예측 모델 구축, GIS 기반 입지 잠재력 분석 및 최적 부지 평가, 확률론적 재무 모델링을 통한 리스크 정량화 및 시뮬레이션, 그리고 법규 및 규제 환경의 제약 조건 자동 분석 및 검토 과정을 설명한다.

1. Abid, F. et al. (2021). A review of machine learning for housing market analysis and prediction. Real Estate Finance and Economics.
2. Kok, N. et al. (2017). Big data in real estate: A review of the literature. Journal of Real Estate Literature.
3. Li, H., & Liu, Y. (2018). A review of GIS-based multicriteria decision analysis for site selection. International Journal of Geographical Information Science.
4. Warren, C. M. J. (2020). The application of artificial intelligence to real estate valuation: A review. Journal of Property Research.
5. Yuan, Y. et al. (2021). Automated regulatory compliance checking for building designs: A review of the state of the art. Journal of Building Engineering.

주제 5. AI 도시부동산 개발의 3번째 단계: "예비설계"에서 AI는 어떻게 단지 및 건물을 제안하는가?

예비 설계 단계에서 AI가 건축 디자인 프로세스를 혁신하는 방식을 탐구한다. 생성형 AI를 통해 다수의 초기 매스 모델을 탐색하고, 공간 프로그램의 자동 배치 및 동선 효율성을 검증한다. 또한, 프로젝트의 개략적인 공사비와 사업성을 실시간으로 예측하고, 법규적 한계 분석을 통해 설계 제약 조건을 시각화라는 AI의 역할을 설명한다.

1. As, I. et al. (2018). The role of artificial intelligence in architectural design: A review. Design Studies.
2. Chaillou, S. (2019). Artificial intelligence and architecture: From research to practice. O'Reilly Media.
3. Mueller, C. T., & Ochsendorf, J. A. (2015). Combining structural optimization and generative design for architectural exploration. Computer-Aided Design.
4. Newton, P. (2019). The application of AI in architecture, engineering and construction. John Wiley & Sons.
5. Shi, Y. et al. (2020). A review of generative design in architecture. Journal of Asian Architecture and Building Engineering.

주제 6. AI 도시부동산 개발의 4번째 단계: "기본설계와 BIM": AI가 읽는 디지털 설계 데이터

기본 설계 단계에서 빌딩 정보 모델링(BIM) 데이터와 AI를 결합하여 설계의 정확성과 효율성을 향상시키는 방안을 논의한다. 전생애주기 비용(LCC) 분석을 통한 자재 및 설비 시스템 최적화, 공법, 자재, 비용의 자동 비교 및 선택, 그리고 사용자 맞춤형 공간 레이아웃 제안 등 AI의 구체적인 활용 사례를 분석한다.

1. Afsari, K. et al. (2022). A review of AI applications in BIM-based design and construction. Journal of Information Technology in Construction.

2. Becerik-Gerber, B. et al. (2012). Application areas and data requirements for building information modeling (BIM). Journal of Construction Engineering and Management.
3. Cheng, J. C., & Lu, Q. (2015). A review of the efforts and roles of the public sector for BIM adoption worldwide. Journal of Information Technology in Construction.
4. Sacks, R. et al. (2018). BIM handbook: A guide to building information modeling for owners, managers, designers, engineers and contractors. John Wiley & Sons.
5. Zhao, T. et al. (2021). A review on the application of artificial intelligence for BIM data management. Journal of Building Engineering.

주제 7. AI 도시부동산 개발의 5번째 단계: "인허가 전략"에서 AI를 도입하는 방법

복잡한 인허가 프로세스에 AI를 도입하여 전략을 수립하는 방법을 제시한다. 인허가 프로세스 시뮬레이션 및 최적 경로 탐색, 필수 제출 도서 및 서류의 자동 생성과 정합성 검증, 유사 판례 및 유권해석 분석을 통한 규제 회색지대 대응, 그리고 규제 데이터베이스 구축을 통한 자동 검토 시스템 개발을 다룬다.

1. Dimyadi, J. et al. (2016). Automated compliance checking: A review of the state of the art. Journal of Information Technology in Construction.
2. Li, N. et al. (2020). A review of natural language processing for the architecture, engineering, and construction industry. Automation in Construction.
3. Nisbet, N., & Succar, B. (2017). A review of automated code checking in the construction industry. Journal of Building Engineering.
4. Salama, T., & Sacks, R. (2019). A review of research on automated checking of building regulations. Construction Management and Economics.
5. Zhang, J. et al. (2022). A systematic review of machine learning applications for regulatory compliance in the built environment. Journal of Cleaner Production.

주제 8. AI 도시부동산 개발의 6번째 단계: "시공계획"에서 AI의 역할

시공 계획 단계에서 AI가 수행하는 핵심적인 역할을 분석한다. 4D/5D 시뮬레이션 기반의 최적 공정 계획 및 자원 배분, 자재 조달 및 현장 물류 네트워크 최적화, 예측적 리스크 분석 및 데이터 기반 비상 계획 수립, 모듈러 및 사전제작 공법의 적용 타당성 분석, 그리고 자재 수급 예측 및 비용 변동 시뮬레이션을 포함한다.

1. Al-Saffar, A. H. et al. (2021). A review of 4D BIM for construction project management. Journal of Building Engineering.
2. Cho, Y. K. et al. (2018). A review of artificial intelligence in construction engineering and management. Journal of Construction Engineering and Management.
3. Isaac, S., & Navon, R. (2014). A review of automated project performance control in construction. Journal of Construction Engineering and Management.
4. Kamari, M. et al. (2020). A review of the applications of modular construction. Journal of Building Engineering.
5. Tixier, A. J. P. et al. (2016). The internet of things for construction: A literature review. Automation in Construction.

주제 9. AI 도시부동산 개발의 7번째 단계: "분양전략 수립"을 위한 AI 마케팅

부동산 분양 및 마케팅 전략 수립에 AI를 활용하는 방안을 탐구한다. 잠재 고객 페르소나 구축 및 초개인화 타겟팅, 동적 가격 책정 모델을 통한 분양가 최적화, 마케팅 채널 성과 분석 및 광고 예산 배분 최적화, 고객 여정 분석을 통한 잠재 수요 관리, 그리고 예측 분석을 통한 계약률 및 분양 속도 전망을 다룬다.

1. Anderl, E. et al. (2016). Mapping the customer journey: A data-driven approach. Journal of Service Management.
2. Hofacker, C. F. et al. (2020). Artificial intelligence in marketing: A review and research agenda. Journal of Marketing.

3. Kumar, V. et al. (2019). Artificial intelligence in marketing: A review, framework, and research agenda. International Journal of Research in Marketing.
4. Ngai, E. W., & Wu, Y. (2022). A review of artificial intelligence in marketing. Journal of Business Research.
5. Papadopoulos, T. et al. (2017). Big data and analytics in marketing: A systematic literature review and future research directions. Journal of Business Research.

주제 10. AI 도시부동산 개발의 8번째 단계: "입주 단계"에서 AI의 고객 맞춤 서비스

입주 단계에서 AI를 활용하여 입주민의 만족도를 높이고 관리 효율성을 증대시키는 방안을 제시한다. AI 챗봇 기반의 입주 절차 자동화 및 24시간 민원 응대, 이미지 인식 기술을 활용한 하자 자동 접수 및 처리, 초기 입주민 데이터 분석을 통한 스마트홈 환경 개인화, 그리고 입주 초기 운영 데이터 분석 및 건물 관리 시스템 최적화를 다룬다.

1. Al-Hader, M. et al. (2009). The smart city: A new paradigm for urban management. Journal of Urban Technology.
2. D'Amico, A. et al. (2020). The role of chatbots in customer service: A study of user engagement and satisfaction. Journal of Retailing and Consumer Services.
3. Kim, J., & Lee, H. (2021). A review of computer vision applications for construction defect detection. Journal of Building Engineering.
4. Luo, H. et al. (2022). Smart home services: A comprehensive review. IEEE Communications Surveys & Tutorials.
5. Marikyan, D. et al. (2019). A systematic review of the smart home literature: A user perspective. Technological Forecasting and Social Change.

주제 11. AI 도시부동산 개발의 9번째 단계: "운영 및 관리"에 AI를 접목하기

건물의 운영 및 관리 단계에서 AI를 접목하여 자산 가치를 극대화하고 지속가능성을 확보하는 전략을 논의한다. 설비 센서 데이터 분석을 통한 예측 보전 및 유지보수 최적화, 공간 활용도 데이터 분석을 통한 공간 재구성 및 가치 증대, 건물 에너지 소비 패턴 분석 및 최적화, 그리고 장기 자산 가치 시뮬레이션을 통한 지속가능한 운영 전략 수립을 포함한다.

1. Ahmad, M. W. et al. (2021). A review on the applications of artificial intelligence in building energy management. Renewable and Sustainable Energy Reviews.
2. Himeur, Y. et al. (2021). A survey of artificial intelligence for smart grids: A comprehensive review, and new perspectives. IEEE Access.
3. Li, X. et al. (2021). A review of machine learning applications in building predictive maintenance. Journal of Building Engineering.
4. Wang, Z. et al. (2020). A review of the use of artificial intelligence in building operation and management. Energy and Buildings.
5. Zhao, J. et al. (2019). A review of data-driven approaches for building energy prediction. Building and Environment.

【저자 약력】

원제무

저자는 한양대 공대, 서울대 환경대학원, 미국 UCLA도시건축대학원을 졸업하고, MIT도시대학원에서 도시계획 및 교통계획 박사학위를 받았다.
저자는 귀국 후 KAIST 도시교통연구본부장, 서울연구원 선임연구위원, 서울시립대 도시공학과 교수 등을 거쳐 국토도시계획학회장과 한양대 도시대학원장을 역임했다.
현재는 한양대 도시대학원 명예교수로 재직하면서 연구와 강의를 해오고 있다.

AI는 어떻게 아파트 · 오피스 · 상가를 계획하고 관리하는가

초판 인쇄 2025년 10월 25일
초판 발행 2025년 10월 30일

지은이 원제무
펴낸이 박노일

총괄기획 최준규
편 집 이상민

펴낸곳 pnc publishing and culture 피앤씨미디어
경기도 고양시 일산동구 강송로 153, 310-1501
등록 제396-2012-000203호
전 화 070)7550-3758 팩 스 02)6280-3758
홈페이지 www.pncmedia.co.kr 이메일 pnc@pncmedia.co.kr
ISBN 979-11-7401-051-3 93500

정 가 18,000원